Bandulet · Die Rückseite des Wunders

Bruno Bandulet

Die Rückseite des Wunders

Deutschland und seine Tabus

Universitas

Schutzumschlag: Christel Aumann, München
Satz + Druck: Jos. C. Huber KG, Dießen
Binden: R. Oldenbourg, Heimstetten
Printed in Germany
ISBN 3-8004-1218-7

Inhalt

Politik und Tabu

»Wir leben aus objektiven Gründen in einem Zustand der Sprachverarmung, der differenzierte Gedankengänge seltener macht und sie an den Rand des Tagesbewußtseins schiebt. Damit steigt die Neigung zu moralisierenden Argumenten, um den Verständigungsprozeß abzukürzen. Diese Verarmung der Sprache erfolgt aus mehreren Gründen: Die Massenbildung bewirkt selbst schon eine Simplifizierung des Denkens, die Massenmedien arbeiten in dieselbe Richtung, und die Politik setzt oft ganze Bedeutungsfelder unter Druck. ... Und schließlich kommt es zu der letzten Wendung, in der die Realität selber sich der Wortwirklichkeit anpaßt, die Tatsachen und Menschen sich also sozusagen in das Gerede von ihnen hineinentwickeln.

Schließlich und nicht zuletzt sind da die Sieger der Geschichte, die jeweils ihren Ideenvorrat, der mitgesiegt hat, durchdrücken und deren Handlanger jeden verbellen, der unerwünschte Dinge sagt. So kann nur ein Don Quichote heute die Alleinschuld Deutschlands an den letzten drei Kriegen seit 1870 bestreiten. Gerade herausgesagt werden dürfen nur Obszönitäten, hier ist die Schriftsprache aus den Gossen erheblich bereichert worden. Das alles zusammen ergab schon seit langem den Verdacht, daß die Phrase bis in die Organisationszentren des Bewußtseins zurückschlägt, und daß man ungestempelte Einsichten und Wirkungen in das herrschende, verständliche Vokabular nicht mehr einbringen kann.

Die in der Seele, die unter Menschen kämpfenden Parteien drängen einander in den Verleugnungsschatten, aber was bleibt, kommt nur noch gepreßt und zerstückelt heraus, während umgekehrt sich selber abmeldet, wer die glatten Phrasen über die Lippen bringt, es sei denn, er sei sehr jung und guten Gewissens irregeleitet. So scheint man einem ›fading‹ des Bewußtseins beizuwohnen, die Mundwerksburschen-Frivolität und die Ersparung des Denkens durch Pointierung sind so verbreitet, daß sie überall durchschlagen.«

Arnold Gehlen, Moral und Hypermoral

Tabus, so erkannte Sigmund Freud, sind etwas ganz anderes als religiöse oder moralische Verbote. Sie sind nicht in ein System eingereiht, sie entbehren jeder Begründung, sie erscheinen denen selbstverständlich, die unter ihrer Herrschaft stehen.

40 Jahre lang haben sich die Deutschen daran gewöhnt, mit Tabus zu leben, über die andere Völker spotten, sie zumindest hinterfragen würden.

Tabu ist in Deutschland die vorurteilsfreie Beschäftigung mit zwölf Jahren der eigenen Vergangenheit. Als Philipp Jenninger das Verbot mißachtete, mußte er das Präsidium des Deutschen Bundestages niederlegen.

Tabuisiert wurden die Rechte der siegreichen vier Mächte und die Präsenz sowjetischer und amerikanischer Truppen auf deutschem Boden. Daß dies ausschließlich Fragen der Machtverhältnisse und der Realpolitik sind und daß sich der Status quo immer wieder als das illusionärste aller Ziele erweist, vermochten die braven Deutschen nur schwer zu begreifen.

In der Bundesrepublik Deutschland sind Ausländer tabu. Die Politiker können sich kaum mit dem Gedanken anfreunden, mehr als 100 000 Asylanten, die pro Jahr ins Land kommen, obwohl sie kein Anrecht darauf haben, in ihre Heimat zurückzuschicken. Ausländerkriminalität unterliegt einem weithin respektierten Publikationsverbot. Als der Bundesinnenminister den Verfassungschutzbericht 1988 vorlegte, erfuhr man, daß seine Beamten 28 300 deutsche Rechtsextremisten und 56 000 deutsche Linksextremisten gezählt hatten. Über die 101 600 ausländischen Extremisten, die in der Bundesrepublik unbehelligt leben, schwieg die Presse.

In einem schnell alternden Land, das die niedrigste Geburtenrate und die ungünstigste Bevölkerungsstruktur der Welt aufweist, ist es tabu, aktive Bevölkerungspolitik zu betreiben. Für den langfristigen Erhalt des Volkes erklärt sich der Staat für nicht zuständig, an steigenden Geburtenraten darf er kein Interesse zeigen. Die Bonner Familienministerinnen qualifizieren sich dadurch, daß sie mit schlechtem Beispiel vorangehen und möglichst wenige Kinder haben.

Tabu sind das Prinzip der Umverteilung und die sogenannten »sozialen Besitzstände«. Wenn sich die Deutschen ihrer Sozialen Marktwirtschaft rühmen, machen sie im Zweifelsfall Abstriche am Substantiv, das Adjektiv ist sakrosankt. Sozial ist, was man vom Staat bekommt oder ergaunert. In den Sozialwohnungen sitzen Mieter, die keine Sozialfälle sind. Arbeitslosengeld wird auch von denen beansprucht, die nicht arbeiten wollen. Und wer arbeitet, glaubt ein Recht auf einen bestimmten Arbeitsplatz zu haben. Es gilt als sozial, für sinkende Arbeitszeiten immer höher entlohnt zu werden und auf Selbstvorsorge zu verzichten, weil es Sache des Staates sei, in jedem beliebigen Notfall einzuspringen.

In der alten Demokratie England, wo Tabus kaum respektiert werden, ist es erlaubt, auch über diese Staatsform bei Gelegenheit Scherze zu machen. In Deutschland ist die Demokratie tabu, was im übrigen nicht allzu schlimm ist. Denn schon Aristoteles hielt zwar das Königtum für die beste Staatsform, fügte aber hinzu, daß unter den nicht guten Verfassungen am erträglichsten die Demokratie sei. Darüber hinaus aber ist es in Deutschland auch tabu, über den schärfer werdenden Gegensatz zwischen idealer Volksherrschaft und real existierender Parteienherrschaft allzu gründlich nachzudenken.

Tabuisiert wurde in den achtziger Jahren zunehmend das Ziel der Wiedervereinigung. Es war zwar erlaubt, davon zu reden, aber nicht, sie ernsthaft zu wollen. Das Bonner Auswärtige Amt sorgte dafür, daß die Bundesrepublik als einziger von 159 Mitgliedsstaaten ihren Nationalfeiertag – den 17. Juni – nicht bei der UNO registrieren ließ. Eine CDU-interne Kommission beschloß 1988, daß »die Lösung der deutschen Frage gegenwärtig nicht zu erreichen ist«. Noch im Herbst 1989 erklärten sich beide großen Parteien ausdrücklich an der »Stabilisierung« der DDR interessiert. Der Paderborner Sprachwissenschaftler Broder Carstensen erklärte 1989 den Begriff »Wiedervereinigung« zum »Tabu-Wort« des Jahres. Aber dies war zufälligerweise ein Tabu, das zerbrach, noch bevor das Jahr zu Ende ging.

Politische Tabus unterscheiden sich, wie das letzte Beispiel zeigt, von denen primitiver Gesellschaften dadurch, daß sie nicht permanent sind. Sie entstehen ohne erkennbaren Grund, gelten eine Zeitlang unangefochten und verschwinden manchmal über Nacht. Fast immer aber dienen sie den Interessen privilegierter Klassen – sie stützen den Machtanspruch der Priester, der Vordenker und Sinnvermittler. Nirgendwo läßt sich das schöner beobachten als am Komplex von Schuld und Sühne, der die Jahre von 1933 bis 1945 umrankt. »Die Verwaltung der deutschen Schuld und die Pflege des deutschen Schuldbewußtseins«, so schrieb Johannes Gross, »sind ein Herrschaftsinstrument. Es liegt in der Hand aller, die Herrschaft über die Deutschen ausüben wollen, drinnen wie draußen.«

Mit der Zeit haben sich die Bundesdeutschen, das muß hinzugefügt werden, auch einiger Tabus entledigt, die praktischen und moralischen Nutzen hatten. Die Abtreibung, die 1976 partiell legalisiert wurde, ist längst nicht mehr tabu – die emanzipierten Frauen legen außerordentlich großen Wert darauf, von dieser Möglichkeit der »Selbstbestimmung« Gebrauch zu machen. An eine Tabu-Verletzung grenzte es allerdings, als Manfred Geist in der Welt am Sonntag nachrechnete, daß seit 1976 fast ebenso viele deutsche Kinder im Mutterleib getötet wurden wie heute Ausländer in der Bundesrepublik leben, nämlich 4,3 Millionen.

Noch vor ein oder zwei Jahrzehnten war die Homosexualität tabu, und es war ganz undenkbar, die Mitbürger mit der aufdringlichen Propagierung perverser Lebensformen zu belästigen. Inzwischen hat der rot-grüne Senat West-Berlins, wo 150 000 Gay People die Vorzüge des Momperismus genießen, ein Lesben- und Schwulenreferat eingerichtet – auch ein Beitrag zur Bekämpfung von Geburtenknick und Aids. Die Chefin des Referats durfte triumphierend feststellen, daß sich nicht einmal die CDU hinter die Grenze der selbstverkündeten Liberalität zurückwage.

So bietet die politische und moralische Kultur der Bundesrepublik Deutschland das Bild einer seltsamen Mixtur von Libertinage und tabuisierten Zonen. Im freiesten Staat der deutschen Geschichte herrschen mehr Frageverbote, mehr Sprachregelungen und weniger Unbefangenheit als bei den Nachbarn. Politische Themen, die in Frankreich, der Schweiz oder England vollkommen offen diskutiert werden dürfen, sind hier tabu und werden verdrängt. Die intellektuelle Verfassung der Bundesrepublik ist konformistisch, neurotisch und langweilig. Die politische Sprache ist zu Formeln erstarrt. Gepflegte Polemik ist eine Seltenheit in einem Bundestag, in dem sich die Parteien gegenseitig zu staatstragenden Reden gratulieren. Auf den Leserbriefseiten der Frankfurter Allgemeinen Zeitung wird freimütiger diskutiert als im Hohen Haus. Das Volk darf alle vier Jahre wählen, aber nicht zwischen genuinen Alternativen. Wenn die Regierung wirklich einmal wechselt, werden nur Akzente verschoben. Über dem Land liegt die bleierne Decke einer heimlichen großen Koalition. Und die Gedankenleere findet ihre Entsprechung in einer oft schwer erträglichen, system-immanenten Malträtierung der deutschen Sprache – auch dies ein nicht nur bundesrepublikanischer, sondern gesamtdeutscher Mißstand. Neidvoll blickt man auf Frankreich.

Im Bonner Staat darf oft nicht gesagt werden, was man meint. Nicht immer meint man, was man sagt. Und manchmal meinen sie nichts, wenn sie etwas sagen. Einen bekannten Fall adressierte der sprachbewußte Journalist Wolf Schneider: »Unter uns weilt ja ein Großmeister der Kunst, mit Worten, die durchaus sympathisch und vernünftig klingen, nichts oder wenig mehr als nichts zu sagen. Er heißt Hans-Dietrich Genscher – und hat vermutlich noch nie in seinem Leben einen klaren Satz gesprochen.« Damit ist er nicht allein, und das alles erinnert an eine Stelle in Baltasar Graciáns allegorischem Werk »Criticón«: »Dem Franzosen kam ein anderer entgegen, dessen Rede war wie aus dem

Munde der Nacht. Alle hielten ihn für einen Deutschen, er selbst aber sagte: Ich bin nur einer von denen, die, um gebildet zu reden, dunkel reden.«

Daß es so weit kam, daß der wirtschaftliche Riese Bundesrepublik die Rolle eines sprachlosen oder stotternden politischen Zwerges spielte, entspricht durchaus der hier dominierenden Kultur der politischen Mitte. Die FDP ist typische Mitte, die CDU ist Mitte mit einem sehr kleinen rechten, die SPD Mitte mit einem mächtigen linken Flügel. Sofern sie Mitte sind, stimmen sie darin überein, keine Idee zu repräsentieren – außer der, gegen Ideen zu sein.

Wenn die Mitte Argumente hat, bezieht sie diese fast immer von den Flügeln. Sie formt sie dann so zurecht, daß sie zur Stütze der eigenen Position werden. Ihre Methoden sind pragmatisch, die Grundeinstellung ist opportunistisch. Mit Blick auf die CDU, die seit Adenauer unglaubliche Wandlungen durchlaufen hat, meinte Caspar von Schrenck-Notzing: »Man findet immer wieder Politiker der Mitte, die, um die Mitte zu halten, sich von der energischen Vertretung der eigenen Position fast stärker distanzieren als von den Handlungen des Gegners.« Hinter der Tür aber lauere die Revolution der Verachtung.

Eine Revolution zumindest der parteipolitischen Loyalitäten und der ideologischen Präferenzen schien Ende der achtziger Jahre kaum noch vermeidbar. Sie wurde in der Bundesrepublik 1989, als die Befreiung Mittel- und Osteuropas zum alles beherrschenden Thema aufstieg, nur noch einmal verdeckt und verdrängt. Aber das Ende des Wiedervereinigungsverbotes, die Zerstörung des zentralen Tabus also, wird auch die anderen Verdrängungen und Verbote ihrer Selbstverständlichkeit berauben. Die Deutschen hatten nie so gute Chancen wie jetzt, zur Normalität zurückzufinden.

Zur Normalität, die erst noch erreicht werden muß, gehört auch die Kongruenz des Parteiensystems mit den politischen Ansichten der Wähler. Beide passen nicht mehr zusammen. Die Konservativen sind in den Parlamenten auffallend unterrepräsentiert. Der Zustand der Wählerschaft ist der Verfassung des Parteienstaates um etliche Schritte voraus.

Was sich in dieser Hinsicht in den achtziger Jahren geändert hat, läßt sich in einer 1989 publizierten Studie der Arbeitsgruppe Wahlen des Freiburger Arnold-Bergstraesser-Instituts nachlesen. Danach sinkt die Identifizierung der Wähler mit den drei etablierten Bundestagsparteien, und zugleich wächst die Anzahl derer, die sich selbst als »rechts« oder »links« einstufen und damit für klare Positionen statt für Konturlosigkeit eintreten.

Von 1976 bis 1987, dem letzten erfaßten Jahr, schrumpfte der Anteil der bundesrepublikanischen Bevölkerung, der sich mit der SPD identifizierte, von 37,5 auf 31,6%. Der Anteil der Stammwähler von CDU/CSU fiel in der gleichen Zeit von 34,7 auf 31,5% und der der (weitgehend für überflüssig gehaltenen) FDP von 5,6 auf 1,8%.

Gleichzeitig ging der Anteil der Wähler, die sich selbst der politischen Mitte zurechnen, von 58,6% auf unter die Hälfte zurück – nämlich auf 46,6%. Gegen Ende der achtziger Jahre bezeichneten sich 25,4% der Wähler als links und 28% der Wähler als rechts.

Überdurchschnittlich groß war der Anteil der Rechten in Orten mit weniger als 5000 Einwohnern (35%), bei den von 1934 Geborenen (34%) und bei den Katholiken (34,2%). Wenn wir die Linke sozialistisch nennen und die Rechte konservativ, erübrigen sich umständliche Definitionen. Jeder weiß, was mit den Begriffen gemeint ist: Marktwirtschaft statt Planwirtschaft, Freiheit statt Kollektivismus, Sicherheit statt Pazifismus, Nation statt Internationalismus, Recht und Ordnung statt Hafenstraße.

Es ist kein Zufall, daß es von der politischen Linken manipulativ durchgesetzte und skrupellos verteidigte Tabus sind, die in diesem Buch einer Vivisektion unterzogen werden. Konservative Tabus, die das Meinungsklima beherrschen, wie es ansatzweise in den fünfziger Jahren der Fall war, ließen sich nicht finden.

Falsche Tabus können die seelische Verfassung einer Nation schwer schädigen, sie müssen nachdrücklich in Frage gestellt werden. Und es steht einer Demokratie gut an, sich an Voltaires Grundsatz zu halten: »Ich mißbillige alles, was Sie sagen, aber bis zu meinem Tode will ich Ihr Recht verteidigen, es sagen zu dürfen.«

Wer aber glauben sollte, die in diesem Buche der Bundesrepublik attestierten Defizite und Fehlentwicklungen würden mit der Einbeziehung der DDR behoben, gibt sich einer Illusion hin. Ganz im Gegenteil: Sie werden zum Teil noch schärfer hervortreten, falls die einmalige Chance eines Neubeginns vertan wird.

Die demographische Zeitbombe

»Die Bevölkerungsentwicklung und nichts anderes ist das zentrale Problem der Politik in den kommenden Jahrzehnten.«

Professor Theodor Schmidt-Kaler

»Ein Volk, das nicht genügend Kinder haben mag, um seinen Bestand einigermaßen stabil zu halten, glaubt nicht an seine Zukunft.«

Wolfgang Schäuble, Innenminister seit 1989,
4 Kinder

»Wer meint, die Frauenfrage sei gelöst, gibt sich einer Selbsttäuschung oder einer Illusion hin.«

Rita Süssmuth, Familienminister von 1985 bis 1988,
1 Kind

Im September 1989, als der Bundesparteitag der CDU in Bremen tagte, mußten sich die Delegierten mit einem voluminösen Antrag des Bundesausschusses der Partei befassen. Das Papier hatte nichts anderes zum Inhalt als die Partei selbst. Auf 100 Seiten und in 50 Punkten wurde die CDU als »Volkspartei« definiert, als »politische Heimat für Männer und Frauen aus allen Gruppen und Schichten unseres Volkes«, die stets der »politischen Mitte« verpflichtet gewesen sei. Nach der Aufzählung dieser und aller möglichen anderen Platitüden kam der Antrag zur Sache: Besorgnis wurde geäußert über das Schrumpfen der Mitgliederzahlen. 1983 hatte die Partei noch 740 000 Mitglieder gezählt, 1989 war die Zahl auf 670 000 gefallen.

Wenige Wochen später wurde das Statistische Jahrbuch 1989 der Öffentlichkeit vorgelegt. Es enthielt die Ergebnisse der Volkszählung von 1987. Im Vergleich zu 1970, dem Jahr der vorletzten Volkszählung, war die Zahl der in der Bundesrepublik lebenden Deutschen von 58,2 auf 56,9 Millionen zurückgegangen.

Daß sich eine Partei wie die CDU um den Schwund ihrer Mitglieder und Beitragszahler sorgt, ist ganz natürlich. Denn die Selbsterhaltung ist oberstes Prinzip jeder Organisation, sei es ein lokaler Kaninchenzüchter-Verband oder eine weltweit agierende Religionsgemeinschaft. Da eine Volkspartei niemanden zu vertreten hat, wenn das Volk verschwindet, müßte man annehmen, die CDU-Delegierten seien über den jetzt erst beginnenden Rückgang des deutschen Volkes mindestens ebenso alarmiert gewesen wie über die Abnahme der Parteimitglieder. Das Thema stieß jedoch, wenn man der seriösen Presse glauben darf, auf kein Interesse in Bremen.

Demographie ist in Deutschland eine Domäne weniger Wissenschaftler, kein Thema praktischer Politik. Die Delegierten von Bremen wußten vermutlich nicht einmal, was darunter zu verstehen ist. Das Fremdwort kommt aus dem Griechischen und meint die Beschreibung des Zustandes und der Veränderung von Zahl und Zusammensetzung einer Bevölkerung. Demographie ist die Wissenschaft von der Bevölkerung.

Bis vor kurzem noch hatten sich die Demographen fast ausschließlich damit zu befassen, daß die Bevölkerung der Welt zu schnell wuchs. Im Jahre 0 lebten nicht mehr als schätzungsweise 160 Millionen Menschen auf der Erde. Sie hatten 1000 Jahre benötigt, um sich zu verdoppeln. Von 1850 bis 1950, also in nur 100 Jahren stieg die Weltbevölkerung von 1,2 auf 2,5 Milliarden. Und für eine nochmalige Verdoppelung auf fünf Milliarden wurden weniger als vier Jahrzehnte benötigt. Bis zum Jahr 2000 wird die Erde von mindestens sechs Milliarden Menschen bewohnt sein.

Hinter der beängstigenden Zunahme verbirgt sich freilich eine noch beängstigendere Verschiebung der Gewichte zwischen weißer und farbiger Welt. Nach einer Schätzung der UNO wird die Bevölkerung der Industriestaaten in Zukunft kaum noch zunehmen. Für das Jahr 2000 wurde sie mit 1,27 Milliarden Menschen berechnet, für das Jahr 2025 mit 1,377 Milliarden. Im selben Zeitraum dürfte die Bevölkerung der Entwicklungsländer von 4,8 auf 6,8 Milliarden anwachsen. Bei der Entwicklung überaus bedrohlicher Szenarien, die sich daraus ergeben könnten, sind der Phantasie keine

Grenzen gesetzt. Wer in der Froschperspektive denkt, der kann das Problem freilich auch auf die weltbewegende Feststellung reduzieren, daß damit die finanzielle Leistungsfähigkeit der Industriestaaten pro Kopf der Bevölkerung der Dritten Welt zurückgehen müsse – so nachzulesen in einem Bericht der Bundesregierung.

Da die Demographie eine relativ exakte Wissenschaft ist, weiß die Bundesregierung seit Jahren, was hierzulande in den kommenden Jahrzehnten zu erwarten ist. Die Zahl der Deutschen wird dramatisch zurückgehen – weitaus schneller als die jeden anderen Volkes. Der Anteil der Alten und Greise wird explosiv steigen. Die Deutschen werden in 50 Jahren zwar nicht ausgestorben sein – so schnell geht das nicht –, sie werden aber den Status eines sterbenden Volkes erreicht haben. Die Konsequenzen für Wirtschaftswachstum, Finanzierbarkeit des Sozialstaates, Verteidigungsfähigkeit und nationale Vitalität im weiteren Sinne werden katastrophal sein.

Wenn es je ein zentrales Problem der deutschen Politik gab, dann ist es dieses. Die Existenzgrundlagen von Staat und Gesellschaft werden in Frage gestellt werden. Erbitterte Verteilungskämpfe um den Rest des sozialstaatlichen Kuchens werden den Zusammenhalt der Republik erschüttern. Die kommende Dezimierung des Volkes ist mit dem Effekt eines großen Krieges vergleichbar.

Obwohl die Medien alles tun, um die zu erwartende Revolution der Verhältnisse aus dem Bewußtsein zu drängen, sieht das Volk instinktiv die Gefahr. Hier bereitet sich etwas vor, was die Mehrheit nicht will.

Nach einer EMNID-Umfrage von 1985 wünschen sich 48 % der Deutschen, die Bevölkerung solle etwa gleich bleiben, 41 % befürworten eine Bevölkerungszunahme und nur 10 % eine Abnahme. 68 % rechnen mit negativen Folgen eines Geburtenrückganges.

1991 werden es 20 Jahre her sein, daß die natürliche Bevölkerungsbewegung in der Bundesrepublik Deutschland negativ wurde. 1970 war das letzte Jahr mit einem, nur noch bescheidenem, Geburtenüberschuß: die Zahl der Geburten überstieg die der Todesfälle um 20 963. 1971 starben bereits mehr Deutsche als geboren wurden – das Defizit belief sich auf 23 793. Seitdem gab es nie mehr einen Überschuß der Geburten über die Todesfälle.

1978, als sich das jährliche Defizit deutscher Geburten in der Bundesrepublik auf 213 699 erhöht hatte, handelte das Bundeskabinett. Nach bewährtem Aktionsmuster wurde eine interministerielle »Arbeitsgruppe Bevölkerungsfragen« unter dem Vorsitz des Innenministers eingesetzt. Von Bevölkerungspolitik war nicht die Rede, es sollten nur »Fragen« aufgeworfen werden, die das Thema auf einer möglichst akademischen Ebene beließen.

1980 – das Geburtendefizit lag gerade bei 165 644 Babys – wurde der erste Teil des Bevölkerungsberichtes vorgelegt, 1983 – das Defizit lag bei 177 567 – der zweite Teil.

Die Ergebnisse waren erschreckend. Nach der Modellrechnung I, der die größte Wahrscheinlichkeit zugebilligt wurde, würde die deutsche Bevölkerung von 57 Millionen bis zum Jahr 2000 auf 52,14 Millionen zurückgehen, bis zum Jahr 2010 auf 47,9 Millionen, bis

2020 auf 43,3 Millionen und schließlich auf 38,2 Millionen im Jahr 2030. Alle diese Zahlen verstehen sich ohne die in der Bundesrepublik lebenden Ausländer.

Zugrunde gelegt wurden die Sterblichkeitsverhältnisse der Jahre 1976/78 und die Geburtenhäufigkeit des Jahres 1978, genauer: die Nettoreproduktionsrate. Diese Meßziffer sagt aus, inwieweit eine Frauengeneration durch die von diesen Frauen geborenen Mädchen ersetzt wird. Ist die Rate größer als 1, dann wird die Müttergeneration durch die Töchter mehr als ersetzt: die Bevölkerung wächst. Ist sie kleiner als 1, muß die Bevölkerung schrumpfen. Liegt die Rate genau bei 1, dann sind beide Generationen gleich stark, und der Bevölkerungsstand kann langfristig erhalten werden.

1978 lag die bundesweite Nettoreproduktionsrate bei 0,627, 1987 bei 0,639. Daran hat sich bis heute nichts wesentliches geändert. Wenn die Rate bis zum Jahr 2030 so bliebe und keine Deutschen aus dem Ausland zuwanderten, müßte die Bevölkerung bis 2030 auf 38,2 Millionen zurückgehen.

Das Modell II, eine noch ungünstigere Variante, ging davon aus, daß sich die gesamte Bundesrepublik nach 1990 der Geburtenhäufigkeit, die in deutschen Großstädten zu beobachten ist, anpassen würde. Danach würde die Nettoreproduktionsrate allgemein auf 0,5 fallen, und im Jahr 2030 wären nur 33,6 Millionen Deutsche übrig geblieben.

Berechnet wurde auch eine günstigere Variante, Modell III. Danach würde die Nettoreproduktionsrate wieder steigen und ab 1990 bei 0,8 liegen. Resultat: 43,4 Millionen Deutsche im Jahre 2030.

Bei allen drei Modellen betrifft der Unsicherheitsfaktor nur die noch nicht geborenen Generationen. Die bereits lebenden Jahrgänge können, da die Entwicklung der Sterblichkeit im wesentlichen bekannt ist, ohne größere Probleme fortgerechnet werden. Man weiß also heute schon, daß im Jahre 2030 unter normalen Umständen 3,796 Millionen Menschen zwischen 60 und 64 Jahre alt sein werden, 7,94 Millionen Menschen zwischen 65 und 79 Jahren und 1,7089 Millionen 80 Jahre oder älter sein werden. Alle, die dann diese Altersstufen erreicht haben werden, leben bereits. Beeinflußbar und variabel kann immer nur die Stärke der Jahrgänge sein, die noch nicht geboren wurden. Die Form einer Bevölkerungspyramide läßt sich nur sehr langfristig ändern.

Im günstigsten Fall, so meinte die Bundesregierung Anfang der achtziger Jahre, würde die deutsche Bevölkerung bis 2030 auf 43,4 Millionen schrumpfen, im ungünstigsten Fall auf 33,6 Millionen. Die Differenz erscheint beträchtlich, ändert aber nichts am wissenschaftlichen Wert der Modellrechnungen, denn der fallende Trend bleibt immer derselbe.

Im Februar 1987 veröffentlichte das Innenministerium eine aktualisierte Fassung der Berechnungen, wobei der Erkenntnisstand von Anfang 1985 zugrunde gelegt wurde. In der Zwischenzeit hatte sich die Lebenserwartung erhöht.

Nach dem neuen Modell I, das wiederum die größte Wahrscheinlichkeit in Anspruch nimmt, soll nun die deutsche Bevölkerung der Bundesrepublik bis 2030 nicht auf 38,2 Millionen, sondern nur auf 42,597 Millionen abnehmen. Zugrundegelegt wird eine Nettoreproduktionsrate von 0,60 und eine Zunahme der Lebenserwartung um 2,3 Jahre bei Jungen und um 2 Jahre bei Mädchen. Einkalkuliert ist ferner eine jährliche Einwanderung von Deutschen, die von 40 000 im Jahre 1985 bis auf 10 000 im Jahre 2029 zurückgehen soll. Schließlich wird unterstellt – dies ist offenbar Absicht der Bundesregierung – daß die Einbürgerungen von Ausländern bis zum Jahr 2029 auf 25 000 jährlich ansteigen werden. Sind sie erst einmal eingebürgert, werden sie in der Statistik selbstverständlich der deutschen Bevölkerung zugeschlagen. Man sieht, daß die letztendliche Gesamtzahl der Deutschen variiert und geschönt werden kann, daß sich aber auch dann am fallenden Trend nichts ändert. Der Weg in den Abgrund scheint vorgezeichnet.

Dabei ist die absolute Zahl der Seelen, die auf dem Gebiet eines Staates leben, in der Tat nicht allein ausschlaggebend. Viel wichtiger ist der Trend (wächst oder schrumpft ein Volk?) und der Aufbau der Altersklassen (ist es ein altes oder junges Volk?).

Im bereits zitierten Bericht des Bundesinnenministeriums vom Februar 1987 heißt es dazu ebenso spröde wie ominös: »Gegenüber dem heutigen Stand von 61 Millionen Einwohnern wird die Gesamtbevölkerung bis zum Jahr 2000 nur geringfügig zurückgehen. Bis zum Jahr 2030 wird sie dann aber deutlich abnehmen. Der Entwicklung der absoluten Bevölkerungszahl kommt zunächst geringere Bedeutung zu. Größere Bedeutung hat die gravierende Änderung der Altersstruktur: das zahlenmäßige Verhältnis zwischen jüngeren und älteren Menschen wird sich langfristig stark zu Lasten der ersteren verschieben. Die Änderungen in der Altersstruktur der Bevölkerung werden regional unterschiedlich ausfallen. Die veränderte Altersstruktur wird sich in fast allen Bereichen von Staat und Gesellschaft auswirken und entsprechende Anpassungsmaßnahmen erfordern.«

Die Verschiebungen der Altersstruktur werden in der Tat gravierend sein – so gravierend, daß heute niemand eine endgültige Vorstellung davon haben kann, wie die sogenannten »Anpassungen« (auch ein Bonner Euphemismus) aussehen werden.

Von 1990 bis 2030 wird (nach Modell I) die Anzahl der Deutschen, die jünger als 20 Jahre sind, von 11,06 Millionen auf 6,48 Millionen zurückgehen: von 19,7 % auf 15,2 % der Bevölkerung.

Die Zahl derer, die zwischen 20 und 59 Jahre alt sind, wird von 1990 bis 2030 von 32,5 Millionen auf 19,9 Millionen abnehmen – also von 57,8 % der Bevölkerung auf 46,8 %.

Und die Zahl der 60jährigen und Älteren wird von 12,64 auf 16,18 Millionen zunehmen, von 22,5 % auf 38 % der Bevölkerung.

Nach einer weithin benutzten Faustregel sind die Menschen im Alter zwischen 20 und 60 Jahren erwerbsfähig, aber keineswegs alle erwerbstätig. 1985 hatten 100 Deutsche im Alter zwischen 20 und 59 für 38,5 alte Menschen ab 60 aufzukommen. Im Jahre 2030 kommen auf 100 Deutsche im erwerbsfähigen Alter 81,2 Alte – und zusätzlich 32,5 Kinder und Jugendliche unter 20, die ebenfalls finanziell abhängig sind.

Resultat: Der Belastungsquotient, wie man ihn so schön neutral nennt, wird ins Unerträgliche wachsen.

Die Berufstätigen werden für ein Heer von alten Leuten schuften müssen, wozu sie aber nur bis zu einem gewissen Grad willens sein werden. Die in Bonn verbreitete Behauptung, die Renten seien sicher, ist unter diesen Umständen eine glatte Lüge. Man wird die Rentenbeiträge der berufstätigen Bevölkerung mit Sicherheit nicht so hoch anheben können, daß die Renten in der bisher üblichen Höhe garantiert bleiben. Irgendwo liegt eine Toleranzgrenze, die auch durch staatliche Dekrete nicht überschritten werden kann.

Und der kommende Zusammenbruch der Rentenversicherung ist nur eine Konsequenz unter vielen. Daß eine Nation schrumpft und vergreist, hat unzählige, auch psychologische Konsequenzen, die nicht im Detail vorausberechnet werden können. Man kann nur versuchen, sie zu skizzieren. Denn für das, was sich in einem so hochentwickelten Sozialsystem wie der Bundesrepublik abzuspielen droht, gibt es keinen historischen Präzedenzfall.

Dabei ist es nicht so, daß Kulturen und Völker nicht von der Bildfläche verschwinden können. Die Indianer Amerikas, die Aborigines Australiens sind bekannte Beispiele. Auch wenn einzelne Exemplare, ja sogar größere Populationen von ihnen überlebt haben, so sind sie doch als Volk nicht mehr existent und nicht mehr in der Lage, ihr eigenes Schicksal zu bestimmen.

Freiwillig gewählt haben diese Völker ihr Los allerdings nicht. Sie wurden erobert, gewaltsam dezimiert und in Reservate abgedrängt. Wenn die Deutschen bis 2030 um 25% abnehmen (und anschließend immer mehr schrumpfen, so lange der Trend nicht gebrochen wird), dann wird es allein ihre Schuld sein und die Schuld derer, die in diesem Staat Verantwortung tragen. Daß sich ein europäisches Kulturvolk – ohne

Krieg oder Hungersnot – selbst ausrottet, wäre ein absolutes historisches Novum.

Damit sind wir bei der nationalen Dimension des Vorgangs angelangt, die man sehen kann – oder auch nicht. Man kann es für eine Tragödie halten, wenn sich das Volk Goethes und Beethovens selbst von der Landkarte streicht. Es kann einem allerdings auch gleichgültig sein. Der in der Bundesrepublik maßgebenden öffentlichen Meinung ist es offenbar gleichgültig.

Die Medien sind jederzeit bereit, sich für das weiße Nashorn in Afrika, den Panda in China oder das Moorhuhn im Alpenvorland zu engagieren und die Gefährdung der Umwelt im allgemeinen zu beklagen – dem Schwund der Bewohner dieser Umwelt, sofern es sich nicht um einen exotischen Stamm am Amazonas handelt, begegnen sie mit Kaltherzigkeit.

So hat sich die Ordnung der Werte in der Bundesrepublik nun einmal entwickelt. Vom Selbsthaß zum Selbstmord ist es nur ein kleiner mentaler Schritt. So mußte sich die Rangordnung der Werte entwickeln, weil sich die Parteien der Mitte weigern, Position zu beziehen.

In der Weimarer Verfassung hieß es noch in Artikel 119: »Die Ehe steht als Grundlage des Familienlebens und der Erhaltung und Vermehrung der Nation unter dem besonderen Schutz der Verfassung.« Laut Grundgesetz stehen Ehe und Familie zwar »unter dem besonderen Schutz der staatlichen Ordnung«, von der Erhaltung oder gar Vermehrung der Nation ist in diesem Zusammenhang nicht mehr die Rede.

So spezifisch muß das gar nicht gesagt werden. Denn immerhin leisten der Kanzler und seine Minister einen

Amtseid, in welchem sie schwören, ihre Kraft »dem Wohl des deutschen Volkes« zu widmen, seinen Nutzen zu mehren und »Schaden von ihm zu wenden«.

Wenn dieser Eid einen Sinn haben soll, darf es den Regierenden nicht gleichgültig sein, wenn das Volk, dessen Nutzen sie mehren sollen, immer weniger wird.

Es ist ihnen auch nicht gleichgültig. In seiner Regierungserklärung vom Oktober 1982 warnte Bundeskanzler Kohl vor den »katastrophalen Folgen« des Geburtenrückganges und in der Regierungserklärung vom Mai 1983 vor der »katastrophalen demographischen Entwicklung«. Wie so oft, klafft auch hier ein himmelweiter Unterschied zwischen den Erkenntnissen und den Aktionen des Kanzlers.

Aus Anlaß der Weltbevölkerungskonferenz von 1984 veranstaltete die UNO eine Umfrage, bei der sie herausfinden wollte, ob die Regierungen die Wachstumsrate ihrer Bevölkerung für zu niedrig, zu hoch oder für zufriedenstellend hielten. Aus Bonn kam keine Stellungnahme. Die Bundesregierung wollte die Frage nicht beantworten, ob sie überhaupt »eine bestimmte Politik in Bezug auf die Wachstumsrate der Bevölkerung« verfolge.

Stattdessen ließ Bonn die UNO wissen, die bundesdeutsche »Familienpolitik« habe eine »eigenständige Bedeutung«, die nicht durch »bevölkerungsrelevante Erwägungen« begründet sei. Das offizielle Bonn umschleicht den Kern des Themas wie die Katze den heißen Brei. Ignoriert wird die Tatsache, daß kein Staat die langfristige Abnahme seiner Bevölkerung akzeptieren kann, falls er seine eigene Existenz für wichtig hält. Der moderne Staat mischt sich in die privatesten und trivialsten Bereiche des Lebens ein, aber er scheut vor jedem Engagement zurück, das wie Bevölkerungspolitik aussehen könnte.

Typisch für die verklemmte Attitüde sind Sprüche wie die eines Bonner Regierungsberaters, nicht die Zahl der Menschen entscheide über Fortbestand oder Untergang, sondern ihre »Menschlichkeit« – was immer das bedeuten soll; oder der Bericht der Bundesregierung anläßlich der Europäischen Bevölkerungskonferenz von 1982, in dem sie beteuerte, die bundesdeutsche Familienpolitik sei nicht demographisch motiviert; oder der Hinweis in einer 1989 von der Bundesregierung herausgegebenen Publikation: »Der Entschluß, eine Familie zu gründen und Kinder zu haben, muß und wird auch künftig die freie Entscheidung der Menschen bleiben.« So, als ob irgendjemand Zwangsmaßnahmen zur Kinderaufzucht verlangt hätte – wo es doch in Wirklichkeit nur darum geht, daß selbst nach dem »Familienpaket« von 1986 und nach den Steuerentlastungen von 1990 der Entschluß, Kinder zu bekommen, einschneidende finanzielle Nachteile nach sich zieht.

Auch in dieser Zukunftsfrage zeigte die Regierung, die 1982 die Wende versprach, zwar partielle Einsicht und richtige Ansätze, machte aber nie den Versuch, die öffentliche Diskussion mit einem überzeugenden Konzept zu konfrontieren. So war es kein Wunder, daß in der maßgebenden Publizistik eine Mischung aus Resignation und heimlicher Schadenfreude zu dominieren begann.

In der Frankfurter Allgemeinen Zeitung zitierte Klaus Natorp einen Demographen (»Das Blatt ist nicht mehr zu wenden«) und empfahl: »Darum bleibt nur, sich abzufinden mit dem, was ist und sein wird, und rechtzeitig die Konsequenzen daraus zu ziehen.« Und in gewohnt linksliberaler Verantwortungslosigkeit meinte Robert Leicht in der Hamburger »Zeit«: »30 Prozent weniger – was soll daran so schlimm sein? Wäre es nicht sogar ein Vorteil, wenn sich die gesellschaftlichen Güter nur noch 70 Menschen teilen müßten statt deren Hundert?« Daß gesellschaftliche Güter von irgendjemandem produziert und erhalten werden müssen, hat sich offenbar noch nicht bis Hamburg herumgesprochen.

»Abwegig ist also«, so der »Zeit«-Autor weiter, »eine Betrachtungsweise, die in vielen Bürgern und Geburten einen Vorteil an sich sieht.« Nach dieser Bemerkung, die vollständig ins Leere geht, weil viele oder zu viele Geburten in der Bundesrepublik überhaupt nicht zur Debatte stehen, folgt die obligate und zwangshafte Verwahrung: »Aber auch ohne jede völkische Ideologie bleibt es dabei. . .«. Wobei bleibt es wohl? Es bleibt dabei: »Wenn sich die Bevölkerungspyramide auf die Spitze stellt, ergeben sich große Probleme.«

Wie wahr. Und welch perfekte Wiedergabe des bevölkerungspolitischen Eiertanzes, der in der Bundesrepublik aufgeführt wird: man fühlt sich verpflichtet, den Rückgang zu verharmlosen, man darf um Gottes Willen nicht den Wunsch nach »vielen« Geburten äußern – aber große Probleme ergeben sich am Ende doch. Wo liegt da die Logik?

Die Entwicklung der nächsten Jahrzehnte wird unseren Kommentatoren schon noch die Erkenntnis einbleuen, daß in der mehr als 40jährigen Geschichte der Bundesrepublik ein enger Zusammenhang zwischen Wachstum der Bevölkerung, Wachstum der Wirtschaft und Ausbau des Sozialstaates bestand – und daß eine schrumpfende Bevölkerung zwangsläufig die Wirtschaft, den Lebensstandard und den Sozialstaat in Mitleidenschaft ziehen wird.

In den ersten 20 Jahren ihrer Existenz stand die Bundesrepublik unter einem demographisch besonders günstigen Stern. Von 1950 bis 1960 wuchs die Bevölkerung (im Jahresdurchschnitt) von 50,8 auf 55,4 Millionen, und bis 1970 auf 60,7 Millionen.

Es war kein Zufall, daß die realen Wachstumsraten des Bruttosozialprodukts in diesen zwei Jahrzehnten besonders hoch lagen: durchschnittlich zwischen acht und neun Prozent zwischen 1951 und 1954, bis 1959 zwischen sieben und acht Prozent, bis 1964 zwischen fünf und sechs Prozent und bis 1969 immerhin noch über vier Prozent.

Nach 1945 war es auf dem Gebiet des besiegten Deutschen Reiches zu massiven Bevölkerungsverschiebungen gekommen. Sie liefen alle darauf hinaus, daß die Bundesrepublik nicht nur völkerrechtlich, sondern auch demographisch die Nachfolge des Reiches antrat. Wo auch immer Deutsche ihre angestammte Heimat verließen oder verlassen mußten, es stellte sich für sie die Frage überhaupt nicht, unter welches Dach deutscher Staatlichkeit sie sich flüchten sollten.

In den Augen der ganz überwiegenden Mehrheit der Deutschen war die DDR nie ein legitimer deutscher Teilstaat, immer nur ein künstliches Gebilde – eine

Zone, aus der man heraus, aber nicht hinein wollte. Deutschland war nie in dem Sinne geteilt, daß zwei miteinander vergleichbare oder konkurrierende Teile existierten. Mehr als alles andere hat die Demographie dafür gesorgt, daß der angebliche zweite deutsche Staat auch 40 Jahre nach seiner Gründung jeder Legitimität und echten Staatlichkeit entbehrte.

1910 lebten 64,6 Millionen Menschen auf dem Gebiet des Kaiserreiches. 1925 war die Zahl – wegen der Kriegsverluste und des scharfen Geburtenknicks während des Krieges auf 63,2 Millionen zurückgegangen. 1938 gab es 68,6 Millionen Deutsche. Die pronatalistische, das heißt geburtenfördernde Politik der nationalsozialistischen Regierung hat in den Jahren vor 1940 zu einem kurzfristigen Anstieg der Geburtenrate geführt, der aber interessanterweise deutlich geringer ausfiel als der Anstieg unmittelbar nach dem Ende des Ersten Weltkrieges.

Am langfristig fallenden Trend der Geburten in Deutschland (er fiel seit den siebziger Jahren des 19. Jahrhunderts) konnte auch die Politik des Hitler-Regimes nichts ändern. Immerhin wurden in Deutschland seit 1815 stets mehr Menschen geboren als starben, wenn man von einer sehr kurzen Phase während beider Weltkriege absieht. Die Wende vom wachsenden zum sterbenden Volk ließ bis 1971 auf sich warten: seitdem wird Jahr für Jahr mehr gestorben als geboren.

Unmittelbar nach dem Kriege, 1946, lebten 64,1 Millionen Menschen in den vier Besatzungszonen und Groß-Berlin. 2,1 Millionen davon wanderten bis 1960 aus – überwiegend in Länder wie die USA, Kanada und Australien. Die Auswanderung hatte Tradition in

Deutschland, bis 1930 hatte die Zahl der Auswanderungen die der Zuwanderung übertroffen.

Nach 1945 wurden die West-Zonen und dann die Bundesrepublik zum großen demographischen Profiteur der Vertreibung und der Flucht vor dem Kommunismus, die nicht zum Stillstand kam, solange Deutschland gespalten war. Nie zuvor in der Geschichte wurde so dauerhaft mit den Füßen gegen eine Ideologie abgestimmt, die der menschlichen Natur so wenig entsprach.

Von 1946 bis 1950 kamen 7,9 Millionen Menschen aus den Gebieten jenseits von Oder und Neiße und aus anderen osteuropäischen Ländern. Bereits vor 1949 setzten sich 1,3 Millionen Menschen aus der Sowjetischen Besatzungs-Zone ab. In den 40 Jahren seit Gründung der sogenannten DDR am 7. Oktober 1949 sind nach Angaben der Arbeitsgemeinschaft 13. August noch einmal 2,9 Millionen in den Westen geflüchtet. So kam es, daß 1961 in der Bundesrepublik Deutschland mit 56,17 Millionen Einwohnern – davon nur 690 000 Ausländer – lediglich zwölf Millionen weniger lebten als 1938 auf dem Gebiet des sogenannten großdeutschen Reiches. Die kapitalistische Bundesrepublik saugte von Anfang an der sozialistischen »Zone« das demographische Mark aus den Knochen.

Aber es war nicht nur die enorme Zuwanderung, die den westdeutschen Staat vor Kraft strotzen ließ. Der Optimismus der Gründerjahre, das Wohlgefühl des politischen und wirtschaftlichen Aufstiegs unter Adenauer und Erhard erklären auch den Baby-Boom, der Mitte der fünfziger Jahre einsetzte und seinen Höhepunkt Mitte der sechziger Jahre erreichte. Die Geburten stiegen in diesen zehn Jahren von rund 800 000 auf über ein Million per annum, nachdem sie schon 1950 komfortabel über den Sterbefällen gelegen hatten. Man kann sich dies heute kaum noch vorstellen, aber 1964 – Ludwig Erhard war gerade seit einem Jahr Bundeskanzler – wurden in der Bundesrepublik 1 034 580 Deutsche lebend geboren. 638 903 segneten das Zeitliche, so daß sich ein Überschuß von 395 677 ergab. Erst 1967 rutschte der Überschuß knapp unter 300 000.

Genau genommen, hatte der steigende Trend der Geburten je 1000 Einwohner bereits unmittelbar nach dem Krieg eingesetzt und sich Anfang der fünfziger Jahre lediglich ganz kurzfristig abgeschwächt. Rund 20 Jahre lang war die Tendenz steigend. Man muß an die 100 Jahre zurückgehen, um vergleichbare Verhältnisse zu finden. Zuletzt war der Geburtentrend von Mitte der fünfziger bis Mitte der siebziger Jahre des 19. Jahrhunderts für eine so lange Periode gestiegen, womit die Basis für den wirtschaftlichen und politischen Aufstieg des Kaiserreiches gelegt wurde. Die wenigen Jahre der pronatalistischen Politik der Hitler-Diktatur hinterließen hingegen auf der demographischen Landkarte nur schwache Spuren.

Ein altes Vorurteil besagt, daß die Menschen umso weniger Kinder haben, je besser es ihnen geht. Wie die meisten Vorurteile, ist auch dieses nicht prinzipiell falsch, aber keineswegs immer richtig. Der Baby-Boom von 1955 bis 1965 fiel immerhin in eine Zeit, da der Lebensstandard rapide stieg, da sich zum ersten Mal seit 20 Jahren wieder realer Wohlstand entwickelte.

Das Gefühl, sich guten Gewissens wieder Kinder

leisten zu können, ist sicher eine Erklärung für die damalige Geburtenhäufigkeit. Es war aber auch eine Zeit, in der das öffentliche Denken nicht nur um soziale Sicherheit kreiste, in der Arbeit und Leistung respektiert wurden, in der es die Regierungsparteien nicht nötig hatten, penetrant von der Zukunft zu reden, weil sie sie vielmehr realisierten, in der Optimismus statt Resignation herrschte, in der die Deutschen nicht permanent an ihrer Daseinsberechtigung zweifelten. Noch war das Volk von Vergangenheitsbewältigung und ökologischer Hysterie verschont. Es waren die Jahre der deutschen Unschuld – die goldenen Jahre der Republik.

Es kann kein reiner Zufall sein, daß die Deutschen keine Kinder mehr haben wollten, sobald sich mit dem ersten Kabinett Brandt im Oktober 1969 eine linke Regierung in Bonn etabliert hatte. Es läßt sich wohl auch argumentieren, daß Brandt nur an die Macht kommen konnte, weil der Wind des Zeitgeistes vorher gedreht hatte. Aber diese Beobachtung läuft auf dasselbe hinaus. Regierungen sind immer zugleich Ausdruck des aktuellen Zeitgeistes und mitverantwortlich dafür.

Wie auch immer, die sozialistisch-liberale Regierung bescherte den Deutschen eine Epoche stumpfsinniger Reformen, eine Epoche der Verschuldung, von der sich die öffentlichen Kassen nie mehr erholen sollten, eine Epoche neuer Minderwertigkeitskomplexe, eine Epoche politisch-moralischer Dekadenz und demographischen Niedergangs.

1969 noch, im letzten Jahr der Großen Koalition, hatte der deutsche Geburtenüberschuß bei 115 376 gelegen. 1970, im ersten vollen Jahr der Regierung Brandt, war er auf 20 963 abgesackt. 1971 ergab sich erstmals ein Minus (von 23 793), das sich bis 1975 auf 235 630 ausweitete. Bis 1982, als die linke Koalition abgewirtschaftet hatte und abtreten mußte, kumulierte sich das Geburtendefizit auf über zwei Millionen Menschen – ein Aderlaß, dessen Konsequenzen bis weit ins nächste Jahrhundert hinein spürbar sein werden. Auch in dieser Hinsicht haben die Deutschen einen hohen Preis für das Vergnügen bezahlt, sich 13 Jahre lang links regieren zu lassen.

Nach 1982 blieb mit der geistigen Wende auch die demographische aus, wenn auch ein gewisser Anstieg der Geburten zu verzeichnen war. Es war ja nicht so, daß die Regierung der Mitte überhaupt keine Verbesserungen brachte. Die Schere zwischen jährlichen Geburten und Sterbefällen blieb dennoch weit offen. Die Verfassung der Familien bietet immer noch ein Bild der Verwüstung. Am 1. April 1987 wurden in der Bundesrepublik Deutschland 23,1 Millionen Familien gezählt. In 12,6 Millionen dieser Familien lebten überhaupt keine Kinder. Nur 5,8 Millionen Familien hatten Kinder unter 15 Jahren. In 58 % davon lebte nur ein Kind, in einem Drittel lebten zwei Kinder und in nur 7,2 % drei Kinder. Vier Kinder oder mehr unter 15 Jahren waren nur in 1,7 % der Familien vorhanden. Anders gesehen: die Frauen bekommen heute nur noch etwa halb so viele Kinder wie 1965.

Der Osnabrücker Soziologie-Professor Robert Hepp hat übrigens am Beispiel West-Berlins nachgewiesen, daß eine negative Korrelation zwischen Kindern und Hunden besteht. Während die Menge der

Kinder in West-Berlin zurückging, nahm die der Hunde ständig zu. 1969 kamen noch mehr als zwei Kinder unter sechs Jahren auf einen Hund, 1980 gab es schon ebenso viele Hunde wie kleine Kinder, und in den vornehmen Wohnbezirken wie Zehlendorf lebten Anfang der achtziger Jahre bereits wesentlich mehr Hunde als kleine Kinder. Nicht nur in Zehlendorf, auch in Tempelhof, Reinickendorf und Steglitz war die Hunde-Kinder-Relation seit 1969 nur gestiegen und hatte bereits in den siebziger Jahren das Verhältnis 1:1 hinter sich gelassen. Gleichzeitig bildeten sich riesige Ausländer-Ghettos, und auch in anderer Hinsicht wurde West-Berlin zum Opfer einer spezifischen politischen Kultur und zum Musterbeispiel bundesdeutscher Dekadenz.

In der Wissenschaft gibt es keinen Zweifel mehr am ursächlichen Zusammenhang zwischen Bevölkerungs- und Wirtschaftsdynamik. Professor Norbert Walter, der heute als Chefökonom für die Deutsche Bank tätig ist, hat dazu eine Studie am American Institute for Contemporary German Studies der John Hopkins University erarbeitet. Wesentliche Ergebnisse daraus wurden im Bulletin der Deutschen Bank veröffentlicht.

Professor Walter bemerkt zunächst, daß man den wirtschaftlichen Boom der Nachkriegszeit in der Bundesrepublik fast nie mit Änderungen der Altersstruktur in Verbindung gebracht habe. In den USA hingegen habe man dem Nachkriegs-Baby-Boom und seinen wirtschaftlichen Auswirkungen Interesse entgegengebracht.

»Die dynamischste Phase der Bevölkerungsentwicklung der heutigen Bundesrepublik Deutschland«, so

Norbert Walter, »lag in der unmittelbaren Nachkriegszeit. Damals stieg die Bevölkerungszahl von rund 46 Millionen binnen einer Dekade um mehr als acht Millionen, daß heißt um etwa 20%. In den beiden darauffolgenden Dekaden war die Zunahme mit rund acht Millionen etwa ebenso groß. Die jährliche Zuwachsrate, in der ersten Dekade nach dem Krieg fast 1,5%, lag bis Mitte der sechziger Jahre noch immer über ein Prozent.«

Entscheidend war: »Die außerordentlich kräftige Zunahme der Bevölkerungszahl in der unmittelbaren Nachkriegszeit und der Anstieg des Anteils der jungen Altersgruppen gingen dem Wirtschaftswunder zeitlich voraus. Dieser Anteil erreichte sein Maximum Anfang der fünfziger Jahre. Tatsächlich kam es in den fünfziger und frühen sechziger Jahren zu einer dynamischen wirtschaftlichen Aufwärtsentwicklung. In der Mitte der sechziger Jahre knickte diese Entwicklung ein. Die Schwächung setzte sich – unter Schwankungen – bis in die achtziger Jahre hinein fort. Damit verlief die wirtschaftliche Entwicklung phasenverschoben um etwa fünf bis zehn Jahre zu den demographischen Einflußkomponenten Bevölkerungszahl und Altersstruktur.«

Zwischen beiden letzten Komponenten muß sorgfältig unterschieden werden. Es leuchtet auf den ersten Blick ein, daß ein junges, kleines Volk mehr Dynamik zeigen wird als ein größeres, vergreistes Volk. Und wichtiger als die Momentaufnahme ist immer der Trend der Veränderung. Professor Walter: »Während die Bevölkerungsentwicklung auf die gesamtwirtschaftliche Nachfrage relativ rasch einwirkt, beeinflußt die Änderung der Altersstruktur die Produktivitätsentwicklung eher mittelfristig, daß heißt diese Einflußkomponente weist eine längere Verzögerung auf.«

Wie aber wirken demographische Veränderungen im einzelnen? Dazu Professor Walter: »Wenn vom Einfluß der Bevölkerung auf die wirtschaftliche Entwicklung gesprochen wird, denkt man primär an Nachfrageeffekte. Es ist plausibel, daß steigende Bevölkerungszahlen steigenden Bedarf auslösen. Dieses Argument gilt, wenn sich die Bevölkerung über steigende Geburten oder durch Einwanderung vermehrt. Damit verbundene Nachfrageschübe lösen nicht nur Multiplikatorprozesse aus, sondern veranlassen auch Unternehmer, die längerfristig günstige Absatzchancen sehen, ihre Kapazitäten zu erweitern. Dies wiederum macht komplimentäre staatliche Infrastrukturinvestitionen erforderlich. Aus diesen Interaktionen entsteht ein sich aufschaukelnder Prozeß.«

Wichtig ist nun, daß junge Arbeitskräfte die Produktionsmöglichkeiten überproportional vergrößern. Da sie bisher noch keinen Arbeitsplatz einnahmen, sind sie räumlich und professionell mobiler als die älteren Kollegen. Jüngere Menschen sind in der Regel kreativer und innovativer als die ältere Generation. Und daß derartige Tugenden für die Konkurrenzfähigkeit einer extrem exportorientierten Volkswirtschaft wie der deutschen unentbehrlich sind, bedarf keiner näheren Erläuterung.

In seinem 1982 in der Yale University Press erschienenem Buch »The Rise and Decline of Nations« liefert Mancur Olson eine ebenso einfache wie plausible Erklärung für den Aufstieg und Niedergang der Volkswirtschaften – und damit auch für die politische Renaissance und den politischen Bedeutungsverlust von Nationen. Daß das eine vom anderen nicht zu trennen ist und daß die wirtschaftlich-politische Konjunktur einer Nation das Wohlgehen des Einzelnen unmittelbar tangiert, kann keinem ernsthaften Studenten der Geschichte verborgen bleiben.

Olson hat herausgefunden, daß der Niedergang ehemals starker Volkswirtschaften mit der ständigen Vermehrung sogenannter »distributiver Koalitionen« zusammenhängt. Damit meint er Parteien, Verbände und andere Interessengruppen, die Umverteilungsziele verfolgen. Auch in der Bundesrepublik Deutschland hat, je älter sie wurde, desto mehr der Einfluß derer zugenommen, die sich hauptsächlich damit befassen, Leistung zu bestrafen und den Tüchtigen möglichst viel wegzunehmen. Daß diese Einstellung in den fünfziger Jahren noch nicht in Mode war, erklärt unter anderem das damalige Wirtschaftswunder, das gar kein Wunder war, sondern die unvermeidliche Konsequenz fortschrittlichen ökonomischen Denkens, günstiger Rahmenbedingungen und einer einmaligen demographischen Konstellation.

Selbstverständlich profitierte die Bundesrepublik auch 20 Jahre lang davon, daß eine Partei mit wirtschaftspolitisch falscher Programmatik, wie die SPD, von der Macht ausgeschlossen war. In der SPD sitzen die Umverteilungspolitiker en masse, und auch in der CDU ist ihr Einfluß heute ungleich größer als zur Zeit des Wirtschaftswunders. Ludwig Erhard wäre heute ein Fremder in dieser Partei.

In der Bundesrepublik wurden die distributiven Koalitionen, wie wir sahen, umso stärker, je mehr der

Staat in die Jahre kam. Sie müssen aber auch umso stärker werden, je mehr die Bevölkerung vergreist. Dies ist die Gefahr, die im nächsten Jahrhundert droht – und sie wird mit einer Situation zusammenfallen, in der nicht mehr aus dem Vollen geschöpft werden kann, in der das Sozialprodukt für eine großzügige und zugleich inflationsfreie Umverteilung nicht mehr ausreicht. Die Versuchung wird dann groß sein, Geld zu drucken anstatt es zu verdienen.

Eine junge Bevölkerung hingegen verlangt nicht nur weniger Umverteilung, sie sorgt zugleich für ein Ausmaß an Fortschritt, das den finanziellen Spielraum erweitert. Die Bundesrepublik kann jetzt noch von der Substanz leben, im nächsten Jahrhundert könnte die Substanz aufgebraucht sein. Absehbar ist zum Beispiel, daß dann die Leistungsbilanz defizitär werden wird.

Wenn ein Volk um 25 oder 30 % abnimmt und wenn der verbleibende Rest ständig vergreist, hat dies ohne Zweifel nationale Aspekte, die die Stellung dieses Volkes in der Welt betreffen. Die in der Bundesrepublik tonangebenden Kreise haben dafür keine Antenne. Der Verlust an politischem Standing, die nationale Bedeutungsminderung scheinen ihnen gleichgültig zu sein. Sonderlich überraschend ist das nach Lage der Dinge nicht. Was aber erstaunt, ist das Desinteresse, mit dem diese Gesellschaft auf Prozesse reagiert, die ihren anerkannten Daseinsgrund in Frage stellen: den umfassenden Sozialstaat, den Umverteilungsmechanismus, ein im Trend wachsendes Sozialprodukt. Eine Gesellschaft, die der Aushöhlung ihrer raison d'être gegenüber blind ist, gibt ein klägliches Bild ab.

Wie der Soziologe Götz Briefs schon 1926 ausführte,

besteht das Kernstück des ethischen Wandels der Neuzeit in der »Ethisierung« des Ideals des Wohllebens. Der Eudämonismus, die Lehre vom Glücksvorrang, welche die Zugänglichkeit der materiellen und geistigen Lebensgüter für Alle fordert, ist ohne Zweifel auch ein Grundprinzip der Bundesrepublik Deutschland.

In seinem großartigen Werk »Moral und Hypermoral« schrieb der Soziologe Arnold Gehlen: »Nicht die bloße Abweisung von Not und Leiden, sondern das Erfüllungsglück selbst, das Wohlhaben und Wohlleben werden hier zu Soll-Forderungen erhoben, und für jede Beeinträchtigung solcher Forderungen finden sich zurechenbare, haftbare Instanzen, die mit Empörung gemißbilligt werden. Der Zustand der Entbehrung oder gar des Leidens an ihr soll nicht sein und darf nicht sein. Da nun alle diese physiologischen und vitalen Glückszustände von außen her durch Andienung von Gütern in hohem Grade lenkbar und steigerbar sind, und da ferner die modernen Industriegesellschaften über die entsprechende Kapazität für Produktion und Verteilung verfügen, wird der Staat zum Adressaten der Erfüllungswünsche und die Politik der Idee nach zu einer Technik des Glücks.«

Treffender kann man nicht umschreiben, wie das im Grundgesetz garantierte sozialstaatliche Prinzip in der bundesrepublikanischen Praxis umgesetzt wird. Wie es finanziert werden soll, und zwar auf unabsehbare Zukunft, darüber schweigt sich das Grundgesetz aus. Es ist nicht unvorstellbar, daß der üppige Sozialstaat, bei dem es sich um ein ganz junges historisches Phänomen handelt, so nicht aufrechterhalten werden kann.

Die Explosion seiner Kosten ist schon jetzt beängstigend. Daß die fünfziger Jahre, in denen man keine Zeit zum Umverteilen hatte, einen gewissen Nachholbedarf hinterließen, ist noch verständlich, daß es aber auch später nie gelang, so etwas wie eine Sättigung mit Sozialleistungen und einen tragfähigen Status quo zu erreichen, ist mehr als bedenklich.

Dafür ein Beispiel: Zwischen 1970 und 1987 kletterten die Ausgaben für Sozialhilfe in der Bundesrepublik von 3,5 auf 26,29 Milliarden Mark. Allein von 1980 bis 1987 stieg die Zahl derer, die eine laufende Hilfe zum Lebensunterhalt erhielten, von 1,3 auf 2,3 Millionen. Das waren 5 % aller Haushalte in der Bundesrepublik. Von 1980 bis 1986 verdoppelte sich der Anteil der unter 18jährigen an dieser bedürftigen Bevölkerungsgruppe von 3 auf 6 %; der Anteil der Ausländer, die Sozialhilfe bezogen, stieg von 160 000 auf 400 000. 1987 gaben die Stadtstaaten Berlin, Bremen und Hamburg 850 Mark je Einwohner für Sozialhilfe aus. Was ist hier schief gelaufen? Wurden die enormen Summen der heutigen Sozialleistungen vor 20 Jahren objektiv nicht benötigt? Ober lebten damals vielleicht Millionen in nacktem Elend? Haben sich seitdem die Verhältnisse oder die Ansprüche geändert? Oder ist es einfach so, daß der Sozialstaat immer nur expandieren, aber nie rationalisiert werden kann? Daß die Sozialleistungen real, also unter Berücksichtigung der Inflation, nicht fallen dürfen oder fallen können, wurde längst akzeptiert, daß sie aber in diesem Tempo steigen, ist beängstigend. Und dabei wurde das System bisher nie durch eine lang andauernde Rezession oder gar Depression ernsthaft auf die Probe gestellt. Über die Möglichkeit einer Depression nach dem Muster der dreißiger Jahre kann man nur spekulieren. Daß der Anteil der Steuer- und Beitragszahler an der Gesamtbevölkerung drastisch fallen wird, wissen wir bereits. Dann tritt der Ernstfall ein, auf den niemand vorbereitet ist.

Noch 1960 betrugen die Ausgaben der gesetzlichen Krankenversicherung, die 1988 rund 37 Millionen Mitglieder und rund 18 Millionen mitversicherte Familienangehörige betreute, nur 8,9 Milliarden Mark. Bis 1970 waren die Ausgaben auf 23,8 Milliarden angewachsen, bis 1980 auf 89,8 Milliarden und bis 1988 auf 127,5 Milliarden Mark. Die Mitgliedsbeiträge lagen bei rund 12,6 % des Bruttolohns.

Leider ist es unvermeidlich, daß die Menschen mit zunehmendem Alter öfter krank werden. Nur infektiöse und parasitäre Krankheiten sind typisch für das Kindesalter, gehen danach stark zurück und steigen auch bei Menschen über 65 nur ganz leicht an. Ganz anders bei den Krankheiten des Kreislaufsystems: bei Personen über 65 treten sie 16mal so häufig auf wie in der Altersgruppe von 15 bis 40. Die Bundesregierung schätzt, daß im Jahre 2030 1709 Einwohner je 10 000 krank sein werden. 1980 waren es 1389 je 10 000.

Stark ansteigen wird, wegen der Vergreisung der Bevölkerung, der Anteil der Pflegebedürftigen. Anfang 1984, als der zweite Teil des bevölkerungspolitischen Berichtes der Bundesregierung erschien, wurde der Anteil der Pflegebedürftigen mit 3,3 % der Gesamtbevölkerung angegeben. Davon lebten 1,5 Millionen zu Hause, eine Viertelmillion war stationär untergebracht. Wenn man der Faustregel folgt, daß von den Menschen zwischen 65 und 79 Jahren etwa 8 % pflegebedürftig und von den 80jährigen und älteren 28 %

pflegebedürftig sind, nehmen die zu erwartenden Verhältnisse die Qualität eines Alptraums an. Und wer wird die vielen bettlägerigen Patienten dann pflegen? Die jüngsten Strukturreformen im Gesundheitswesen und die Kostendämpfungsmaßnahmen haben nicht einmal die schon jetzt bestehenden Mängel des Systems wirklich behoben. Von einem Konzept, das die kommenden Belastungen bewältigt, kann keine Rede sein.

Die demographische Zeitbombe tickt freilich nirgendwo lauter als bei der gesetzlichen Rentenversicherung. Jeder mag sich selbst ausrechnen, was auf die aktive Bevölkerung zukommt, wenn im Jahr 2010 100 Beitragszahler für 72 Rentner aufkommen müssen und im Jahr 2030 100 Beitragszahler für 112 Rentner. Nach den letzten Statistiken werden 48 Rentner von 100 Beitragszahlern finanziert.

Selbst unter den bisherigen Verhältnissen konnte die Rentenversicherung nur solvent bleiben, indem ein finanzielles Loch nach dem anderen gestopft wurde. 1974 noch machten die Rücklagen der gesetzlichen Rentenversicherung achteinhalb Monatsausgaben aus. Bereits nach der Bundestagswahl von 1976 wurde deutlich, daß die Leistungen nicht aufrecht zu erhalten waren. Die zum 1. Juli 1978 fällige Rentenanpassung mußte um ein halbes Jahr verschoben werden. Die Rentenerhöhungen 1979 bis 1981 mußten im Vergleich zur ursprünglichen Formel gekürzt werden.

1982 zeichnete sich schon wieder eine dramatische Verringerung der Reserven ab. 1984 fiel die Reserve sogar unter die gesetzlich vorgeschriebene Mindestgrenze von einer Monatsausgabe. Und dies, obwohl Bonn ab 1983 den Beitragssatz angehoben, das Weihnachts- und Urlaubsgeld in die Beitragspflicht einbezogen, einen Krankenversicherungsbeitrag für Rentner eingeführt und den Rentenanpassungstermin von Anfang auf Mitte 1983 verschoben hatte. Die Renten, deren »Sicherheit« zum unantastbaren Glaubenssatz der Bonner Politik erhoben wurde, sind längst zum Objekt staatlicher Flickschusterei geworden.

Das Ganze soll, wie man weiß, nach den Grundsätzen des »Generationenvertrages« funktionieren. Der Beitragszahler sammelt und bildet mit seinen Beiträgen nicht etwa – wie bei einer privaten Lebensversicherung – Kapital, das sich verzinst und das ihm zur Verfügung steht, wenn er das Rentenalter erreicht hat. Seine Beiträge werden vielmehr sofort von den gerade lebenden Rentnern verbraucht. Er muß sich darauf verlassen, daß spätere Beitragszahler seine Rente finanzieren, wenn er einmal alt ist. Die jeweils wirtschaftlich aktive Generation kommt für die jeweilige Generation der Rentner auf – nichts anderes ist mit dem »Generationenvertrag« gemeint. Das Funktionieren des Systems muß weitgehend davon abhängen, wie viele Rentner auf wie viele Beitragszahler kommen.

Zusätzlich leistet der Staat Zuschüsse. Die aber stammen aus den Steuern, für die ebenfalls der arbeitende Teil der Bevölkerung aufzukommen hat. 1957 betrug der Bundeszuschuß zur gesetzlichen Rentenversicherung 3,5 Milliarden Mark, 1987 26,5 Milliarden. Wenn man die Beamtenpensionen und die Bundeszuschüsse zur knappschaftlichen Rentenversicherung und zur Altershilfe für Landwirte hinzurechnet, gibt der Bund heute schon etwa ein Viertel seiner Einnahmen für die Auszahlung von Renten und Pensionen aus.

Der Anteil von einem Viertel am Bundeshaushalt ist nicht beliebig steigerbar – und dasselbe gilt für die Beiträge.

Der Verband Deutscher Rentenversicherungsträger hat ausgerechnet, daß sich der Beitragssatz bis zum Jahre 2030 gegenüber dem aktuellen Satz auf fast 37 % nahezu verdoppeln müßte – wenn an den Leistungen nach geltendem Recht nicht gerüttelt werden soll. Es ist schwer vorstellbar, daß die im Jahr 2030 arbeitende Generation eine derartige Belastung akzeptieren wird. Sie wird rebellieren – notfalls, indem sie aus dem Altersheim Bundesrepublik in jüngere Länder auswandert.

Anders ausgedrückt, könnte die im nächsten Jahrhundert aktive Generation auf die Idee kommen, den Generationenvertrag nicht zu honorieren; nicht ganz zu unrecht, weil die Mehrheit der Alten der Jahre 2010, 2020 oder 2030 ihn auch nicht vollständig honoriert haben werden.

Denn unter denjenigen, die dann in Rente gehen, befinden sich die Schuldigen am Geburtendefizit der siebziger und achtziger Jahre. Sie haben es bewußt abgelehnt, Kinder zu bekommen und großzuziehen. Sie haben sich darauf verlassen, daß andere die Kinder in die Welt setzten, die eine Generation später ihre Renten finanzieren sollten.

Ein Ehepaar, das in den siebziger und achtziger Jahren keine Kinder wollte, kam damit umgehend in den Genuß eines höheren Lebensstandards, weil beide berufstätig sein konnten, und größerer persönlicher Freiheit, weil Kinder Bindungen mit sich bringen. Und sie sicherten sich auch noch den Vorteil einer späteren doppelten Rente, da sie doppelt verdienen konnten.

Wer sich hingegen in den siebziger und achtziger Jahren für mehrere Kinder entschied, votierte für eine relative Verarmung seiner Familie, weil mit der Zahl der Kinder das Pro-Kopf-Einkommen sank und weil die Frau obendrein für einen längeren Zeitraum nicht mitverdienen konnte, woraus zusätzlich eine schlechtere Gesamtrente des Ehepaares resultierte.

Kindergeld, das lange Zeit nicht mehr als ein Taschengeld war, und Steuerfreibeträge, die erst 1990 fühlbar erhöht werden sollten, können nichts daran ändern, daß in der Bundesrepublik auf dem Rücken der Familien umverteilt wird. In einer Kabinettssache vom 21. August 1989 versuchte das Familienministerium auszurechnen, was ein Kind im Monatsdurchschnitt 1989 kostete. Ergebnis: schätzungsweise 550 Mark, wobei ein Einverdiener-Haushalt mit zwei Kindern und ein durchschnittliches Arbeitnehmereinkommen des Mannes zugrundegelegt wurden. Die 550 Mark beziehen sich auf die »Lebenshaltungsaufwendungen« des Kindes, Ausbildungskosten sind nicht inbegriffen.

Demnach läßt sich leicht nachrechnen, daß das Steuerrecht nicht nur nicht familienneutral ist, sondern geradezu familienfeindlich. Der Staat bestraft die Eltern dafür, daß sie ihm künftige Steuerzahler produzieren. Um die Kinderkosten zu decken, müßten der Steuerfreibetrag pro Kind auf etwa 7000 Mark angehoben werden. Dies entspräche in etwa einem Steuerausfall von etwa 2000 Mark pro Kind. Ob sich der Staat das leisten kann, ist eine Frage der Prioritäten. Wir leisten uns es schließlich auch, jeden Arbeitsplatz in der Luftfahrtindustrie mit 14 000 Mark pro Jahr zu subventionieren, jeden Arbeitsplatz in der Landwirtschaft mit 15 000 Mark und jeden Arbeitsplatz im Steinkohlebergbau mit 165 000 Mark. Das Versagen der Mitte erkennt man daran, daß die Prioritäten nicht stimmen.

Konrad Adam mokierte sich in der »Frankfurter Allgemeinen« darüber, daß CDU und SPD ständig das Werbeetikett »Zukunft« vor sich her tragen, ohne wirklich erklären zu können, was sie mit der Phrase meinen. »Was Zukunft ist, läßt sich jedoch sehr einfach definieren: Kinder sind Zukunft.«

Adam schreibt: »Der Staat stellt klar, daß es die Yuppies (Young urban professionals) und die Dinkies (double income, no kids) sind, die er vor allem schätzt und fördert, nicht die Familien mit Kindern. Das Paar, das ganz bewußt auf Kinder verzichtet, macht ja ein glänzendes, gleich dreifaches Geschäft. Zunächst verbessert es seine Aussichten, zwei Monatseinkommen statt eines einzigen zu beziehen. Sodann braucht es den doppelten Verdienst nicht mehr mit dritten, vierten oder fünften Familienmitgliedern zu teilen. Und schließlich wird es für sein hedonistisches, aber durchaus marktkonformes Verhalten vom Staat durch eine zweifache Rentenanwartschaft belohnt. Gegen diese übermächtige Konkurrenz der Kinderlosen hat die Familie einen schweren, meist aussichtslosen Stand.«

Die Bemerkung des Bundeskanzlers in seiner Regierungserklärung vom 18. März 1987, daß die Familie »das Fundament unseres Staates« bleibe, muß so gemeint gewesen sein, daß sie im Sinne der üblichen Funktion eines Fundaments das Gewicht der Yuppies und Dinkies mitzutragen habe. Genau dies war übrigens das Publikum, für das Heiner Geißler aufspielte. So lange aber mehr Last auf den Familien als auf den Singles ruht, sind alle regierungsamtlichen Hinweise auf den sogenannten »Familienlastenausgleich« nichts als Ablenkungsmanöver. Auch die Erhöhung der Freibeträge für Kinder auf 3024 Mark ab 1990 gleicht die Lasten keineswegs aus. Und warum eigentlich mußte diese Regierung acht Jahre im Amt sein, um sich wenigstens zu dieser Maßnahme durchzuringen?

Sich mit dem grundlegenden Konstruktionsfehler der Rentenversicherung zu befassen, wagt die Regierung ohnehin nicht. Adam beschrieb die inneren Widersprüche der offiziellen Renten-Ideologie folgendermaßen: »Der Sozialminister kann im Grundsatzprogramm seiner Partei nachlesen, wie das Rentenversicherungs-System auf Umlagebasis funktioniert. Es ruht, so heißt es dort, auf zwei Pfeilern, auf den laufenden Beiträgen der Berufstätigen und auf der Kopfzahl der nachwachsenden Generation. Angesichts dieser Lage gebietet es die Logik und verlangt es die Gerechtigkeit, beide Pfeiler angemessen zu berücksichtigen. Mit anderen Worten: die Beiträge zur Alterskasse nach Familiengröße zu staffeln. Doch eben dies lehnt der Sozialminister als systemwidrig ab. Er hält an jenem ruinösen Verfahren fest, das Kinderlosigkeit faktisch belohnt. Die Folgen sind danach.«

Artikel 6 des Grundgesetzes, wonach Ehe und Familie unter dem besonderen Schutz der staatlichen Ordnung stehen, wird von den Bundestagsparteien nicht wörtlich genommen. Sie unterscheiden sich nur darin, daß sie unterschiedlich heftig dagegen verstoßen. In der zweiten Amtsperiode der Regierung Kohl wurde die systematische Verletzung dieses Verfassungsgrundsatzes wenigstens gemildert. Es bleibt aber dabei bei der stereotypen Schutzbehauptung, der Staat habe keine Bevölkerungspolitik zu betreiben. Aber wird hier die Öffentlichkeit nicht gleich schon wieder in die Irre geführt?

Konrad Adam meint Ja: »Die Frage, ob der Staat durch sein Verhalten auf die Geburtenfreudigkeit des Volkes Einfluß nehmen darf, ist allenfalls von akademischen Interesse, denn faktisch tut er es ja ständig. Wer die bevölkerungspolitische Neutralität des Staates für erwünscht hält, kommt um das Eingeständnis nicht herum, daß gegen dieses Ziel massiv verstoßen wird. Tatsächlich wird die Existenz von Kindern in Deutschland keineswegs ignoriert, sie wird, so weit der Staat dazu imstande ist, vorsätzlich oder aus Gedankenlosigkeit bestraft.«

Und der frühere Präsident des Bundesverfassungsgerichtes, Wolfgang Zeidler, bezog sich auf den gravierenden Unterschied zwischen dem Lebensstandard einer Mutter von mehreren Kindern und dem ihrer kinderlosen Nachbarin, als er schrieb: »Legt man die Maßstäbe eines sonst überall in den menschlichen Ordnungen als angemessen akzeptierten Vernunftdenkens und rationalen Abwägens der ökonomischen Gegebenheiten an, ist es eigentlich kaum zu verstehen, daß sich überhaupt noch wenigstens einige Eltern bereit finden, die gesellschaftliche Aufgabe Geburt, Unterhaltung und Erziehung mehrerer Kinder quasi gratis zum Nutzen ihrer Mitbürger zu leisten.«

Politiker, so sagt man, unterscheiden sich von Staatsmännern darin, daß sie nicht an die nächste Generation, sondern an den nächsten Wahlgang denken. In diesem Sinne hat die Bundesrepublik zu viele Politiker. Aber es existieren einige wenige Zwangsläufigkeiten, denen die Politik nicht entkommen wird. Dazu zählt die simple Wahrheit, daß Vergreisung und Schrumpfung des Volkes die wirtschaftliche, finanzielle und moralische Substanz einer Nation zerstören. Und dieser Prozeß wird sich nicht etwa von selbst korrigieren, sondern sich zunehmend verschärfen, solange die Geburtenrate unter dem Reproduktionsniveau liegt. Selbst die über 700 000 Übersiedler und Aussiedler, die 1989 in die Bundesrepublik kamen, ändern nichts am langfristig negativen Trend – wenngleich sie dazu beitragen, das Problem zu verdrängen.

In der demographischen Bilanz des künftigen Gesamtdeutschland wird sich der Zusammenschluß mit der DDR wenigstens nicht negativ auswirken, sofern es bei der mitteldeutschen Geburtenrate der achtziger Jahre bleibt. 1986 wurde dort ein kleines Defizit gemeldet, 1987 ein Geburtenüberschuß von 12 087. Obwohl die früher hohen Geburtenüberschüsse auch in der DDR verschwanden und obwohl es – in den siebziger Jahren – zu größeren Defiziten kam, stabilisierte sich die Bevölkerung doch in den achtziger Jahren. Unabhängig von der Geburtenhäufigkeit sank sie – bedingt durch die Flucht – von 19 Millionen im Jahre 1948 auf 16,6 Millionen im Jahre 1987. Alles, was hier zur Demographie der Bundesrepublik Deutschland gesagt wurde, gilt auch für ein wiedervereinigtes Deutschland, in dem zunächst knapp 74 Millionen Deutsche leben werden. Wenn kein Wunder geschieht, wird diese Zahl im kommenden Jahrhundert erst unter 70 Millionen und später in Richtung auf 60 Millionen sinken. Im ungünstigsten Fall – das läßt sich aus den zitierten Modellrechnungen der Bundesregierung ableiten – würde Deutschland in etwa dieselbe Zahl an Menschen, die 1990 in der DDR leben, durch Geburtenschwund wieder verlieren. Dann würden im vereinten Deutschland nicht viel mehr Deutsche leben als 1990 auf dem Boden der Bundesrepublik.

In einer brillanten Abhandlung faßte Professor Schmidt-Kaler das zentrale Zukunftsproblem der deutschen Politik folgendermaßen zusammen: »Die Bundesrepublik Deutschland ist mit ihrer Bevölkerungs-Implosion Vorreiter nicht nur der Entwicklung West- und Mitteleuropas, sondern aller Industriestaaten. Wird sie ihr Bevölkerungsproblem nicht meistern, so wird eine, höchstens zwei Generationen später auch ihre politische Rolle ausgespielt sein. Damit wäre aber auch die Rolle Europas in der Welt endgültig und für immer beendigt. Und wenn die westliche Zivilisation ihr Geburtenproblem nicht meistert, dann wird sie und mit ihr die freiheitlichste und fortschrittlichste Kultur, die die Welt je gesehen hat, in wenigen Generationen untergehen. Das sollten sich alle jene überlegen, die über ›Geburtenfetischismus‹ spotten. Wird die Bundesrepublik es aber meistern, so könnte sie das Vorbild für den Industriestaat des nächsten Jahrhunderts werden.«

Übersiedler, Aussiedler, Ausländer

»Unser Talent, uns von Anführern, die wir selber bezahlen, beschimpfen zu lassen, wird immer wieder erprobt: Ausländerfeindlichkeit! Tatsächlich handelt es sich bei dem globalen Vorwurf um eine Lüge, verbreitet von Politikern, Prälaten und Volkserziehern der öffentlichen Medien, die aus dem schlechten Gewissen der anderen sich selber ein gutes machen und sich auf Kosten ihrer Landsleute Prestige verschaffen wollen.«

Johannes Gross, Phönix in Asche

»In 25 Jahren wird das Nord-Süd-Verhältnis am Mittelmeer sich ins Gegenteil verkehrt haben. Dieses Verhältnis war vor 30 Jahren 2 zu 1 zugunsten des Nordens, es ist jetzt auf dem Niveau 1 zu1, und es wird in 25 bis 30 Jahren ungefähr 1 zu 4 sein. Unter diesen Umständen ist es sinnlos, sich ruhige Wanderströme vorzustellen. Wir werden Ghettos haben. Wir produzieren Libanons oder sogar Sowetos. Keine beruhigenden Reden können diese furchtbare Realität verbergen. Wir haben eine kritische Masse der Veränderung erreicht, die in 10, 15, 20 Jahren explodieren wird.«

Pierre Chaunu, Professor für Neuere Geschichte an der Sorbonne

Wenn in Deutschland über Ausländer diskutiert wird, herrscht heillose Sprachverwirrung. Zwei Jahrzehnte lang war die Regierung nicht im Stande, eine rationale Ausländerpolitik zu formulieren und auch durchzusetzen – jetzt ist das Thema, das zum Streitpunkt Nummer eins der neunziger Jahre zu werden droht, hoffnungslos mit Emotionen, Vorurteilen und purer Ignoranz belastet.

Als der neue Bundesinnenminister Wolfgang Schäuble Ende September 1989 den Entwurf für ein neues Ausländerrecht vorlegte, provozierte er schrille Reaktionen.

Der Ausländerreferent der EKD, Oberkirchenrat Michael Mildenberger, drohte, die Kirchen müßten immer dann ihre Stimme erheben, wenn sich die staatliche Ordnung »gegen den Menschen« wende.

Der Referent für Flüchtlingshilfe beim Deutschen Caritasverband, Hermann Uihlein, behauptete, einer »ethischen Herausforderung« wie dem Flüchtlingsproblem dürfe man nicht mit quantitativen Argumenten begegnen. Bei der Aufnahmefähigkeit der Bundesrepublik gebe es keine eindeutigen Zahlengrenzen.

Herta Däubler-Gmelin, Rechtsexpertin der SPD, setzte sich gar über das Grundgesetz hinweg und verlangte das kommunale Wahlrecht für Ausländer. Sie dürften nicht zu »Bürgern zweiter Klasse« abgestempelt werden, und überhaupt sei Schäubles neues Ausländerrecht »kleinkrämerisch«.

Der FDP-Innenpolitiker Hirsch fand den Gedanken unerträglich, daß sich das Volk selbst mit dem Thema beschäftigen könnte und malte sogleich den Teufel an die Wand: falls das Ausländergesetz an der CSU scheitern sollte, übernehme sie die Verantwortung, wenn die Ausländerpolitik den Wahlkampf 1990 mitbestimme. Hirsch glaubt offenbar, relevante Themen paßten nicht in einen Wahlkampf.

Und von »Pro Asyl«, einer der wie Pilze aus dem Boden schießenden Organisationen der Ausländer-Lobby, kam die absurde Behauptung: »Der Entwurf errichtet unübersteigbare Hürden für Flüchtlinge. Der eiserne Vorhang zur Dritten Welt rasselt herunter, wenn dieses Ausländergesetz verabschiedet wird.«

In der Bundesrepublik Deutschland, die sich des großzügigsten Asylrechts der Welt rühmen darf und die Jahr für Jahr mehr Ausländer aufnimmt als jedes andere EG-Land, geht ein Gespenst um: Das Gespenst der Ausländerfeindlichkeit.

Was damit gemeint ist, muß erst noch definiert werden, über die Fürchterlichkeit des Vorwurfs in der politischen Propaganda kann es freilich keinen Zweifel geben. Ein Mannheimer Richter, der den Bau von Wohnungen für Asylbewerber (nicht etwa für anerkannte Asylanten) in einem reinen Wohngebiet untersagt hatte, wurde vom Geschäftsführer der CDU-Sozialausschüsse wüst beschimpft. Sein Urteil sei eine »Schande« für den sozialen Rechtsstaat. Dem Stuttgarter Ministerpräsidenten Späth wurde von den Grünen ein »Rückfall in das Sklavenhalterdenken der Kolonialzeit« vorgeworfen, als er den Vorschlag machte, Asylbewerber zu gemeinnützigen Leistungen heranzuziehen, womit er meinte: sie arbeiten zu lassen. Und in München, einer traditionell toleranten Großstadt, organisierten linke Gruppen eine »Woche für Ausländerfreundlichkeit«, wobei unterstellt wurde, daß Ausländerfeind sei, wer nicht mitmache. Die Rathausfraktion der CSU empfand das als Zumutung. In einer Stadt, in der 200 000 Ausländer friedlich mit den Einheimischen zusammenlebten, müsse der Eindruck vermieden werden, Ausländer würden »verfolgt«. Die Veranstaltung trage eher dazu bei, das gute Zusammenleben zwischen Ausländern und Münchnern zu gefährden statt es zu fördern – was vermutlich auch beabsichtigt war.

Gelegentlich grenzen die Auslassungen ans Skurrile. Zum Beispiel, wenn im Deutschen Fernsehen davon gesprochen wird, jeder 40. Deutsche sei ein Türke, oder wenn der Bundespräsident »das jüdische und türkische Volk« in einem Atemzug für antisemitische und ausländerfeindliche Äußerungen und Taten um Vergebung bittet. Ganz abgesehen davon, daß beides nun wirklich nicht miteinander vergleichbar ist, hätten eher die Türken Anlaß, um Vergebung zu bitten – und zwar die christlichen Armenier, von denen sie vor dem Ersten Weltkrieg zwischen 300 000 und zwei Millionen (so weit gehen die Schätzungen auseinander) umgebracht haben.

Was eigentlich meinte der Bundespräsident, als er von »ausländerfeindlichen Äußerungen« sprach? Was können die anderen damit meinen, wenn sie den Knüppel des Schlagwortes weitaus weniger elegant und differenziert schwingen?

Ist jemand bereits Ausländerfeind, wenn er nicht bereit ist, die deutschen Grenzen für alle Ausländer zu öffnen? Ist jemand Ausländerfeind, wenn er ihren Anteil an der Bevölkerung der Bundesrepublik bei einem bestimmten Prozentsatz einfrieren will? Ist jemand, der für einen Anteil von 7,5 % plädiert, ausländerfeindlicher als jemand, der 10% akzeptieren würde? Ist jemand, der 15 oder 20 % für vertretbar hält, aber nicht mehr, nicht doch noch wenigstens ein kleines bißchen ausländerfeindlich? Wenn es auf die Menge ankäme, dann wären die meisten Nationen der westlichen Welt ausländerfeindlicher als die Deutschen.

Oder ist man ausländerfeindlich, wenn man den Ausländern nicht dieselben Grundrechte zubilligt wie den Inländern? Wenn ja, dann wären diejenigen, die eben dies fordern, wahre Ausländerfreunde. Die Aktivitäten der Ausländerfreunde wären dann aber verfassungswidrig, denn das Grundgesetz unterscheidet ganz klar zwischen allgemeinen Menschenrechten und solchen Grundrechten, die nur deutschen Staatsbürgern zustehen.

Nur ein einziges Mal, auf einer Fahrt im Intercity zwischen Frankfurt und Bonn, bin ich auf einen leibhaftigen Ausländerfeind gestoßen. Er saß – am Äußeren unschwer als Angehöriger der sogenannten sozialen Unterschicht erkennbar – im Speisewagen vor einer Flasche Bier (Ausländerfeinde trinken keinen Wein) und beschimpfte unflätig zwei kultivierte Herren mit leicht getönter Hautfarbe, die am Nebentisch schweigend ihr Abendessen einnahmen. Das Schauspiel war sehr unerfreulich, aber gewiß kein Vorfall, der typisch für Deutschland wäre. Wer das glaubt, kennt den Rest der Welt nicht.

Wenn sich der Begriff der Ausländerfreundlichkeit aber auf Anstand und Höflichkeit im Umgang miteinander bezieht, dann ist er im Grunde überflüssig, weil Selbstverständliches nicht abstrahiert werden muß. Geht es hier also um mitmenschliche Tugenden oder um eine bestimmte Ausländerpolitik? Ist jemand, der einer Türkin in der U-Bahn seinen Platz anbietet und gleichzeitig die Auffassung vertritt, es wohnten zu viele Türken in der Bundesrepublik, ausländerfreundlich oder ausländerfeindlich? Ist jemand, der ständig das Wahlrecht für Ausländer fordert, aber nicht daran denken würde, mit Türken sozial zu verkehren, nun eigentlich Ausländerfeind oder Ausländerfreund?

Es wäre besser, solche Schlagworte so sparsam wie möglich zu verwenden. Eine brauchbare Klärung lieferte das Bundesinnenministerium in einer Dokumentation, die 1989 erschien. Der Begriff »Ausländerfeindlichkeit«, so hieß es dort, sei zu pauschal, um die komplexen Erscheinungsformen negativer Haltungen und Einstellungen gegenüber Ausländern zu erfassen. Das Ministerium unterschied zwischen »Fremdenfeindlichkeit« und »Vorbehalten«. Im Einzelnen: »Die Fremdenfeindlichkeit äußert sich in Anschlägen, Drohungen, Sachbeschädigungen, Schmierereien, Hetzschriften und Körperverletzung. Vorbehalte gegenüber Ausländern sind im Gegensatz zur Fremdenfeindlichkeit – wie in allen Ländern mit hohem Ausländeranteil – in weiten Kreisen der Bevölkerung anzutreffen. Ausprägungen der Vorbehalte gegenüber Ausländern sind die Abwehrhaltung gegen fremdartige Lebensgewohnheiten sowie Diskriminierungen im Alltag.«

Die Grundpositionen der Bonner Ausländerpolitik (Integration, Begrenzung, Rückkehrförderung) sollen erklärtermaßen der Bekämpfung dieser Vorbehalte dienen. Aber genau die letzten zwei dieser Grundpositionen meint die Ausländer-Lobby, wenn sie von »Ausländerfeindlichkeit« spricht.

Zu erwähnen ist schließlich das Schüren von sozialen Neidkomplexen gegenüber Ausländern, die angeblich oder tatsächlich gegenüber Deutschen bevorzugt werden. Um darüber zu richten, sind die linken Parteien allerdings keine geeignete moralische Instanz. Denn der Appell an niedere Neidinstinkte zieht sich wie ein roter Faden durch die sozialistische Programmatik. Warum sollte der Aufruf zum Klassenhaß harmloser sein als die Agitation gegen Fremde?

Und wenn Neid im Spiel ist, werden Ausländer (keineswegs eine homogene Gruppe), Aussiedler und manchmal auch noch Übersiedler gerne alle in einen Topf geworfen. Die Aufklärung der Bevölkerung läßt zu wünschen übrig.

Übersiedler besaßen die deutsche Staatsbürgerschaft bereits, bevor sie aus der DDR in die Bundesrepublik kamen. Unter dieser Wanderungsbewegung, die beträchtliche wirtschaftliche Vorteile für die Bundesrepublik mit sich brachte, litt die DDR von Anfang an. 1987 kamen 11 000, 1988 knapp 40 000, im Durchschnitt des Jahres 1989 rund 1000 pro Tag.

Die Aussiedler hingegen kommen aus den deutschen Ostgebieten jenseits von Oder und Neiße, aus Polen, der Sowjetunion, Rumänien und anderen Ostblockstaaten. 1987 waren es knapp 80 000, 1988 rund 175 000, 1989 wurde mit 350 000 gerechnet. Auch sie sind, obwohl manche von ihnen kaum deutsch sprechen, keine Ausländer.

Mit Abstand die meisten stammen aus dem polnischen Bereich. Die wirtschaftliche Misere ist ein Grund dafür, daß Warschau mehr Menschen als früher gehen läßt. Pro Kopf zahlte Bonn 1200 Mark, pro Familie 1300 Mark. Der Menschenhandel mit Rumänien (in welchem Jahrhundert leben wir eigentlich?) war kostspieliger. Bukarest ließ sich für jeden Aussiedler rund 12 000 Mark zahlen. 1988 wurden immerhin 12 902 Volksdeutsche aus Rumänien an die Bundesrepublik verkauft.

Die Aussiedler sind Deutsche, die mehr als 40 Jahre lang auf grausamste Weise für einen Krieg leiden mußten, der nicht ihre Schuld war. Vor 1939 lebten in den deutschen Ostprovinzen Schlesien, Ostbrandenburg, Pommern und Ostpreußen rund 9,5 Millionen Menschen, wovon höchstens eine halbe Million Polen waren. Außerhalb der Reichsgrenzen, nämlich in allen osteuropäischen Ländern lebten zusätzliche 8,6 Millionen Deutsche, die oft von den dortigen Regierungen ins Land geholt worden waren und viel zur wirtschaftlichen und kulturellen Entwicklung beigetragen hatten. In den deutschen Dörfern Siebenbürgens, die der rumänische Diktator dem Erdboden gleichmachen ließ, war einmal die erste Schulpflicht Europas eingeführt worden. Die Empörung über die Barbarei hielt sich in Grenzen. Die Proteste des Auswärtigen Amtes in Bonn erreichte nicht im Entferntesten die Intensität, mit der permanent in Südafrika interveniert wird.

Bereits Hitlers Regime, dessen Politik (auch in Südtirol) nicht national, sondern vulgär-imperialistisch war, betrieb in den Jahren 1939 bis 1941 zusammen mit Moskau die Aussiedlung von 389 000 Deutschen aus den drei baltischen Republiken, aus Bessarabien, der Nordbukowina und den ostpolnischen Gebieten, die sich Stalin damals aneignete. Nachdem Hitler die Sowjetunion angegriffen hatte, verschleppte Stalin eine halbe Million Deutsche nach Sibirien und Mittelasien. Später flohen 350 000 Schwarzmeerdeutsche vor der siegreichen Roten Armee nach Deutschland.

Als die Sowjets Polen und Ostdeutschland eroberten, flohen rund 3,6 Millionen Deutsche aus ihrer Heimat, oder sie wurden Opfer der ersten, sogenannten wilden Vertreibungen. Als der Krieg im Osten endete, kehrten mehr als eine Million von ihnen noch einmal zurück.

Was wir in der Regel unter »Vertreibung« verstehen, war ein eklatante Verletzung der Potsdamer Beschlüsse. Sie hatten die Überführung der deutschen Bevölkerung aus Polen »in ordnungsgemäßer und humaner Weise« vorgesehen. Von den deutschen Ostgebieten, die unter polnische Verwaltung gestellt wurden, war nicht die Rede.

Ein Teil der Deutschen wurde als Zwangsarbeiter in die Sowjetunion verschleppt. Andere wurden in polnische Arbeitslager gesteckt, die bis 1950 existierten und wo die Sterberate besonders unter Frauen und Kindern so hoch war, daß die Toten in Massengräbern verscharrt wurden. Bis Ende 1950 vertrieb das kommunistische Polen rund 3,5 Millionen Deutsche. 1,6 Millionen – eine konservative Schätzung – wurden Opfer des Massenmordes allein in dieser Region. Dennoch lebten 1950 immer noch 1,7 Millionen Deutsche im polnischen Machtbereich, die meisten in Oberschlesien.

In den fünfziger Jahren durfte hier und da eine deutschsprachige Schule eröffnet werden, es gab sogar eine deutsche Zeitung. Das alles wurde bis 1960 verboten. Selbst Gottesdienste in deutscher Sprache blieben untersagt. Erst 1989 konnte auf dem Annaberg in Schlesien wieder ein Gottesdienst auf deutsch abgehalten werden.

Da die Familiennamen zwangsweise polonisiert wurden, die Kinder keine deutsche Schule besuchen durften und der öffentliche Gebrauch der deutschen Sprache als »Beleidigung des polnischen Staates« strafbar war, kann heute in der Bundesrepublik der Eindruck aufkommen, bei den Aussiedlern handele es sich gar nicht um Deutsche. Ein anderes Faktum ist, daß sich viele Polen unter die Aussiedler gemischt haben, um in die Bundesrepublik auswandern zu können.

Es stellt sich die Frage, ob die Volksdeutschen, nachdem ihnen 40 Jahre lang die elementarsten Menschenrechte vorenthalten wurden, nun auch noch unter der Gedankenlosigkeit der westdeutschen Wohlstandsgesellschaft leiden sollen. Von den früheren Bonner Regierungen wurden sie im Stich gelassen. Willy Brandt machte Warschau weitreichende politische Konzessionen, Helmut Schmidt gab einen Milliardenkredit – auf wirklichen Gegenleistungen zugunsten der deutschen Minderheit bestand keiner. Das Schicksal der Deutschen interessierte nicht. Sie wurden auf dem Altar der »Entspannung« geopfert.

Sie haben so viel mitgemacht, daß sie eher mehr Sympathie als die Übersiedler aus der DDR verdienen. Und für beide Gruppen gilt, daß sie nicht nur Geld kosten, sondern auch einen wirtschaftlichen Gewinn für die Bundesrepublik darstellen, ohne den Nachteil zu haben, daß sie aus einem islamischen oder anderen fremden Kulturkreis stammen.

Nach offiziellen Modellrechnungen werden die Aussiedler aus Osteuropa und die Übersiedler aus der DDR die Rentenfinanzen in der Bundesrepublik schon ab 1995 entlasten, weil sie im Durchschnitt jünger sind als der Rest der Bevölkerung. Wie viele aus den ehemals kommunistischen Ländern oder aus der Sowjetunion noch kommen werden, hängt von zahllosen Imponderabilien ab. Gut vorstellbar ist auch eine Rückwanderung in die DDR. Prognosen sind sinnlos. Sicher ist aber, daß die dramatische Schrumpfung der westdeutschen Bevölkerung durch diesen Zuzug allein nicht zu verhindern ist. Sie kann nur abgemildert werden.

Das Gebiet der Bundesrepublik würde eine dauerhafte jährliche Zuwanderung von rund 500 000 Menschen benötigen, wie der Bamberger Bevölkerungswissenschaftler J. Schmid ausrechnete, um das eigene Geburtendefizit auszugleichen.

Die rechtliche Situation der Aussiedler ist ganz anders als die der DDR-Flüchtlinge. Die Aussiedler müssen, wenn sie in die Bundesrepublik kommen, ihre deutsche Staats- oder Volkszugehörigkeit nachweisen, wobei oft zu großzügig verfahren wird. Sie erhalten die Eingliederungshilfen nur, wenn sie als Vertriebene anerkannt werden. Der Vertriebenen-Status wird bereits dadurch begründet, daß die Deutschen im Osten den verschiedensten Repressalien ausgesetzt sind und damit »Vertreibungsdruck« auf sie ausgeübt wird. Je mehr die Menschen- und Volksgruppenrechte von den polnischen Behörden respektiert werden, desto fragwürdiger wird dieser Rechtstitel.

Die Einwanderer aus Mitteldeutschland und Osteuropa haben einen Schönheitsfehler, über den nicht offen gesprochen wird: sie kongruieren nicht mit dem bundesrepublikanischen Parteiensystem. Sie können mit linken Ideologien nichts anfangen, weil sie sie lange genug genossen haben. Sie halten auch nichts vom »demokratischen Sozialismus«, den SPD-Chef Vogel gerne der DDR und ihren Nachbarn verordnet hätte. Sie sind, Gott sei bei uns, Antikommunisten. Das aber gilt in der Bundesrepublik seit den siebziger Jahren als unfein.

Die Aussiedler sind in einer Weise konservativ, wie man das vor zwei Generationen sein konnte. Sie sind eher weniger konsumorientiert als die DDR-Deutschen. Sie halten an einer Wertordnung fest, in der Vaterland, Familie und Religion ganz oben stehen – sonst hätten sie die letzten 40 Jahre seelisch kaum überleben können. Selbst das altmodische Wort »Deutschtum« ergibt hier einen Sinn. Sie kommen aus einer Welt ohne Werbespots und Westfernsehen. Sie werden nicht leicht zu integrieren sein. Vielleicht wäre es sogar schade, wenn sie zu schnell in die bundesrepublikanische Gesellschaft integriert würden.

Die Unionsparteien wissen ganz genau, obwohl sie nicht davon sprechen, daß dies ihre potentiellen Wähler sind. Und die Sozialisten mißtrauen ihnen, weil sie bestimmte Erfahrungen und Wahrheiten aus dem Osten mitbringen. Man kann sie nicht propagandistisch manipulieren. Bei den oft knappen Mehrheitsverhältnissen können sie durchaus die nächste Bundestagswahl entscheiden.

Das Millionenheer der sozial »benachteiligten« Ausländer hingegen würde sich nicht schlecht als Mehrheitsbeschaffer der Linksparteien eignen. Der Ruf nach dem Ausländerwahlrecht ist somit verständlich. Nachdem der Kapitalismus das Proletariat abgeschafft hat, indem er es wohlhabend machte, ist die Linke auf der Suche nach einem Ersatz- Proletariat. Sie fand es in den verarmten Massen der Dritten Welt und sah in der Entwicklungshilfe eine Form von internationaler Umverteilung und Sozialhilfe. Sie verpuffte leider mehr oder weniger wirkungslos, und es konnten damit keine Wählerstimmen gekauft werden. Die Unterprivilegierten müssen erst auf deutschen Boden verbracht werden, damit sie mit dem Wahlrecht ausgestattet werden können. Es ist leichter, ausländische Wähler zu kaufen als deutsche zu überzeugen.

Die CDU weiß, was sie tut, wenn sie auf das Grundgesetz pocht und ein Ausländer-Wahlrecht ablehnt. 1989 ergab eine Umfrage unter Ausländern in Nordrhein-Westfalen, daß 59,3 % von ihnen bei der Kommunalwahl SPD gewählt hätten, 19,6 % die Grünen, 11,7 % CDU, 8,2 % DKP und 0,7 % FDP. Bei einer anderen demoskopischen Simulation entfielen auf die SPD sogar 83 %.

Daß die Sozialisten so gut abschneiden, erklärt sich auch daraus, daß sich inzwischen unter den Ausländern viele tatsächliche oder potentielle Arbeitslose und Sozialfälle befinden. Bevor die Ausländer kamen, mußten sich die Sozialisten darauf beschränken, zwischen wohlhabenden und armen, fleißigen und faulen, zwischen intelligenten und dummen Deutschen umzuverteilen. Jetzt können sie sich überdies der Umverteilung zwischen Deutschen und Ausländern widmen, wozu man früher ein wenig umständlich einen Kredit nach Tansania transferieren mußte. Die Milliarden, die

Bund und Länder jährlich für bedürftige Ausländer aufwenden, müssen selbstverständlich vorher den Deutschen abgenommen werden. Woher sollten sie sonst kommen? Die Bundesrepublik ist in der Tat dabei, zum Sozialstaat der Welt zu werden.

In der Verfassungsordnung der Bundesrepublik ist aber niemand anderer der Souverän als das deutsche Volk. Das Grundgesetz ist hier eindeutig und nicht auslegbar. Wer das ändern will, begeht einen Anschlag auf die Verfassung. Man kann sich jedoch leicht ausrechnen, daß der politische Einfluß der Ausländer so oder so wachsen wird, wenn ihr Anteil an der Bevölkerung weiter zunimmt und sich die Bonner Politik nicht grundsätzlich ändert.

Die Annahmen, von denen selbst das CDU-Innenministerium ausgeht, lassen wenig Zweifel über den zu erwartenden Trend. Trotz einer angeblich restriktiveren Einwanderungspolitik der Regierung Kohl, trotz aller Rückkehrprogramme gelang es in den achtziger Jahren nicht, die Zahl der Ausländer zu reduzieren. Sie lag 1988 mit über 4,5 Millionen in etwa auf dem Stand von 1980. Das sind offizielle Zahlen, in denen Hunderttausende von nicht gemeldeten, illegal im Dickicht der Großstädte untergetauchten Ausländern nicht berücksichtigt sind.

In ihren Projektionen geht die Bundesregierung von einer Reihe optimistischer Annahmen aus: daß sich das (bereits fallende) Geburtenniveau der Ausländer dem der Deutschen angleicht, daß sich eine stets steigende Zahl von Ausländern einbürgern läßt, daß ab dem Jahr 2010 (nicht früher!) netto keine Ausländer mehr einwandern. Selbst unter diesen Voraussetzungen würden im Jahr 2030 5,82 Millionen Ausländer in der Bundesrepublik leben. Da die Deutschen aber bis dahin (nach dem eher optimistischen Szenario) auf 48,42 Millionen abnehmen werden, erhöht sich der Ausländeranteil von heute 7,4 % auf 13,6 % bis zum Jahr 2030. Das Problem verschärft sich hauptsächlich deswegen, weil die Mehrheit abnimmt, während die Minderheit wächst. Wären die Deutschen so geburtenfreudig wie in den sechziger Jahren, dann würde der prozentuale Anteil der Ausländer wahrscheinlich gar nicht steigen. Die Obergrenze, bei der die Deutschen Angst vor Überfremdung bekommen und rebellieren, ist eine prozentuale. Nach Meinung eines früheren Ausländerbeauftragten der Bundesregierung liegt sie bei 10 %.

An dieser Stelle müssen wir uns genauer mit den rechtlichen Aspekten der Ausländerfrage befassen, weil sie von der Lobby und den meisten Medien bewußt verschwiegen oder falsch dargestellt werden. Selbst das Grundgesetz wird mit Füßen getreten, wenn es die Parteiräson verlangt.

Verschwiegen wird, daß jedem Staat das Recht zusteht, über den Zuzug von Ausländern selbst zu entscheiden. In keinem Staat der Welt haben Ausländer einen grundsätzlichen Anspruch auf Einreise oder Aufenthalt. Wenn es anders wäre, würde der Staat sich selbst aufgeben. Das Staatsvolk ist eines seiner wesentlichen Definitionsmerkmale, und dieser Begriff macht nur Sinn, wenn er eine Abgrenzung gegen Ausländer beinhaltet. Könnte jeder kommen und bleiben wie ihm beliebt, würde sich der Staat selbst in Frage stellen. Die Staatlichkeit der Bundesrepublik Deutschland stünde nur noch auf dem Papier, wenn eine ständig wachsende und beliebig große Zahl von Ausländern mit fraglicher Loyalität dieselben Rechte erhielten, die die Deutschen haben. Daß eben dies von bestimmten Politikern beabsichtigt wird, ist mehr als ein Verdacht.

Ausländer, die in der Bundesrepublik leben, sind keineswegs rechtlos. Sie haben aber weder dieselben Rechte noch dieselben Pflichten wie die Deutschen. Sie können sie gar nicht haben.

Zum Beispiel heißt es in Artikel 8 des Grundgesetzes: »Alle Deutschen haben das Recht, sich ohne Anmeldung oder Erlaubnis friedlich und ohne Waffen zu versammeln.« Oder in Artikel 9: »Alle Deutschen haben das Recht, Vereine und Gesellschaften zu bilden.« In Artikel 11 kann man lesen: »Alle Deutschen genießen Freizügigkeit im ganzen Bundesgebiet.« Und besonders aktuell in Artikel 12: »Alle Deutschen haben das Recht, Beruf, Arbeitsplatz und Ausbildungsstätte frei zu wählen.«

Wer Deutscher ist, kann man in Artikel 116 nachlesen: er muß die deutsche Staatsbürgerschaft besitzen oder im Gebiet des Deutschen Reiches nach dem Stande vom 31. Dezember 1937 Aufnahme gefunden haben. Von Anatolien oder Serbien ist da keine Rede.

Und das Wahlrecht wird vom Grundgesetz unmißverständlich auf die Deutschen beschränkt. Etwas anderes war, als das Grundgesetz beschlossen wurde, auch gar nicht vorstellbar. Laut Artikel 20 geht »alle Staatsgewalt vom Volke aus«. Eine multinationale Bevölkerung ist damit nicht gemeint. Das Grundgesetz spricht nicht von Bevölkerung, sondern von Volk. Wer die Axt gegen die Grundprinzipien der ersten erfolgreichen deutschen Demokratie erhebt, möge bitte im selben Artikel 20 weiterlesen. Dort steht nämlich: »Gegen jeden, der es unternimmt, diese Ordnung zu beseitigen, haben alle Deutsche das Recht zum Widerstand, wenn andere Abhilfe nicht möglich ist.«

Das Grundgesetz unterscheidet zwischen Menschenrechten, die für jeden gelten, und den Bürgerrechten, die nur Deutschen zustehen. Es ist eine hübsche Floskel, von den »ausländischen Mitbürgern« zu sprechen, nur kennt sie die Verfassung nicht. Staatsfremde sind weder Bürger noch Mitbürger, sie sind Ausländer (oder Staatenlose). Man muß sich davor hüten, diesen für eine Demokratie so wesentlichen Begriff gedankenlos auszuhöhlen. Wer keine Bürgerrechte besitzt, kann auch kein Bürger sein.

Die in die Bundesrepublik einreisenden Ausländer unterliegen, das kann in einem Rechtsstaat nicht anders sein, dem Ausländerrecht. Nur ausländische Staatsangehörige, die als vertriebene Volksdeutsche (»Statusdeutsche«) anerkannt wurden, fallen nicht unter das Ausländergesetz.

Sodann ist zu unterscheiden zwischen Staatenlosen, heimatlosen Ausländern, Kontingentflüchtlingen, Asylbewerbern, anerkannten Asylberechtigten, »geduldeten« Ausländern, bei denen auf Abschiebung verzichtet wurde und Gemeinschaftsinländern, die als EG-Angehörige Freizügigkeit in der Bundesrepublik genießen.

Die Behandlung dieser Gruppen wird, wie in einer Bürokratie üblich, bürokratisch und oft schikanös gehandhabt. Zunächst kann Ausländern, wenn die Belange der Bundesrepublik nicht beeinträchtigt werden, eine Aufenthaltserlaubnis erteilt werden: befristet auf ein Jahr, zweimal befristet auf je zwei Jahre und nach fünf Jahren unbefristet. Nach acht Jahren wird eine Aufenthaltsberechtigung erteilt, wenn sich der Ausländer in das wirtschaftliche und soziale Leben der Bundesrepublik eingefügt hat, was immer das bedeuten mag. Das war der Stand von 1989.

Die Aufenthaltsberechtigung ist mehr wert als die Aufenthaltserlaubnis, weil sie einen erhöhten Ausweisungsschutz bietet. Selbst wenn der Aufenthaltsberechtigte arbeitslos wird oder von der Sozialhilfe lebt, kann die Aufenthaltsberechtigung nicht zurückgenommen werden. Ansonsten aber kann ein Ausländer grundsätzlich ausgewiesen werden, wenn er seinen Lebensunterhalt nicht ohne deutsche Sozialhilfe bestreiten kann. Überdies benötigen Ausländer eine Arbeitserlaubnis, die sie nicht automatisch erhalten, weil deutsche Arbeitnehmer und eingesessene ausländische Arbeitnehmer von den Behörden als bevorzugt eingestuft werden.

Das alles hört sich einfach an, in Wirklichkeit aber ist das Ausländergesetz vom 28. April 1965 ein bürokratisches Monster. Kaum jemand und erst recht kein Ausländer durchschaut den Wust der Bestimmungen, und die Frustration wird kaum geringer werden, wenn Schäubles Novelle 1990 in Kraft tritt. Wesentliche Änderungen sind nicht zu erkennen, aber in Bonn ist es nun einmal üblich, mehr Gesetze zu beschließen als nottut.

Das bisherige Ausländergesetz war flexibel genug, eine weitaus restriktivere oder auch qualitativ andere Ausländerpolitik zu ermöglichen. Es war voll von

Kann-Bestimmungen. Gesetze geben der Politik einen Rahmen, sie ersetzen nicht eine politische Linie. Bonn wußte in dieser Sache nie, was es wirklich wollte. Ein in sich geschlossenes Konzept einer deutschen Ausländerpolitik, das auch konsequent und langfristig durchgesetzt worden wäre, hat es nie gegeben, wohl aber Absichtserklärungen, wohlmeinende Deklarationen und ein ständiges Reagieren auf unerwünschte Entwicklungen. Reagiert wurde nicht zuletzt auf die kritischer werdende Volksmeinung, bei der immer die Gefahr besteht, daß sie sich in unerwünschten Wahlergebnissen niederschlägt. Das Begehren des Volkes läuft, vereinfacht ausgedrückt, darauf hinaus, Herr im eigenen Hause zu bleiben.

Dabei war der ursprüngliche Gedanke der Ausländerpolitik durchaus vernünftig. Er ist nur später in sein Gegenteil verkehrt worden. Als in den sechziger Jahren (mit Italien bereits 1955) Anwerbevereinbarungen geschlossen wurden, fehlte es in Deutschland an Arbeitskräften. Was lag näher, als sie dort anzuwerben, wo Arbeitslosigkeit herrschte. Die Bundesrepublik auf diese Weise zum Einwanderungsland zu machen, war nicht beabsichtigt. Ein Türke, der zu Zeiten der Vollbeschäftigung drei oder vier Jahre in der Bundesrepublik arbeitete, half der deutschen Wirtschaft – und auch ihm wurde geholfen. Er konnte anschließend mit dem angesparten Kapital einen neuen Start in der Türkei versuchen. Er präsentierte sich in der Bundesrepublik nicht als Sozialfall, ganz im Gegenteil. Deswegen gab es damals auch keinen Anlaß für Animositäten. Der Industrie war aus Engpässen geholfen, und selbst die deutsche Unterschicht profitierte psychologisch, weil sie relativ nach oben rückte und weil nun jemand da war, auf den auch der deutsche Hilfsarbeiter herabblikken konnte. Die Statistiken zeigen, wie fleißig der typische Türke sparte, um in die Heimat zurückkehren zu können. Heute beziehen überproportional viele von ihnen deutsche Sozialhilfe, um hierbleiben zu können. Schon früher waren die Gastarbeiter keine Gäste, jetzt sind sie auch keine Arbeiter mehr – jedenfalls viele von ihnen. Das System der Arbeit auf Zeit war nicht nur ökonomisch sinnvoller, es war auch menschlicher.

Seit den siebziger Jahren sah sich Bonn zu immer neuen Maßnahmen gezwungen, um eine Entwicklung zu steuern, die man so nicht gewollt hatte. Im November 1973 wurde ein Anwerbestop erlassen, der sich gegen die Nicht-EG-Staaten richtete. 1977 bastelte eine Bund-Länder-Kommission an einem Gesamtkonzept, das doch nur die allgemeine Ratlosigkeit kaschierte. 1978 verfestigte man den Aufenthaltsstatus der ausländischen Arbeitnehmer und berief, wie in solchen Fällen üblich, eine Beauftragten für ihre »Integration«, den ehemaligen Ministerpräsidenten Heinz Kühn. 1979 wurde ein Programm für ausländische Flüchtlinge aufgelegt. 1980 mußte man bereits Beschlüsse zur »Integration« der zweiten Ausländergeneration fassen. Ebenfalls 1980 kam ein Sofortprogramm zur Begrenzung der Einreise »unechter« Asylbewerber, aber: wer kein »echter« Asylant war (und das waren die meisten), blieb nach Ablehnung seines Antrages einfach im Land. Er wurde »geduldet«. Auch das Gesetz über das Asylverfahren vom Juli 1982 änderte im Prinzip wenig an der eingefahrenen Schlamperei. Mit der Aufzählung der Gesetze, Verordnungen, Berichte und Grundsatzerklärungen allein der christlich-liberalen Regierung unter Kohl ließen sich Seiten füllen. Das Ganze war und ist ein bürokratischer Alptraum. Der Hinweis mag genügen, daß am 1. Dezember 1986 – welch ein Erfolg – die 15. Verordnung zur Änderung der Verordnung zur Durchführung des Ausländergesetzes in Kraft trat.

Am Ende dieses Prozesses, den vor 20 Jahren niemand beabsichtigt hatte, war das traditionell gute Verhältnis zwischen Deutschen und Türken schwer geschädigt, hatte die Toleranz der Einheimischen gegenüber den Ausländern gelitten, finanzierten die öffentlichen Haushalte mit jährlichen (!) Milliardenbeträgen den unerwünschten Aufenthalt von bedürftigen Ausländern in der Bundesrepublik, war eine Umkehr des Marsches in den Vielvölkerstaat kaum noch möglich, weil eine wirkliche Wende mit großen Härten gegen die Ausländer verbunden wäre. Es muß etwas faul sein im Bonner Staate, wenn Asylanten auf Staatskosten Zimmer im Hamburger »Atlantic«, dem wohl besten Hotel des Landes, beziehen.

Wenn man Politik an der Fähigkeit mißt, Entwicklungen vorherzusehen und Konzepte durchzusezten, dann haben alle Bundestagsparteien in der Ausländerpolitik versagt. Wenn man ihnen aber unterstellt, sie hätten die Dinge bewußt in die falsche Richtung treiben lassen, dann haben sie das Volk zwei Jahrzehnte lang getäuscht.

Dem Bundeskanzler selbst soll das nicht unterstellt werden. Als er in seiner Regierungserklärung vom 13. Oktober 1982 für Begrenzung und Rückkehrförderung plädierte, wird er das auch so gemeint haben. Es mißlang ihm nur, den Worten Taten folgen zu lassen.

Bei Heiner Geißler war das etwas anderes. Kein großer Freund deutscher Staatlichkeit, äußerte er sich nicht nur verächtlich über das Staatsgebiet (»Deutschland in den Grenzen von XYZ«), sondern stellte auch noch das Staatsvolk zur Disposition. Er wünscht sich, wie er einmal sagte, eine multikulturelle Gesellschaft. Die Wähler seiner Partei hat er nie gefragt, ob sie denselben Wunsch hegen. In einer Besprechung von Kurt Biedenkopfs neuem Buch »Zeitsignale« im Hamburger Magazin »Der Spiegel« hielt er dem früheren Generalsekretär vor, er »dramatisiere« das demographische Problem. (Geißler konnte noch nie rechnen, sonst hätte er die Finanzen seiner Partei nicht so heillos ruiniert). Das demographische Problem, so Geißler weiter, lasse sich im übrigen »auf eine überraschend einfache Weise« lösen – nämlich mit Hilfe der Ausländer. Wie wahr. Und außerdem müßten die Ausländer als »Bereicherung« unserer Gesellschaft angesehen werden.

Das kann der christdemokratische Ideologe nicht wörtlich gemeint haben, denn allein für Asylbewerber, Asylberechtigte und andere nichtdeutsche Flüchtlinge mußte die Bundesrepublik 1988 über drei Milliarden Mark aufwenden. Auch die ausländischen Arbeitnehmer, die man früher Gastarbeiter nannte, können die Gesellschaft wohl schwerlich bereichern, wenn ihre Arbeitslosenquote mit 13,9% weitaus höher liegt als die der deutschen Arbeitnehmer.

Geißler geht freilich nicht ganz fehl in der Annahme, daß umso mehr Ausländer in die Bundesrepublik kommen werden, je schneller die Deutschen abnehmen. Das ist fast unvermeidlich. Wäre es aber nicht vorzuziehen, daß die Deutschen wieder mehr Kinder bekämen? Für einen Christen wie Geißler müßte es eigentlich unerträglich sein, daß die Abtreibungen mit einer Jahresrate von deutlich über 200000 bereits die menschlichen Verwüstungen eines Weltkrieges angenommen haben – und vor allem, daß in einem christlich regierten Land auf Krankenschein abgetrieben wird. Heiner Geißler und jedes andere Mitglied einer deutschen Krankenversicherung finanziert Abtreibungen und damit indirekt den Weg in die multikulturelle Gesellschaft. Der Herzlosigkeit gegenüber dem eigenen Volk entspricht die nicht enden wollende Großzügigkeit gegenüber den Fremden.

Finanzielle Großzügigkeit ist nicht immer identisch mit Menschlichkeit, sie bewirkt oft sogar das Gegenteil davon. Der Wohlstand der Bundesrepublik hat Millionen aus aller Herren Länder angelockt, das soziale Netz veranlaßt sie zum Bleiben, aber sie haben ihre Heimat verloren. Die Ghettos in den Großstädten lassen ihre Entfremdung ahnen.

Hunderttausenden von jungen Ausländern wurden Heimat und Kindheit gestohlen. Eine junge Griechin schrieb nach ihrer Rückkehr in einem Schulaufsatz: »Alle hatten denselben Traum, und das war: Rückkehr. Wir alle dort im Ausland fühlten uns so schrecklich einsam und allein. Wir bewegten uns in einer Gesellschaft, aber wir waren trotzdem einsam. Die anderen Mitglieder dieser Gesellschaft waren ganz anders als wir. Unser Charakter, unser Benehmen, unsere Sprache, unsere Unterhaltung, auch unser Temperament war ganz verschieden. Auch das Klima, die Landschaft, die eigenartigen Häuser, die ungeheuer großen Städte, der Streß der täglichen Arbeit, war für uns fremd und unerwünscht. Jetzt lebe ich in der Heimat. Sie ist vielleicht nicht so reich und nicht so groß und das Leben ist nicht zu bequem wie in anderen Ländern, aber ich bin wirklich zufrieden. Ich wünsche allen meinen Landsleuten, die im Ausland wohnen, schnell zurückzukehren, weil ich sicher bin, daß sie nur hier in der Heimat glücklich leben werden.«

Für Menschen, die aus dem Ausland kommen, präsentiert sich die Bundesrepublik – die eine oder andere Region ausgenommen – von einer harten, materialistischen, unhöflichen Seite. Selbst Deutsche, die lange Zeit in Übersee gelebt haben, erfahren bei der Rückkehr eine Art von Kulturschock. Von fremden Kulturen könnten die Deutschen manches lernen, aber Völker pflegen nicht voneinander zu lernen.

Ein türkischer Schriftsteller, Mustafa Tekeniz, beklagte die extreme Ich-Bezogenheit und das »unsoziale Wesen« der Deutschen, welches – was er nicht wissen kann – noch in den fünfziger Jahren durchaus keine deutsche Eigenart war. Es entwickelte sich parallel zum Sozialstaat. »Auch untereinander«, so beobachtete der Türke, »verhalten sich die Deutschen seltsam, wie man es in anderen Ländern der Welt kaum vorfindet. Diese Ich-Bezogenheit und Ablehnung hat die Gesichter vieler deutscher Bürger geformt: angespannte Nerven und steifgefrorenes Gesicht. Sie schaun die Menschen nicht mit freundlichen Gesichtern und lachenden Augen an. Nur wenn sie ihre Hunde sehen, kommt ein leichtes Lächeln über ihre Lippen.«

Die Bonner Politiker belügen ihre Wähler und sich selbst, wenn sie alle paar Jahre ein neues Programm auflegen, in dem die »Integration« der Ausländer angekündigt wird. Selbstverständlich wird es immer Ausländer geben, die sich reibungslos integrieren. Man erkennt sie meist daran, daß sie der Bildungsschicht oder dem Mittelstand ihrer Länder angehören und fließend Deutsch sprechen. Sie sind durchaus ein Positivum für die deutsche Gesellschaft, wenn sie zum Abbau der hier herrschenden Provinzialität beitragen.

Wo die Integration so gut gelingt, bedarf sie auch keiner staatlichen Finanzierung, Betreuung und Gesundbeterei. Es ist wie in den USA: die einen integrieren sich von alleine, die anderen überhaupt nicht. Wo Integration nicht möglich und nicht gewollt ist, kann die permanent wachsende Bürokratie der Ausländerlobby, die sich auf ein Heer von Sozialhelfern, Bürokraten und kirchlichen Agenten der Nächstenliebe stützt, auch nichts daran ändern.

Und Liberalität wird dort pervertiert, wo sie in schwammige Toleranz ausartet. So verlangte der Koordinierungskreis ausländischer Arbeitnehmer, um junge Ausländer zu integrieren, folgendes: »Den Schülern muß einerseits die Gleichwertigkeit kultureller Leistungen erfahrbar werden, andererseits müssen sie lernen, die Wertsysteme und die sich daraus ergebenden Verhaltensweisen des jeweils Anderen zu akzeptieren und Verständnis zu entwickeln.«

Dies bezog sich auf Schulen, in denen sowohl deutsche als auch ausländische Kinder unterrichtet werden. Es wäre wohl unpädagogisch, deutsche Schüler darauf hinzuweisen, daß keineswegs alle Kulturen dieser Welt gleichwertig sind. Es gibt Völker, die sich mit kulturellen Hervorbringungen seit jeher äußerst schwer getan haben. Und es wäre absurd, die Kultur eines beliebigen schwarzafrikanischen Stammes als gleichwertig mit der europäischen Kultur hinzustellen. Wer die Unterschiede sieht, ist nicht arrogant, sondern realistisch. Zwischen Beethoven und Buschtrommeln bestehen eben gewisse Unterschiede.

Und warum sollen deutsche Schüler die Verhaltensweisen ihrer ausländischen Mitschüler, sofern sie nicht dem christlichjüdischen Kulturkreis entstammen, partout akzeptieren? Warum sollten sie dafür in jedem Fall Verständnis entwickeln? In den Koran-Schulen, die von Zehntausenden türkischen Kindern in der Bundesrepublik besucht werden, wird zum Beispiel folgendes unterrichtet: »Was in deutschen Schulen gelehrt wird, gleich, ob von deutschen oder türkischen Lehrern, ist falsch. Türkische Kinder dürfen nicht mit deutschen Freundschaft schließen, da diese Christen sind, Schweinefleisch essen, tanzen gehen und keine Kopftücher tragen... Lehrer, die gegen Koran-Kurse sind, dürfen getötet werden.«

In der Türkei lebt eine kultivierte, keineswegs religiös fanatische Mittelschicht, die sich selbst vom islamischen Fundamentalismus bedroht sieht. Die Anatolier, die einen Großteil der in der Bundesrepublik wohnenden Türken ausmachen, repräsentieren weder die ganze Türkei noch die türkische Kultur. So entsteht bei den Deutschen ein verzerrtes Türkei-Bild. Kemal Atatürk, der 1923 den islamischen Feudalstaat abschaffte und die Türkische Republik gründete, trennte Religion und Staat und führte westlich orientierte Reformen ein. Nach türkischem Recht sind Frau und Mann gleichgestellt.

Nur: im täglich gelebten türkisch-islamischen Alltag (auch in der Bundesrepublik) werden die Ehepaare von den Eltern ausgesucht, muß die Frau dem Mann und die Schwester dem Bruder bedingungslos gehorchen, spielen Sittsamkeit und Mannesehre eine Rolle, die den Bundesdeutschen völlig fremd sind. Es wäre verheerend, wenn deutsche Schüler dafür irgendeine Art von Verständnis entwickelten. Ein jodelnder Bayer oder ein heimatliedersingender Schwabe werden hierzulande belächelt, ein vorderasiatischer Gesang gilt als Bereicherung der multikulturellen Gesellschaft in Deutschland – laßt sie alle singen.

Die Grenzen der Toleranz sind in der Bundesrepublik nicht nur sehr weit gezogen, es gibt sie so gut wie nicht. Über das organisierte Verbrechen unter Ausländern weiß die Öffentlichkeit kaum Bescheid, weil es von den Behörden heruntergespielt wird. Die Polizei ist ohnehin machtlos, und gelegentliche Berichte über Schutzgelder, die von italienischen Restaurantbesitzern erpreßt werden, sind nur die Spitze des Eisberges. Solchen Kriminellen gegenüber steht eine Waffe zur Verfügung, die äußerst wirksam wäre, aber kaum angewandt wird, die der Ausweisung.

Die Kriminalität unter Ausländern ist aber fast in den Rang eines Tabus erhoben worden. Niemand diskutiert darüber öffentlich, weil das ausländerfeindlich wäre. In den dürren Worten einer Dokumentation des Innenmisteriums sieht das so aus: »In der polizeilichen Kriminalstatistik 1988 wurden 286 741 nichtdeutsche Tatverdächtige registriert. Der Ausländeranteil an allen Tatverdächtigen betrug damit 21,8 %. Der Bevölkerungsanteil der Ausländer in der Bundesrepublik

Deutschland belief sich dagegen nur auf 7,3%. Die Struktur der nichtdeutschen Tatverdächtigen hat sich nach Art und Anlaß ihres Aufenthaltes in der Bundesrepublik Deutschland deutlich verändert: Der Anteil der Asylbewerber an den nichtdeutschen Tatverdächtigen hat seit Beginn der gesonderten Erfassung in der Polizeilichen Kriminalstatistik von 7,7% (1984) über 9,9% (1985), 15,5% (1986) und 17,1% (1987) auf 18,4% (1988) zugenommen, während die Anteile der übrigen gesondert ausgewiesenen Gruppen gesunken sind. Damit hat sich die Zahl tatverdächtiger Asylbewerber von 1984 bis 1988 mehr als verdoppelt, während die Zahl der Asylbewerber im gleichen Zeitraum um 63% gestiegen ist.«

Korrekterweise weist das Ministerium darauf hin, daß sich 35,7% der zuletzt genannten Straftaten gegen das Ausländer- und Asylverfahrensgesetz richten, daß es Dunkelfelder und ausländerspezifische Delikte gibt, und daß sich deutsche und ausländische Kriminalität wegen Unterschieden in der Alters- und Sozialstruktur nicht vollständig miteinander vergleichen lassen. Daß sich der weitaus überwiegende Teil der Ausländer ebenso gesetzestreu »wie die entsprechenden deutschen Bevölkerungsgruppen« (so die delikate Formulierung des Ministeriums) verhält, ist ebenfalls richtig. Nur läßt sich die Tatsache nicht aus der Welt schaffen, daß 1987 Ausländer für 22,9% der Gewaltkriminalität auf bundesdeutschem Boden verantwortlich waren und daß ihr Anteil an Schmuggel und Handel mit Rauschgift 27,7% betrug – bei einem Bevölkerungsanteil von wenig über 7%.

Wenn es mit rechten Dingen zuginge, müßte der

Ausländeranteil an der Gewalt- und Rauschgiftkriminalität eher niedriger sein als die deutsche Quote. Er wäre auch niedriger, wenn in solchen Fällen immer und umgehend ausgewiesen würde. Warum die Behörden dies nicht tun, ist unerklärbar.

Verschwiegen oder verdrängt wird auch der politische und religiöse Extremismus der in der Bundesrepublik lebenden Fremden. 1988 waren über 100 000, fast vollständig nicht-europäische Ausländer in verfassungsfeindlichen extremistischen Gruppen organisiert. Diese Zahl überstieg bei weitem die von deutschen Staatsbürgern, die links- und rechtsextremistisch organisiert waren. Aber auch davon weiß die Öffentlichkeit kaum etwas, es paßt nicht ins Weltbild der verkrampften Altruisten.

Laut Verfassungsschutzbericht 1988 sind den Behörden 112 extremistische Ausländer-Organisationen bekannt. 57 400 der Mitglieder sind orthodox kommunistisch, 13 450 werden der Neuen Linken zugerechnet, 17 650 Ausländer gehören radikal-islamischen Vereinigungen an, 9700 Ausländer nationalistischen und 3400 rechtsextremen Gruppen. Im Bericht ist zu lesen: »Extremistische Kurden, Araber, Türken und Iraner bedrohten politisch Andersdenkende, ausländische Staatsangehörige, Industrieunternehmen, Diplomaten, Mitarbeiter eines US-amerikanischen Senders im Bundesgebiet und den Flugverkehr mit Terror- und Gewaltankündigungen.« Nach Meinung von Innenminister Schäuble hat der politische islamische Extremismus in der Bundesrepublik, vor allem unter Türken, »unverhüllt fanatische Züge angenommen«.

Es ist nicht einzusehen, warum die Regierung dieses

schlummernde, im Ernstfall kaum kontrollierbare Gewaltpotential auf deutschem Boden duldet. Kein Ausländerfreund sollte Verständnis dafür haben, daß türkische Marxisten-Leninisten, konspirative Koranschulen, kurdische Kommunisten, fanatische Jünger Khomeinis oder die Volksfront für die sogenannte Befreiung Palästinas hierzulande aktiv sind. Dort, wo das Asylrecht einer Ausweisung wirklich entgegensteht, sollte es geändert werden. Mit der Ausweisung von 100 000 extremistischen Ausländern würde die Regierung Kohl nicht nur dem mißhandelten Rechtsbewußtsein genüge tun, sie hätte zudem den nächsten Wahlsieg in der Tasche. Denn die SPD würde voraussichtlich den Fehler machen, gegen diese immens populäre Maßnahme zu polemisieren, die nicht zuletzt auch bei den Europa-Bürgern, die in der Bundesrepublik in Frieden leben möchten, auf Verständnis stoßen würde.

Wir haben bisher eigentlich zu oft von »den« Ausländern gesprochen, aber es gab keine andere Möglichkeit, sich dem Thema anzunähern. »Der« Ausländer existiert ebenso wenig wie »der« Deutsche – außer im rechtlichen Sinne. Oft wird es zwischen einem konkreten Ausländer und einem konkreten Deutschen kaum Unterschiede und jedenfalls mehr Gemeinsamkeiten geben als zwischen zwei konkreten Ausländern. Generalisierungen sind immer mit Vorsicht zu genießen. Die Wahrheit liegt, wie überall, im Detail. Deswegen macht es auch so gut wie keinen Sinn, ganz allgemein von »Ausländerfeindlichkeit« zu sprechen. Wer den Begriff gebraucht, muß sich immer fragen lassen, welche Ausländer er damit meint.

Nach Angaben des Bonner Innenministeriums

wohnten am 30. Juni 1988 4716900 Ausländer in der Bundesrepublik Deutschland. Sogleich wird hinzugefügt: »Alle Zahlen zur ausländischen Wohnbevölkerung sind mit Vorbehalt zu behandeln.« Interessanterweise wird das Ergebnis der Volkszählung von 1987 (4,146 Millionen Ausländer) für zu niedrig gehalten.

Erschwert werden die Erhebungen auch dadurch, daß ein ständiges Kommen und Gehen herrscht. Im ersten Quartal 1988 zum Beispiel zogen 126476 Ausländer in die Bundesrepublik, 70399 verließen das Land. Im Juni 1988 wohnten, ebenfalls nach Angaben des Innenministeriums, 1510780 Türken in der Bundesrepublik, 603416 Jugoslawen, 547800 Italiener, 286812 Griechen, 144962 Spanier, 79801 Portugiesen, 57955 Marokkaner usw. Sozialversicherungspflichtig beschäftigt waren 1,624 Millionen, arbeitslos 254616. Auch diese Zahlen sind nur teilrichtig, weil in Wirklichkeit mehr arbeiten als versichert sind und weil viele Arbeitslose (zum Beispiel Asylanten) in der genannten Viertelmillion nicht enthalten sind.

Vom sogenannten »Ausländerproblem« müssen die 1,38 Millionen EG-Bürger (Stand von Ende 1987) ausgenommen werden. Sie haben einen Rechtsanspruch auf den Aufenthalt in der Bundesrepublik und gehören einem gemeinsamen Kulturkreis an – vielleicht mit Ausnahme der Süditaliener, die wiederum in Norditalien auf größere Ablehnung stoßen als in der Bundesrepublik. So ergab eine Umfrage in der Lombardei, daß zwei Drittel der westlichen Oberitaliener es ablehnen, eine Süditalienerin beziehungsweise einen Süditaliener zu heiraten, sich von einem süditalienischen Arzt behandeln zu lassen oder einen süditalienischen Lehrer für die eigenen Kinder zu akzeptieren. In Deutschland würde man das ausländerfeindlich nennen, in Italien ist es ein Ausdruck kultureller Gegensätze.

Das »Ausländerproblem« wird im übrigen kleiner, sobald man die Ausländer mit »verfestigtem Aufenthaltsstatus« abzieht. Darunter sind die EG-Bürger, andere Ausländer mit befristeter oder unbefristeter Aufenthaltserlaubnis sowie die Ausländer mit Aufenthaltsberechtigung. Ausländer mit diesen Aufenthaltstiteln machen etwa die Hälfte aus, nämlich 2,239 Millionen.

Umso leichter sollte es der Bundesregierung und den Länderregierungen eigentlich fallen, eine vernünftige Linie gegenüber dem Rest zu formulieren. Das Problem ist noch nicht unkontrollierbar. Der Point of no Return ist noch nicht überschritten. Die Spannungen zwischen Einheimischen und Ausländern (genauer: einem Teil davon) müssen sich aber verschärfen, wenn deren Prozentsatz weiter wächst und vor allem, wenn zu viele Ausländer einer bestimmten Kategorie ins Land strömen.

Schon jetzt liegt der Ausländeranteil in der Bundesrepublik Deutschland weit über dem vergleichbarer Länder. In den Niederlanden sind es nur 3,8 %, in Großbritannien 3 %, in Dänemark 3,2 %. Der 6,8 %ige Anteil in Frankreich erklärt sich daraus, daß Algerien früher französische Provinz war. Und der 16 %-Anteil in der Schweiz ist mit deutschen Verhältnissen nur bedingt vergleichbar.

60 % der Ausländer in der Schweiz kommen aus den kulturell homogenen Nachbarländern. Das Schweizer Modell der »Saisonniers«, die pro Jahr maximal neun

Monate im Land arbeiten dürfen, ist sogar nachahmenswert. Die Saisonkräfte arbeiten vor allem in der Bauwirtschaft, dem Gastgewerbe und der Landwirtschaft. Sie verdienen gutes Geld, ohne die Verbindung zur Heimat zu verlieren. Es war, um dies zu wiederholen, ein gravierender Fehler, daß die Bundesrepublik von dem Prinzip »Arbeit auf Zeit« abging.

Die Orientierungslosigkeit der deutschen Ausländerpolitik ist nirgendwo eklatanter, der Widerstand der deutschen Bevölkerung nirgendwo heftiger als bei den einreisenden Ausländern, die politisches Asyl verlangen. Auch diese Mißstände sind weder der Verfassung noch den gesetzlichen Vorschriften zuzuschreiben, sondern allein der Untätigkeit und dem Opportunismus der zuständigen Politiker. Hätte man dem Grundgesetz von Anfang an Geltung verschafft, wären die Asylanten wahrscheinlich überhaupt kein Stein des Anstoßes in der Bundesrepublik.

Die Zahl der Asylbewerber, die in die Bundesrepublik einreisten, lag 1980 knapp über 100 000, sank bis 1983 auf knapp 20 000, stieg bis 1986 auf fast 100 000, ging 1987 noch einmal zurück und überstieg 1988 die Marke von 100 000. 1989 kamen 120 000. Schon 1988 lebten mehr als 800 000 Asylbewerber, abgelehnte Asylbewerber und de-facto-Flüchtlinge in der Bundesrepublik und bezogen mehr als 3 Milliarden Mark an Sozialhilfe.

Daß hier etwas nicht stimmt, geht schon daraus hervor, daß (ebenfalls 1988) in Großbritannien nur 2252 Asylbewerber registriert wurden, in Italien nur 6214, in Dänemark nur 4416 und in den Niederlanden 7500. Warum wohl zog es die Asylanten nicht in diese, nicht weniger freiheitlichen Länder? (In Frankreich waren es immerhin 34 253 – ein Drittel der in Deutschland Einreisenden). Das Mißverhältnis erklärt sich daraus, daß die Bundesrepublik nicht nur das großzügigste Asylrecht bietet, sondern daß es auch noch besonders lax angewandt wird.

Artikel 16, Absatz 2 der Verfassung bestimmt: »Kein Deutscher darf an das Ausland ausgeliefert werden. Politisch Verfolgte genießen Asylrecht.« Etwas genauer äußern sich die Verfassungen der Bundesländer, zum Beispiel die Bayerns in Artikel 105: »Ausländer, die unter Nichtbeachtung der in dieser Verfassung niedergelegten Grundrechte im Ausland verfolgt werden und nach Bayern geflüchtet sind, dürfen nicht ausgeliefert und ausgewiesen werden.«

Frühere deutsche Verfassungen kannten kein Asylrecht. Die Weimarer Verfassung war deswegen nicht undemokratisch. Daß der Artikel 16 nach dem Krieg aufgenommen wurde, war ein nicht ganz logischer Reflex auf das Unrechtsregime der Nationalsozialisten – nicht ganz logisch, weil dem Dritten Reich aus begreiflichen Gründen nie vorgeworfen wurde, es habe Fremden kein Asyl gewährt. Darum ging es gar nicht. Man hätte das Asylrecht statt dessen auf die von den Nationalsozialisten Verfolgten beziehen können, oder auf Staaten, die NS-Verfolgten Asyl gewährten. Bürgerkriege in Asien oder Afrika, die in den achtziger Jahren einen Zustrom von Asylanten in die Bundesrepublik auslösten, haben mit dem Komplex des Dritten Reiches nichts zu tun.

Gleichwohl kann das Recht auf politisches Asyl, solange es in der Verfassung steht, nicht beschnitten werden. Es darf auch nicht mißbraucht werden – und eben dies wird seit Jahren massiv praktiziert.

Artikel 16 spricht von »politisch« Verfolgten. Selbst wenn das sehr großzügig ausgelegt wird, können keine Personen damit gemeint sein, die aus wirtschaftlichen Gründen oder wegen anderer Notsituationen ihr Land verlassen. In Schweden wurde 1989 verfügt, daß Asylsuchende aus Polen und Ungarn umgehend wieder nach Hause geschickt werden. Aus Ländern, in denen niemand politisch verfolgt wird, kam aber 1988 und 1989 der größte Teil der Asylanten, die sich in der Bundesrepublik meldeten. Solche Anträge hätten gar nicht bearbeitet werden dürfen. Schon seit langem machen politisch Verfolgte einen sehr kleinen Teil der Asylbewerber aus. 1988 wurden nur 8,6 % als Asylberechtigte anerkannt. Das bedeutet, daß über 90 % auf die Segnungen des Sozialstaates spekulieren, derer sie sich sofort nach Einreise erfreuen können. Daß der Antrag später abgelehnt wird, machte bisher keinen großen Unterschied. Sie durften fast alle trotzdem in der Bundesrepublik bleiben – auf dem Wege der »Duldung«, wie es in der Behördensprache heißt.

Die Entscheidungsscheu der Verantwortlichen erklärt sich wohl daraus, daß niemand das Odium einer Welle von Ausweisungen auf sich nehmen will. Wer nichts tut, bekommt auch keinen Ärger. Das Prinzip des politischen Asyls kann mit dieser Praxis nur diskreditiert werden. Gut gemeint ist auch hier das Gegenteil von gut. Wenn das politische Asyl wenigstens auf die nach der Verfassung Berechtigten beschränkt würde, wäre die Situation bereits entdramatisiert.

Nichts anderes verlangt die Mehrheit der Wähler.

1989 ergab eine Umfrage des Instituts Allensbach, daß 59% der Bevölkerung dieser Meinung war: »Die Prüfung, ob man einem Ausländer politisches Asyl gewähren soll, muß sehr schnell und sehr streng durchgeführt werden. Und alle, denen kein Asyl gewährt wird, sollen sofort in ihre Heimatländer zurückgeführt werden.« Nur 22% bekannten sich zu folgender Einstellung: »So geht das nicht. Wenn nur der kleinste Verdacht besteht, ein Ausländer könnte in seiner Heimat politische Schwierigkeiten bekommen, dann müssen wir ihn hier in der Bundesrepublik behalten.«

Selbst die überwiegende Mehrheit der SPD- und FDP-Wähler vertrat die härtere Linie. Von den grünen Wählern wollten allerdings nur 32% schnell entscheiden, 45% würden die Ausländer zunächst hier behalten. Man beachte, daß bei der Erhebung nach den Wirtschaftsasylanten nicht einmal gefragt wurde.

Die Zusammensetzung eines Staatsvolkes, die Wahl zwischen nationaler Identität und multikultureller Gesellschaft, ist ohne Zweifel ein Politikum allererster Ordnung und tangiert die Grundlagen der Demokratie so unmittelbar, daß hier nicht über die Köpfe der Wähler hinweg entschieden werden kann. Wenn der Souverän in dieser Frage entmündigt wird, sind die demokratischen Prinzipien nicht mehr viel wert. Die CDU sucht zumindest einen Konsens mit den Bürgern, die Grünen und der meinungsführende Teil der SPD interessieren sich nicht für die Volksmeinung. Jeder Ausländer gilt als willkommenes Objekt der Betreuung, die Wünsche der deutschen Bevölkerung werden als störend empfunden.

Typisch für die sozialistische Überheblichkeit dem

Souverän gegenüber sind die Äußerungen, die im Oktober 1989 auf einer Konferenz über »sozialdemokratische Ziele einer neuen Flüchtlingspolitik« in der SPD-Zentrale fielen. Der nordrhein-westfälische Innenminister Schnoor, der schon während der Gladbecker Geiselaffäre eine unvergleichliche Kostprobe seiner Kompetenz geliefert hatte, machte sich gar Sorgen darüber, daß zu wenige Asylanten in die Bundesrepublik kommen könnten! Die Unterscheidung zwischen politischen Flüchtlingen und »Armutsflüchtlingen« sei »jedenfalls dann problematisch, wenn man die Zusammenhänge zwischen dem Reichtum der westlichen Industrieländer und der Verschuldung der Entwicklungsländer mit in Betracht zieht«. Die Ursachen für Flucht und Auswanderung hätten sich verändert. Sie lägen nicht mehr allein in der Furcht vor Verfolgung. Schnoor erwähnte Bürgerkriege, Ernte- und Naturkatastrophen sowie Überbevölkerung.

Aus der nachweislich falschen Prämisse, daß der Reichtum der Industrieländer schuld an der Armut der Dritten Welt sei, zieht der unfähige Mann, dem niemand sein Leben anvertrauen würde, die Schlußfolgerung, wir müßten uns nun auch noch der Opfer der Unterentwicklung annehmen. Der grundgesetzliche Titel des politischen Asyls wird ins Unendliche ausgeweitet, bis alle Konturen verschwommen sind.

Erst wurde die Idee des Sozialstaates per Entwicklungshilfe in die Dritte Welt exportiert, jetzt sollen die Objekte der Betreuung näher an die Kasse herangebracht werden. Daß die Kassen immer voll sein werden und der international praktizierten Nächstenliebe grundsätzlich keine finanziellen Grenzen gezogen sind, setzen Leute wie Schnoor dabei als selbstverständlich voraus.

Er genießt offenbar das Bewußtsein, moralisch denen überlegen zu sein, die das praktische Limit der Hilfsbereitschaft sehen und verantwortlich danach handeln. Ob er wirklich gemeint hat, die Bundesrepublik könne die Grenze jedem öffnen, sei dahingestellt. Wenn er es nicht gemeint hat und nur seine »liberale« Gesinnung zu Markte tragen wollte, sind derartige Postulate ohnehin nur Geschwätz. Wie auch immer, im politischen Spektrum der Bundesrepublik gibt es Kräfte, die sich von einer importierten Proletarisierung der Gesellschaft politische Tantiemen erhoffen.

Solange Schnoor und seine Freunde darauf angewiesen sind, wiedergewählt zu werden, stehen sie allerdings auf verlorenem Posten. Für eine solche Katastrophenpolitik gibt es keine Mehrheit. Die Wähler lassen sich immer nur eine Zeitlang täuschen. Und ganz abgesehen davon zählt das Asylrecht zu den Bereichen deutscher Staatlichkeit, die dem EG-Recht werden weichen müssen.

Die Integration Westeuropas läßt früher oder später ein spezifisch deutsches Asylrecht nicht mehr zu. Es ist dann, was die Moralisten nicht begreifen wollen, nicht mehr praktizierbar. Wenn die Grenzpfähle fallen, muß auch die Asylpraxis vereinheitlicht werden. Da die Nachbarn die großzügige deutsche Regelung nicht werden übernehmen wollen, wird sich die Bundesrepublik den strikteren Bestimmungen ihrer Nachbarn anpassen müssen.

Ohnehin wurde die letzte Grenze deutscher Aufnahmebereitschaft bisher nie getestet. Die Deutschen sind bisher mit einem blauen Auge davongekommen. Auf der Welt sind 14 Millionen Menschen auf der Flucht, und Millionen würden unter Berufung auf das Grundgesetz in den Modellstaat kommen, wenn sie nur von der Möglichkeit wüßten. Politische Verfolgung wird in der Mehrzahl der UNO-Staaten praktiziert. Die Bastion des Grundgesetzartikels 16 würde, wenn sie energisch genug berannt wird, unter dem Ansturm zusammenbrechen.

Derartige Visionen können durchaus einmal Realität werden. Die Weltbank rechnet damit, daß sich die Sahel-Zone in Afrika wegen der Erwärmung des Weltklimas unaufhaltsam ausdehnt und die Verelendung der ehemals europäischen Kolonien beschleunigen wird. Ein französischer Regierungsbeamter sagte zum »Wall Street Journal«: »Wir denken, daß in 20 Jahren zusätzliche 25 Millionen Menschen in Nordafrika Arbeitsplätze in Europa suchen werden. Wird Europa bereit sein, das zu akzeptieren? Offensichtlich nein.«

Gilles Kepel, Professor für Politische Wissenschaft in Paris, stellte in derselben Zeitung den europäischen Geburtenrückgang der Bevölkerungsexplosion in der Dritten Welt gegenüber: »Der massive Zustrom von Immigranten stellt soziale, politische und religiöse Probleme. Ein alterndes und kinderloses Europa wird mit einem jungen und sich multiplizierenden Nordafrika konfrontiert.«

Vorübergehend steigende Geburtenzahlen als Echoeffekt auf den Nachkriegsbabyboom und der Zuzug der Mittel- und Volksdeutschen werden das Dilemma bis zur Mitte der neunziger Jahre verschleiern. Auf längere Sicht aber wird sich Deutschland und ganz

Westeuropa die Alternative stellen, entweder eine höhere eigene Geburtenrate möglich zu machen oder von den Teilen der Dritten Welt, die am nächsten liegen, überschwemmt zu werden. Die Geschichte liebt kein Vakuum. In Deutschland muß darüber diskutiert werden, ob 200 000 Abtreibungen im Jahr auf Dauer mit Immigranten aus fremden Kulturen kompensiert werden sollen. Die deutschen Geburten könnten, wenn man dies wirklich will, innerhalb weniger Jahre auf das alte Niveau erhöht werden. Die demographische Zeitbombe kann immer noch entschärft werden. Schnelle Wirkung hätte allerdings nur eine massive, nicht eine graduelle Geburtenpolitik, wie sie in den achtziger Jahren verschämt betrieben wurde.

Besonders in der französischen Geschichte lassen sich Beispiele dafür finden, wie ein scheinbar unabänderliches Geburtendefizit in kürzester Zeit in einen Geburtenüberschuß verwandelt werden kann. Die Deutschen werden nur dann zum sterbenden Volk, wenn sie es selbst geschehen lassen. Die uneingestandenermaßen betriebene Politik, die fehlenden Menschen aus dem Ausland zu holen, ist ein verhängnisvoller Weg. In Frankreich wird über Geburtendefizit und Ausländerdruck offen und seriös debattiert, in der Bundesrepublik nicht. Am Ende wird sich herausstellen, daß jedes Land seine Bevölkerung hat: die eigene oder eine fremde.

Der Staat als Beute der Parteien

»Wer viel denkt, eignet sich nicht zum Parteimann. Er denkt sich durch die Partei hindurch.«

Friedrich Nietzsche

»Politik ist ein Streit der Interessen, der sich als Wettstreit der Prinzipien maskiert hat.«

Ambrose Bierce

»Wir kommen dazu, daß es ein Beruf wird, Abgeordneter zu sein, wie ein Beruf, Arzt oder Jurist zu sein; die Tätigkeit nimmt die Person so ausschließlich in Anspruch, daß nur jemand, der alle seine Lebensverhältnisse darauf zuschneidet und sagt: ich will jetzt gar nichts weiter zu tun haben, als mich mit den Arbeiten der Volksvertretung zu beschäftigen – nur derjenige es auf die Dauer leisten kann; wir kommen schließlich dazu, daß wir eine Berufsklasse von Abgeordneten erhalten, die aber dann meines Erachtens einem bürokratischen Element allmählich viel näher kommen wird, als einer lebendigen, mit dem Volk in ununterbrochener Wechselwirkung stehenden Volksvertretung, von der ich mir nicht anders denken kann, als daß sie eine große Anzahl der beschäftigten Klasse des Volkes unmittelbar repräsentiert.«

Otto von Bismarck 28. 1. 1869

In der Bundesrepublik Deutschland geht, so will es das Grundgesetz, alle Staatsgewalt vom Volke aus. Die Frage ist nur, wie oft sie ausgeht, wohin sie geht und ob sie gelegentlich auch zum Volk zurückkehrt.

In der Demokratie herrscht – nichts anderes besagt das Wort – das Volk. Daß es nicht regiert, ist allgemein akzeptiert. Es wird regiert. Aber wird es nicht vielleicht auch mehr beherrscht als daß es herrscht? Eben dieser Eindruck verdichtet sich von Jahr zu Jahr. An die Stelle der Volksherrschaft hat sich die der Parteien gesetzt. Die Parteien haben den Souverän entmachtet und den Staat usurpiert.

Von nichts als der Angst zurückgehalten, dieser Souverän könnte nach jeweils vier Jahren sein Mißfallen mit dem Stimmzettel ausdrücken, haben sich die Parteien in der Bundesrepublik Deutschland eine Rolle angemaßt, die das Grundgesetz nicht nur nicht vorsieht, sondern die in vielen Aspekten auch verfassungswidrig ist.

Sie haben die Bastionen des Staates besetzt und sich Zugriff auf seine Kassen verschafft. Sie haben die öffentlich-rechtlichen Medien in ihren Dienst gestellt. Sie haben die Wissenschaft und selbst – wenn auch erst partiell – die Justiz infiltriert. Die Gewaltenteilung verschwimmt, die Bundesrepublik ist auf dem Weg zum totalen Parteienstaat – nicht einer einzigen Partei, sondern eines Kartells von Parteien.

In der Wirtschaft versteht man unter Kartellen die Absprache mehrerer Unternehmen desselben Sektors mit dem Ziel der Marktbeeinflussung durch Wettbewerbsbeschränkung. Wenn besonders das Angebot untereinander abgestimmt wird, spricht man auch von

Angebotskartellen. Der Zweck ist die Gewinnmaximierung, geschädigt wird der Verbraucher. Wirtschaftliche Kartelle sind verboten, darüber wacht das Bundeskartellamt. Die politische Kartellisierung der Bundesrepublik Deutschland wurde gelegentlich durch Urteile des Bundesverfassungsgerichtes aufgehalten und behindert, aber nie verhindert.

Die ständigen Verstöße gegen die Verfassung sind offensichtlich und eklatant. Laut Grundgesetz übt das Volk die Staatsgewalt in Wahlen zum Bundestag und den anderen parlamentarischen Organen aus. Die Bundesrepublik Deutschland ist eine parlamentarische Demokratie, und dieses Prinzip ist zurecht tabu. Die Bundesrepublik ist aber nach dem Willen der Verfassungsgeber kein Parteienstaat. Nirgendwo ist vorgesehen, daß im Bundestag nur Vertreter der Parteien und keine parteifreien Volksvertreter sitzen. Der Monopolanspruch der Parteien ist verfassungsrechtlich nicht gedeckt: laut Artikel 21 des Grundgesetzes wirken die Parteien bei der politischen Willensbildung lediglich »mit«. Und die Infiltrierung des Beamtenapparates mit Parteigängern widerspricht ganz eindeutig geltendem Recht. Parteien und Staat müßten streng voneinander getrennt bleiben, sind es aber nicht.

Und die Vorstellung, der Bundestag kontrolliere die Regierung, hat mit der Wirklichkeit nichts mehr gemein. Die Arbeit der Regierung ist ebenso wie die der sie stützenden Parlamentsmehrheit parteilichen Gesichtspunkten untergeordnet – vor allem in Wahljahren. Der Abgeordnete, wie ihn das Grundgesetz einmal vorsah, hat mit dem in Bonn real existierendem Abgeordneten nichts mehr zu tun. Daß Abgeordnete

»Vertreter des ganzen Volkes, an Aufträge und Weisungen nicht gebunden und nur ihrem Gewissen unterworfen« sind, wie es Artikel 38 verlangt, klingt märchenhaft. In Wirklichkeit vertreten sie nicht das Volk, sondern ihre Partei, der sie die Kandidatur verdanken und von der sie voraussichtlich nicht wieder aufgestellt würden, wenn es ihnen einfiele, ihre Loyalität von der Partei auf das Volk zu übertragen.

Bezeichnend für die unaufhaltsame Entdemokratisierung der Bundesrepublik Deutschland ist es, daß das Adjektiv »populistisch« unter Dienstleistungsdemokraten zum Schimpfwort werden konnte. Das Wort kommt von populus, was Volk heißt, und bezeichnet eine beim Volk beliebte, den Wünschen des Volkes entsprechende Politik. Wer in Bonn »populistisch« redet, setzt sich schlimmsten Vorwürfen aus. Dahinter steckt die heimliche Überzeugung, daß der Souverän entweder nicht wissen könne, was für ihn gut sei oder daß er ein falsches Bewußtsein an den Tag lege, das von oben erst noch korrigiert werden muß. Der Bürger wird nicht als mündig, sondern als Objekt der Bevormundung eingeschätzt.

In höchstem Maße verdächtig, am politischen Betrieb der Bundesrepublik Deutschland, ist die Häufigkeit, mit der die Bonner Politiker sich selbst als Demokraten bezeichnen. Besonders die Reden der Bundestagspräsidentin fließen über von Bezügen auf »Demokraten« und auf »die« demokratischen Parteien. In England ist das nicht üblich. Und in den USA ist meist eine bestimmte Partei gemeint, wenn von Demokraten gesprochen wird. Man sieht dort keinen Grund dafür, Selbstverständliches litaneienhaft zu beteuern. Im deutschen Fall ist auch keineswegs sicher, wer mit den »Demokraten« eigentlich gemeint ist – am ehesten wohl die Parteien, die den Vorzug haben, bereits im Bundestag zu sitzen.

Das Volk, das in der Sprache bundesdeutscher Politiker (sofern es nicht in der DDR lebt) gerne zum Neutrum »Bevölkerung« degradiert wird, scheint jedoch genau zwischen Demokratie und Parteienherrschaft zu unterscheiden. Zur parlamentarischen Demokratie sieht und wünscht der Wähler keine Alternative, sie ist im öffentlichen Bewußtsein fest verankert. Nicht trotzdem, sondern eben deswegen sinkt die Wahlbeteiligung, wachsen politische Unlust und Abkehr von den Parteien des Kartells. Der Wähler signalisiert seinen Widerwillen an der Urne, eine andere Möglichkeit hat er schließlich nicht. Was von der Demokratie bleibt, ist unter den gegebenen Umständen nicht mehr als die Möglichkeit, alle vier Jahre eine andere Partei, gar keine oder eine noch nicht etablierte zu wählen.

Der Prozeß der Desillusionierung erreichte im Oktober 1989 einen vorläufigen Höhepunkt, als in Baden-Württemberg Kommunalwahlen stattfanden. Die Resultate waren auch deswegen signifikant, weil im Südwesten bequeme Ausreden nicht zur Verfügung standen: die demokratischen Traditionen sitzen im Musterland der Bundesrepublik besonders tief, nirgendwo geht der Wohlstand so in die Breite, und eine inkompetente Verwaltung kann der Regierung in Stuttgart auch nicht vorgeworfen werden. Die sonst üblichen wirtschaftlichen Gründe fehlten also.

Trotzdem wurde eine Partei mit Abstand am stärksten, die gar nicht auf dem Wahlzettel stand: die Partei der Nichtwähler. Fast 40 % der Wahlberechtigten enthielten sich der Stimme. Die CDU verlor dramatisch, ohne daß die SPD davon profitieren konnte. Nur noch in einem Kreis, in Ravensburg, übersprang die Christlich-Demokratische Union die 50 %-Marke. Bis auf eine Ausnahme erreichte die SPD nirgendwo mehr als ein Drittel der gültigen Stimmen. In der Dienstleistungsstadt Freiburg, wo vermutlich überdurchschnittlich viele intelligente und wohlhabende Menschen leben, konnten CDU und SPD zusammengenommen nicht viel mehr als die Häfte der Stimmen mobilisieren. Und in Stuttgart lagen beide großen Parteien an der 30 %-Marke, die CDU knapp darüber, die SPD knapp darunter. Eigentlicher Sieger waren die Wählervereinigungen, obwohl sie in der Bundesrepublik generell mit einem großen Handikap antreten: die etablierten Parteien verweigern ihnen, was sie sich selbst genehmigen – nämlich Wahlkampfkostenerstattung und steuerliche Absetzbarkeit größerer Spenden.

Nun stimmt es, daß sich die Ergebnisse von Kommunalwahlen nicht auf Bundesebene übertragen lassen, weil die großen Parteien dort mannigfach im Vorteil sind: sie setzen enorme Gelder ein, die sie zuvor aus der Bundeskasse entnommen haben; sie können mit den Mitteln moderner Werbung Spannung inszenieren und die Wahl als eine lebenswichtige Entscheidung drapieren, die sie in der Regel nicht ist; sie bedienen sich exzessiv der von ihnen kontrollierten Massenmedien; und vor allem sind bei Bundestagswahlen die verschiedenen prozentualen und organisatorischen Hürden für kleinere Konkurrenten unvergleichlich höher als auf kommunaler Ebene. Dennoch beweisen die Ergebnisse solcher Kommunalwahlen, wie stark die Stammwählerschaft der großen Parteien geschrumpft ist.

Der Unmut der Öffentlichkeit entlädt sich seit Jahren besonders über den Diäten, obwohl diese den Kern des parteistaatlichen Skandals überhaupt nicht berühren. Die Diäten-Diskussion lenkt eher von den wirklichen Mißständen ab, worüber die Parteien nur froh sein können. Die Diäten sind nur der Tropfen, der das Faß immer wieder zum Überlaufen bringt. Interessant aber ist, wie wir sehen werden, der Inhalt des Fasses.

Vermutlich würde an den Diäten weniger herumgemäkelt, wenn die Wähler überzeugt wären, die Abgeordneten hätten sie verdient. Im Grunde ihres Herzens wünschen sich die Wähler Vertreter, die intelligenter, gebildeter und integrer sind als sie selbst, die besser reden können und sich auch in ihren Manieren als Angehörige einer Elite ausweisen. Darauf – und weniger auf dem, was er sagt – beruht übrigens auch die Popularität des Bundespräsidenten.

Im Bundestag saßen aber bisher nicht nur vorbildliche Volksvertreter, sondern auch solche, die lügen, korrupt sind, vorbestraft und – für einen Parlamentarier nun wirklich unverzeihlich – der freien, stilvollen Rede nicht mächtig sind. Einen Querschnitt des Volkes stellen sie schon gar nicht dar, denn die Beamten und Verbandsfunktionäre sind in der absoluten Mehrheit. Und eine nicht geringe Anzahl von ihnen wäre unfähig, in der freien Wirtschaft auch nur annähernd soviel zu verdienen, wie sie in der Form von Diäten einnehmen. Der Typus des Berufspolitikers hat von den deutschen Parlamenten Besitz ergriffen.

Es ist ein Beruf, der sich finanziell lohnt und mit

erstaunlichen Privilegien ausgestattet ist. Ein Abgeordneter kann für Äußerungen, die er im Bundestag oder einem Ausschuß tut, nicht zur Verantwortung gezogen werden, sofern es sich nicht um verleumderische Beleidigungen handelt. Begeht er eine strafbare Handlung, dann sorgt seine Immunität dafür, daß er ohne Genehmigung des Bundestages nicht belangt werden kann – es sei denn, die Polizei ist schnell genug, ihn bei Begehung der Tat oder im Laufe des folgenden Tages festzunehmen.

Zur Indemnität (Verantwortungsfreiheit für Abstimmungen und Äußerungen) und zur Immunität (teilweiser Schutz vor Strafverfolgung) tritt eine weniger begreifliche Privilegierung, die mit dem Tatbestand der Majestätsbeleidigung aus Kaisers Zeiten vergleichbar ist. In das Strafgesetzbuch wurde nämlich ein Paragraph eingefügt, wonach Beleidigungen »gegen eine im politischen Leben des Volkes stehende Person« erheblich härter geahndet werden als Beleidigungen eines normalen Bürgers.

Mit anderen Worten: wenn der Wähler X seinen Abgeordneten Y beleidigt, kommt ihn das erheblich teurer zu stehen, als wenn die Beleidigung in umgekehrter Richtung erfolgt. Bei der Einführung des Paragraphen muß eine Verwechslung vorgelegen haben: an die Stelle des früheren Souveräns, des Monarchen, ist nämlich als neuer Souverän nicht der Politiker, sondern das Volk getreten. Die Volksbeleidigung, nicht die Abgeordnetenbeleidigung wäre daher ein logischer Ersatz für die überholte Majestätsbeleidigung.

Nach dem Stand von 1988 erhielten die Bundestagsabgeordneten eine monatliche Entschädigung von 9013

Mark und eine Kostenpauschale von 5155 Mark. 1989 wurde auf 9221 und 5274 Mark erhöht.

Die Mindestpension von 25 Prozent (künftig 35 Prozent) der Grundentschädigung erhalten die Bundestagsabgeordneten nach sechs Jahren Parlamentszugehörigkeit. Sie wird mit Vollendung des 65. Lebensjahres ausgezahlt. Mit jedem weiteren Jahr Parlamentszugehörigkeit steigt der Pensionsanspruch um fünf, künftig um vier Prozent. Die Höchstpension von 75 Prozent wird demnach nach 16, künftig 18 Parlamentsjahren erreicht. Da aber gleichzeitig mit jedem weiteren Jahr der Mandatszeit der Zahlungsbeginn des Ruhegeldes um ein Jahr früher erfolgt, kann die Höchstpension frühestens mit dem 55. Lebensjahr ausgezahlt werden.

Was auch immer sie vor ihrer Zeit im Parlament getan haben, es kann nicht so attraktiv oder lohnend gewesen sein, daß es sie dorthin zurückzieht. So werden sie zur Kaste. Sie verlieren den Kontakt zum Berufsleben des Volkes, das sie zu vertreten haben. Daß dies keineswegs so sein muß, zeigt ein Blick über die südliche Grenze. In der Schweiz gehen die Abgeordneten ihrem Beruf weiterhin nach, und die Vergütung macht nur einen Bruchteil der deutschen »Entschädigung« aus.

Die üppigen Bezüge sind aber nur eine Folge der Okkupierung der Parlamente durch Berufspolitiker. Es ist wohl zuviel verlangt, Bescheidenheit von jemandem zu verlangen, der nicht nur über die Höhe seiner Einnahmen selbst befindet, sondern auch noch darauf angewiesen ist. Finanziell unabhängige Abgeordnete wären unter Umständen nicht sehr bequem für die Parteien. Die negative Auslese, die in der Zusammensetzung der politischen Elite in Deutschland sichtbar wird, hat niemand anderer zu verantworten als die Parteien selbst. Die Parlamente sind dem Parteienstaat zum Opfer gefallen.

Um genuine Demokratie zu verwirklichen, müßten die Parteien selbst demokratisch organisiert sein. Sie sind es aber nur auf dem Papier. Die oft gehörte Empfehlung an unzufriedene Bürger, sie sollten sich doch bitte in den Parteien engagieren und von dort aus die Dinge ändern, ist unter diesen Umständen nicht mehr als ein schlechter Scherz.

Noch mehr als im Staate selbst, verläuft die Willensbildung innerhalb der Parteien nicht von unten nach oben, sondern von oben nach unten. Die Aufstellung der Kandidaten für öffentliche Ämter ist fast immer das Resultat interner Absprachen, ganz selten das Ergebnis einer kontroversen Abstimmung unter den Parteimitgliedern. Die politische Linie wird von oben diktiert, unten wird sie oft nicht einmal diskutiert. Die Parteien sind bürokratische Organisationen, die Loyalität mit Patronage belohnen. Weil Bürokratie aber viel Geld kostet, wird das Heranschaffen von Geld zum Hauptzweck der Organisation.

Über die Methoden, mit denen sich die Parteien finanzieren, ist in der Öffentlichkeit wenig bekannt. Die Wähler erregen sich zwar über die vergleichsweise harmlosen Diäten, der Zugriff der Parteien selbst auf die öffentlichen Kassen bleibt hingegen ein offenes Geheimnis. Kaum jemand weiß, daß die Parteien, ihre Fraktionen und Stiftungen inzwischen pro Legislaturperiode die öffentliche Hand um rund 3,5 Milliarden Mark ärmer machen. Noch unglaublicher als die Höhe der Summe ist das Tempo, in dem sie stieg. Allein die staatlichen Zahlungen an die Bundestagsfraktionen haben sich in den letzten 23 Jahren verdreiundzwanzigfacht. Die noch weniger bekannten sogenannten »Globalzuschüsse« an die Parteistiftungen haben sich seit 1967 versiebzehnfacht. Die staatliche Parteienfinanzierung ist außer Kontrolle geraten. Nirgendwo – nicht einmal in Österreich und Italien, denen ein gewisser Hang zur Korruption nachgesagt wird – bereichern sich die politischen Parteien so maßlos an öffentlichen Geldern wie in der Bundesrepublik Deutschland.

Wohl zum ersten Mal hat nun ein Verwaltungswissenschaftler, Professor Hans Herbert von Arnim, im Auftrag des Bundes der Steuerzahler das Dickicht durchleuchtet. Die Materie ist so komplex, daß sie die Möglichkeiten normaler journalistischer Recherche überfordert und wahrscheinlich auch nur von einem halben Dutzend Bundestagsabgeordneten durchschaut wird.

Wir wollen die deutsche Parteienfinanzierung hier auch deswegen untersuchen, weil sie en miniature – in einer Größenordnung von 3,5 Milliarden – die Unzumutbarkeiten des ganzen Umverteilungsstaates wiedergibt: die absichtlich komplizierte Gesetzgebung, die fehlende Transparenz, die häufig bewußte Täuschung der Öffentlichkeit, die Mißachtung des Leistungsprinzips, das Desinteresse an Sparsamkeit, den Mißbrauch der Idee vom Chancenausgleich, die Pervertierung des Prinzips der Gerechtigkeit, das heimliche Parteienkartell.

Die 300 Milliarden des Bundeshaushaltes sind Geld,

das die Politiker den einen abfordern, um es für andere auszugeben.

Die erwähnten 3,5 Milliarden nehmen sie zwar auch anderen ab, geben sie aber für sich selbst aus. Nach dem Bonsai-Prinzip hat das kleinere Gebilde den Vorteil, bequemer betrachtet werden zu können. Die Struktur ist dieselbe.

Während jedoch im staatlichen Haushalt die Ausgaben hin und wieder den Einnahmen angepaßt werden müssen, bestehen die Parteien darauf, daß sich ihre Einnahmen grundsätzlich nach den Ausgaben zu richten haben: der Griff in den staatlichen Topf ist zur Selbstverständlichkeit geworden. Da gibt es Wahlkampfkostenerstattungen vom Finanzamt, d.h. von allen Steuerzahlern mitbezahlte Parteispenden, einen alten und einen neuen Chancenausgleich, Beitragsausgleiche und Spendenausgleiche, überaus großzügige Übergangsregelungen, Grundbeträge und Sockelbeträge, jährliche Zuschüsse für die Fraktionen, Globalzuschüsse an die Parteistiftungen und eine Fülle projektbezogener Zuschüsse aus allen möglichen Einzelplänen der öffentlichen Haushalte – ein nicht enden wollender warmer Regen, von dem die anderen, auch nicht zimperlichen pressure groups der Republik nur träumen können.

Das Frappierende dabei ist, daß die Verschwendung auf ein Null-Summen-Spiel hinausläuft. Würde man die 3,5 Milliarden ersatzlos streichen, dann fielen die Wahlergebnisse auch nicht anders aus. Der immense Aufwand hebt sich gegenseitig auf, baut aber gleichzeitig Demokratie ab.

1959 führte die Bundesrepublik Deutschland als erstes europäisches Land die staatliche Parteienfinanzierung ein. Genauer gesagt: als erstes westeuropäisches Land, denn in den kommunistischen Diktaturen waren Staatspartei und Staat ohnehin identisch. Dort existierte nicht ein eingeschränkter, sondern der totale Parteistaat. Nicht anders war es im Dritten Reich. In der kommunistischen und der nationalsozialistischen Diktatur war, genau genommen, nicht der Staat total, es war die Partei, die einen Totalitätsanspruch erhob, den Staat benutzte, pervertierte und korrumpierte. Im Dritten Reich zum Beispiel fand die Freiheit des Einzelnen, wo dies überhaupt noch möglich war, Schutz beim Staat – bei integren Richtern, bei der Wehrmacht, bei sachlich entscheidenden Verwaltungsbeamten. Nicht die Partei, nur der Staat kann grundsätzlich der Hort der Freiheit im 20. Jahrhundert sein.

Am 19. Juli 1966 erklärte das Bundesverfassungsgericht die damals noch relativ bescheidene staatliche Parteienfinanzierung für rechtswidrig, ließ jedoch ein Hintertürchen offen. Das Gericht räumte nämlich ein, daß »die notwendigen Kosten eines angemessenen Wahlkampfes« erstattet werden könnten.

Diese erste Konzession erwies sich als verhängnisvoller Fehler. Die Parteien dachten gar nicht daran, es bei der Erstattung »notwendiger« Kosten bewenden zu lassen. Sie weiteten die Lücke in der Mauer der Staatsfinanzen, die das Gericht aufgezeigt hatte, unablässig und so lange aus, bis das Bollwerk geschleift war. Die staatlichen Budgets wurden zur Plünderung freigegeben. Spätere Urteile der Verfassungsrichter gegen diesen oder jenen Mißbrauch hatten immer nur aufschiebende Wirkung. Kaum erließ Karlsruhe ein neues Verbot, wurde es durch ein noch großzügigeres, noch komplizierteres Gesetz umgangen. Im Wettlauf zwischen Verfassung und Selbstbedienung hielten die Parteien immer einen Vorsprung, denn die Urteilsfindung der Richter dauerte ihre Zeit, während der die Parteien ungehindert kassieren konnten. Hinterher zurückgeben mußten sie ohnehin nichts.

Der rechtsstaatlichen Gewaltenteilung und der Idee des Parlamentarismus wurde so enormer Schaden zugefügt. Die Öffentlichkeit kannte zwar nie die Details, vermutete aber zurecht, daß sich hinter den schönen Worten der staatstragenden Parteien blanke Habgier verbarg. Im Nachhinein weiß man, daß das Bundesverfassungsgericht eine Konzession zuviel gemacht hat – nämlich die erste, als es 1966 die Erstattung der Wahlkampfkosten erlaubte. Es wäre sauberer gewesen, den Parteien lediglich Sendezeiten in Rundfunk und Fernsehen während der Wahlkämpfe einzuräumen. Dies hätte ihnen genügen müssen, um ihre Botschaft an den Wähler zu bringen.

Ob die staatlichen Wahlkampfgelder wirklich nur für den Wahlkampf ausgegeben werden, kann bis heute nicht wirksam kontrolliert werden. Sie werden es ohne Zweifel nicht, womit der richterliche Spruch bedenkenlos unterlaufen wird. Denn nach der Rechtsprechung des Bundesverfassungsgerichtes sind nur die Wahlkampfkosten selbst erstattungsfähig, nicht aber die sonstigen Auslagen der Parteien.

Die Parteien müssen die Wahlkampfkosten in ihren Rechenschaftsberichten ausweisen. Das Schicksal fügt es, daß die dort ausgewiesenen Kosten immer knapp über der staatlichen Erstattung liegen. Selbst bei den

Europawahlen, deren Wahlkampf bekanntermaßen billig ist, wird mit diesem Trick gearbeitet. Nur die Grünen hatten die Chuzpe, den Europawahlkampf 1984 ehrlich abzurechnen. Sie wiesen wahlkampfbezogene Kosten von 9,6 Millionen Mark aus, ließen sich aber 19 Millionen Mark erstatten. Daß von ihnen nicht verlangt wurde, die Differenz zurückzuzahlen, liegt ausschließlich daran, daß dann auch die Praxis der anderen Parteien aufs Tapet gekommen wäre. Bei den bayerischen Landtagswahlen besteht übrigens eine Sonderregelung. Dort müssen zwei Vorstandsmitglieder gegenüber dem Landtagspräsidenten schriftlich bestätigen, daß die Wahlkampfkosten mindestens die Höhe der Pauschale erreicht haben.

Eine präzise Abgrenzung der Wahlkampfkosten fehlt aber auch in Bayern ebenso wie eine wirksame Kontrolle der Parteifinanzen.

1966 hatte, wie bereits erwähnt, das Bundesverfassungsgericht die staatliche Parteienfinanzierung in der alten Form für verfassungswidrig erklärt. Bereits 1967 wurde sie daraufhin vom Drei-Parteien-Kartell (Union, SPD, FDP) in eine pauschale Wahlkampfkostenerstattung umgewandelt. Man bewilligte sich 2,50 Mark je Wahlberechtigten, beschränkte die Erstattung aber auf Parteien, die mindestens 2,5 % der Stimmen erreichten. Damit waren die Parteien des Kartells gemeint. Sie wollten im Bundestag unter sich bleiben. Neue Parteien sollten schon in statu nascendi finanziell benachteiligt werden, bevor sie überhaupt versuchen konnten, die nächste Hürde zu überspringen – die 5 %-Klausel bei den Wahlen selbst.

Die Behinderung neuer Konkurrenten wurde immer

mit der Legende legitimiert, die Weimarer Republik sei an der Zersplitterung der Parteien zugrunde gegangen. Nichts könnte weiter entfernt von der Wahrheit sein. Auf Weimar lastete die Hypothek des Versailler Vertrages, der Aderlaß der Reparationen und schließlich das Elend der Depression, für die der globale Wirtschaftszyklus verantwortlich war, der ironischerweise gerade seinen Tiefpunkt durchschritten hatte, als Hitler an die Macht kam.

Im übrigen ist Weimar nicht den Splitterparteien, sondern den großen Parteien zum Opfer gefallen. Nach 1918 trugen diejenigen Verantwortung, die im Kaiserreich in der Opposition gestanden hatten: die Sozialdemokraten, das katholische Zentrum, die Linksliberalen. Es war ihr Staat. Sie sind gescheitert. Das Spiel war im April 1932 aus, als zwei große verfassungsfeindliche Parteien – Nationalsozialisten und Kommunisten – die Mehrheit in Preußen auf sich vereinigen konnten. Die rote oder braune Parteidiktatur konnte von diesem Zeitpunkt an nur mit einer überparteilichen Staatsdiktatur vereitelt werden. Dazu fehlte schließlich die Kraft. Die verschiedenen, meist bürgerlichen Splitterparteien hatten mit dem Untergang Weimars nichts zu tun.

Kleine Parteien haben auch der Bundesrepublik Deutschland nie ernsthaft geschadet. Im ersten Deutschen Bundestag (1949 bis 1953) saßen über ein halbes Dutzend kleinerer weltanschaulicher oder regionaler Parteien. Jede von ihnen vertrat irgendein Segment des Wählerwillens, behindert haben sie den Aufbau der Bundesrepublik nicht. Abgesehen von der KPD, war es vielmehr die zweitgrößte Partei, von der Westintegration, freie Marktwirtschaft und europäische Einigung erbittert bekämpft wurden. Die Sperrklausel, von der die kleinen Parteien schließlich dezimiert wurden, hatte wirklich nur den Zweck, die Exklusivität der Großen zu sichern. Lebendiger wurde das Parlament davon nicht. Es sollte ein Ort der Rhetorik, des Meinungsstreites, auch der Polemik sein. Ein interessantes Parlament lebt von der Vielfalt der Meinungen, von der Klarheit der Alternativen. In den fünfziger und sechziger Jahren konnten Bundestagssitzungen spannend, ja faszinierend sein. Jetzt sind sie nur noch langweilig. Große Parlamentarier wie Thomas Dehler, Carlo Schmid oder Baron Guttenberg würden sich dort heute fremd fühlen.

Am 3. Dezember 1968 mußte das Bundesverfassungsgericht die Parteien wieder einmal in die Schranken verweisen: es erklärte die 2,5%-Klausel bei der Erstattung der Wahlkampfkosten für verfassungswidrig, weil sie gegen den Gleichheitsgrundsatz verstieß. Die Sperrklausel dürfe nicht höher als 0,5% sein. Denn, so folgerte das Gericht etwas willkürlich, wenn eine Partei 0,5% der Zweitstimmen auf sich vereine, könne »die Ernsthaftigkeit ihrer Wahlkampfbemühungen« nicht bestritten werden.

Nachdem die Richter die Latte so tief gelegt hatten, zeigte sich bald, daß sich die Parteien mit der Wahlkampfkostenerstattung selbst eine Falle gestellt hatten. Dadurch wurde nämlich der Aufbau neuer Parteien erleichtert, von denen die Grünen als erste in den Bundestag einzogen. Das hatten die etablierten Parteien selbstverständlich nicht gewollt. Die Splitterparteien – auch die Grünen fingen als solche einmal an –

waren auf staatliche Mittel stärker angewiesen als die großen Parteien. Manche wurden zunächst auch deswegen gegründet, um an die staatliche Krippe zu gelangen. Der ungezügelte finanzielle Appetit der etablierten Parteien zerstörte die Exklusivität des Kartells, weil die Verfassungsrichter die anfänglich geplante Diskriminierung der kleineren Konkurrenz nicht akzeptieren konnten.

1974 wurde die Wahlkampfkostenerstattung auf 3,50 Mark erhöht, 1984 – rückwirkend für die Bundestagswahl 1983 – auf fünf Mark. Gezahlt wird bei Bundestags- und Landtagswahlen, seit 1979 auch bei Europawahlen, nicht jedoch für Kommunalwahlen. Die Kommunalwahlen werden aus der großen Kriegskasse linkshändig mitfinanziert. Hätte man sie auch noch einbezogen, dann wären die freien Wählergemeinschaften anspruchsberechtigt gewesen. So gehen sie leer aus und sind drastisch benachteiligt, schneiden aber dennoch oft glänzend ab – was wieder einmal beweist, daß Wählerstimmen nicht nur käuflich sind. Sie folgen manchmal sogar den besseren Argumenten.

Eine besonders raffinierte Manipulation, die bereits in das Parteiengesetz vom 24. Juli 1967 eingebaut worden war, entzog sich lange Zeit der Aufmerksamkeit des Publikums: das Kopfgeld von zunächst 2,50 Mark und zuletzt fünf Mark wird nicht je Wähler, sondern je Wahlberechtigten gezahlt. Mit diesem Trick setzte man das Leistungsprinzip außer Kraft. Der Wähler wurde der Möglichkeit beraubt, die Parteien durch Wahlenthaltung an ihrer empfindlichsten Stelle zu treffen. Damit bewiesen sie kluge Voraussicht. Denn seit 1972, als sie bei 91,1 % lag, sinkt die Wahlbeteiligung im Trend. Bei den Bundestagswahlen 1987 gingen nur noch 84,3 % zur Urne – weniger als 1953.

Kassiert wird aber, als läge die Wahlbeteiligung immer bei 100 % und als gäbe es keine Stimmenthaltungen. So wurde für die 45,3 Millionen Wahlberechtigten bei der Bundestagswahl 1987 226,5 Millionen Mark ausgezahlt. Das Geld wurde im Verhältnis der gültigen Zweitstimmen auf die Parteien verteilt, für die mindestens 0,5 % der Wähler votiert hatten. Bei Landtagswahlen liegen die Quoten teilweise bei 1 oder 1,5 %.

So dubios diese Art der Wahlkampfkostenerstattung auch sein mag, die Parteien gaben sich damit nicht zufrieden. Der zweite Zugriff auf die öffentlichen Kassen erfolgte in Form der Steuerbegünstigung von Spenden. Auch hier wurde mehr als einmal gegen Recht und Gesetz verstoßen, die Gerichte mußten intervenieren, aber am Ende kamen die Parteien doch wieder auf ihre Rechnung.

Problematisch bei großen Parteispenden ist zum einen, daß die Spender vielleicht Einfluß auf die Politik nehmen, daß bestimmte Parteien bevorzugt werden könnten und daß dem Fiskus Steuereinnahmen verlorengehen, sofern die Spenden von der Steuer abgesetzt werden. Dann zahlt die Staatskasse mit.

Die Rechtsprechung des Bundesverfassungsgerichtes und die daraus resultierende Gesetzgebung waren zunächst restriktiv. Bis 1979 konnten Spenden und Beiträge nur in Höhe von 600 Mark, bis 1983 in Höhe von 1800 Mark jährlich von der Steuer abgesetzt werden. Das war den Parteien zu wenig, denn wer spendet schon gerne ohne Steuervorteil. Die Schatzmeister der Parteien umgingen das Gesetz, indem sie riesige Gelder auf verschlungenen Pfaden, manchmal sogar über ausländische Institutionen in die Parteikassen schleusten. Die späteren Strafverfahren, in denen Politiker und Unternehmer wegen Steuerhinterziehung angeklagt und auch verurteilt wurden, erregten größtes Aufsehen und trugen entscheidend dazu bei, das Parteiensystem in Verruf zu bringen.

Die Parteien dachten aber gar nicht daran, sich künftig an die Rechtslage zu halten. Sie paßten stattdessen das Recht der korrupten Praxis an. Sie dehnten die Steuerbegünstigung von Parteispenden so weit aus, daß sie illegale Manipulationen nicht mehr nötig hatten.

1983 legte eine Parteienfinanzierungskommission ihren Bericht vor. Ihre Mitglieder waren, wie kann es anders sein, von den Parteien selbst ausgewählt worden. Die Kommission schlug vor, Spenden bis zu einer Höhe von 5% des Einkommens (oder 2 v.T. der Summe aus Löhnen und Umsätzen) steuerlich absetzbar zu machen. Da kaum anzunehmen war, daß jemand mehr als 5% seines Einkommens – vielleicht sogar Jahr für Jahr – für die höheren Zwecke der demokratischen Parteien abzweigen wollte, existierte keine fühlbare Obergrenze mehr. Außerdem sollten Parteimitglieder und Kleinspender einen 50prozentigen Zuschuß aus der Staatskasse für Spenden und Mitgliederbeiträge bis zu einer jährlichen Höhe von 1200 Mark (bei Verheirateten 2400 Mark) erhalten.

Diese Vorschläge, die in den westlichen Demokratien ohne Beispiel sind, wurden noch im Dezember 1983 Gesetz. Das Gesetz aber war – wieder einmal – unsauber. Am 14. Juli 1986 erklärte das Bundesverfassungsgericht die Regel für verfassungswidrig und setzte eine Obergrenze für den steuerlichen Abzug von Parteispenden bei 100 000 Mark. Damit konnten die Parteien leben, sie ließen sich 1988 sogar herbei, den steuerlichen Höchstbetrag auf 60 000 Mark beziehungsweise 120 000 Mark für Verheiratete zu beschränken. Der Steuervorteil gilt auch für juristische Personen. Gleichzeitig beschloß der Gesetzgeber, daß die Namen der Spender nicht mehr ab 20000, sondern erst ab 40000 Mark zu veröffentlichen seien. Die Publizitätsgrenze wurde verdoppelt, denn Spender bleiben gerne anonym.

Die unabhängigen Wählergemeinschaften sind bis heute trotz wiederholter Entscheidungen des Bundesverfassungsgerichtes benachteiligt. Spenden an die Wählergemeinschaften dürfen zwar seit 1988 bis zu 1200 Mark mit 50% von der Steuerschuld abgezogen werden, was eine maximale Steuerersparnis für den Spender von 600 Mark bedeutet. Aber das ist alles. In den Genuß der weitaus höheren Grenze für Großspenden kommen die Wählergemeinschaften nicht. Wer dagegen einer Partei 60 000 Mark spendet und sein Einkommen mit 50% versteuert, ermäßigt seine Einkommenssteuer um 30 000 Mark. Das kann er Jahr für Jahr tun. Die Aufzucht von Kindern wird vom Parteienstaat weniger generös honoriert: 1986 lag der Kinderfreibetrag bei 2484 Mark, 1990 soll er auf 3024 Mark steigen. Ein reizendes Verhältnis zwischen der Förderung von (später steuerzahlenden) Kindern und (steuerkonsumierenden) Parteien.

Wer nun vielleicht denkt, mit Wahlkampfkostenpauschale und Spendenbegünstigungen seien die Parteien zufrieden gewesen, der täuscht sich gründlich. Sie befürchteten nämlich, nachdem sie sich so bequem gebettet hatten, daß die eine mehr profitieren könne als die andere. Sie sahen das Prinzip der Gleichheit, genauer, das der Chancengleichheit, bedroht. Es mußte folglich ein Ausgleich geschaffen werden.

Hätte man die steuerliche Absetzbarkeit der Spenden nicht vorher so stark ausgedehnt, dann wäre die Gefahr ungleicher Chancen erst gar nicht entstanden. Aber, wie so oft, machte das eine Gesetz ein zweites notwendig, um die Unzulänglichkeiten des ersten zu korrigieren. So wurde der sogenannte »Chancenausgleich« geboren. Die in der Bundesrepublik fest verwurzelte Vorstellung, daß jeder die gleichen Chancen haben müsse, wurde gnadenlos in klingende Münze verwandelt.

Der »Chancenausgleich« hatte natürlich mit dem Ausgleich von Chancen ebenso viel zu tun wie die sogenannte »Wahlkampfkostenerstattung« mit den wirklichen Kosten der Wahlkämpfe. Aber die Vokabel klang gut, weil sich in einer sozialen Demokratie gegen den Ausgleich von Chancen schlechterdings nicht argumentieren läßt. Schließlich tut das Parlament im Zuge der Umverteilung ja auch nichts anderes, als endlos Chancen auszugleichen – und zwar auf stets höherem Niveau.

Hinzu kam, daß die Formel, nach der die angeblichen Ungleichheiten des Gesetzes vom Dezember 1983 ausgeglichen wurden, so kompliziert war, daß sie kaum jemand verstand. Deswegen fiel sie auch nicht der öffentlichen Kritik anheim. Wie wir später erläutern werden, verstanden sie die Abgeordneten auch nicht – Umverteilungsstaat en miniature.

Der Experte Professor von Arnim erklärt folgendermaßen, wie der 1983 eingeführte Chancenausgleich berechnet wurde: »Die Summe aus Spenden und Mitgliedsbeiträgen einer jeden Partei wurde mit einem angenommenen durchschnittlichen Steuersatz von 40 v.H. multipliziert, um die darin enthaltene Steuerbegünstigung zu ermitteln, und sodann mit der Anzahl der Zweitstimmen, die die Partei erhalten hatte, gewichtet (Ausgangsbetrag). Die Partei mit dem höchsten Ausgangsbetrag wurde zur Maßstabspartei für die Zahlungen an alle anderen. Jede Partei erhielt Zahlungen entsprechend der Differenz zwischen ihrem und dem maximalen Ausgangsbetrag, multipliziert mit ihrer jeweiligen Stimmenzahl. Am Chancenausgleich nahmen alle Parteien teil, die mindestens 0,5 v. H. der Stimmen bei der letzten Bundestagswahl erreicht hatten. Um Verzerrungen durch absterbende Parteien mit noch hoher Eigenfinanzierung, aber geringer Stimmenzahl zu vermeiden, konnten Maßstabsparteien nur solche mit mindestens 5 v. H. der Stimmen werden.«

Das war kompliziert genug, um keinen Verdacht zu erregen – aber zu kompliziert, um zu funktionieren. Wie bei vielen anderen Gesetzen wußten die Parteien auch hier nicht genau, was sie eigentlich beschlossen. Selbst die Schatzmeister der Parteien, die derartige Wohltaten immer erst unter sich vereinbaren, bevor sie das Parlament darüber abstimmen lassen, hatten sich verrechnet.

In der Praxis stellte sich nämlich heraus, daß die Grünen in den Jahren 1986 bis 1988 10,6 Millionen Mark nach diesem sogenannten »Chancenausgleich« in die Hand bekamen, die SPD aber nur 1,9 Millionen.

Ausgezahlt wurde immer zwei Jahre nach den Rechnungsjahren der Parteien. Zum Beispiel wurde für das Rechnungsjahr 1984 im Jahr 1986 gezahlt.

Die FDP erhielt von 1986 bis 1988 7,1 Millionen, die CDU 6,7 und die CSU 7 Milionen Mark. Die großen Profiteure waren demnach die Grünen, denen die Kartellparteien damals noch nicht wohlgesonnen waren, die SPD ging fast leer aus. Von Chancengleichheit konnte hier nun wirklich keine Rede sein. Wenn die etablierten Parteien schon in eigener Sache so gründlich arbeiten, wie muß es da erst anderswo zugehen.

Dabei sollte der Chancenausgleich vor allem die SPD begünstigen. Sie sollte dafür entschädigt werden, daß sie weniger große Spenden erhielt als Union und FDP. Der Zweck wurde deswegen verfehlt, weil in der Berechnungsformel auch die Mitgliederbeiträge (gewichtet nach dem Anteil an Wählerstimmen) berücksichtigt worden waren. Die SPD hatte aber 1987 mit 910 063 deutlich mehr Mitglieder als die CDU, die nur 705 821 auswies. Dafür wurde die SPD sozusagen bestraft. Die CSU hatte 184 293, die FDP 64 873 und die grüne Partei 39 479 Mitglieder.

Ebenso bezeichnend wie dem Sinne nach undemokratisch aber ist es, daß die Parteien überhaupt auf die Ideen kamen, sie müßten den unterschiedlichen Mitgliederstand finanziell aus der Staatskasse ausgleichen. Dazu Professor von Arnim: »Wenn es einer Partei nicht gelingt, viele Mitglieder (und damit Beiträge) zu gewinnen, beruht das nicht auf einer Verzerrung des Wettbewerbs, die ausgeglichen werden könnte, sondern auf dem geringeren Erfolg der Partei im allgemeinen Wettbewerb um Unterstützung durch die Masse der Bürger. Wenn die Partei bei der Mitgliederwerbung geringen Erfolg hat, erscheint dies ebensowenig ausgleichsfähig, wie wenn sie bei der Erreichung von Wählerstimmen wenig Erfolg hat und deshalb nur geringe Wahlkampfkostenerstattung erhält.«

Daß sich die beiden großen Parteien mit den Lottogewinnen der Grünen, aber auch dem Vorteil für FDP und CSU, nicht abfinden wollten, versteht sich von selbst. Ergo: Die Chancen nach dem im Dezember 1983 beschlossenen Chancenausgleich mußten neu ausgeglichen werden.

1988 wurde ein neuer Chancenausgleich ausgebrütet. Die Formel war aber nun so lang und diffizil, daß wir sie hier beim besten Willen nicht abdrucken können. Selbst der Verwaltungswissenschaftler von Arnim meinte, sie ließe sich nur »in schematisierten formelhaften Rechenschritten« wiedergeben. Immerhin war garantiert, daß der Wähler nicht durchschauen würde, was in Bonn da vor sich ging.

Die neue Regelung gilt seit dem 1. Januar 1989. Der hauptsächliche Unterschied zur alten besteht darin, daß nun der Chancenausgleich für Mitgliederbeiträge und Spenden getrennt errechnet und daraus das arithmetische Mittel gebildet wird. Die Mitgliederbeiträge werden nicht mehr wie früher nach der Zahl der Wähler, sondern nach der der Mitglieder gewichtet. Je geringer der durchschnittliche Beitrag ist, den die Mitglieder an eine Partei entrichten, desto mehr Geld erhält sie auf dem Wege des staatlichen Ausgleichs. (Die Mitglieder der grünen Partei zahlen die höchsten, die der CSU die niedrigsten Beiträge).

Die Möglichkeiten, wie sich der neue Chancenausgleich in Zukunft mißbrauchen läßt, lassen sich unschwer erahnen. Die Parteien werden zum Beispiel gesteigerten Wert auf Karteileichen legen, die es zwar immer gab, die sich jetzt aber auch noch vergolden lassen. Denn viele nicht-zahlende Mitglieder, die sogenannten »Karteileichen«, drücken den Durchschnittswert der Mitgliederbeiträge – und erhöhen damit den Anspruch auf Chancenausgleich. Derartiges kontrollieren zu wollen, ist eine Illusion. Schon der ehemalige Bundestagspräsident Jenninger äußerte Zweifel daran, ob die für die Parteien zuständigen Wirtschaftsprüfer überhaupt hinreichende Kenntnisse des Parteiengesetzes haben.

Manipulieren können die Parteien aber auch, indem sie je nach Bedarf Mitgliederbeiträge und Spenden hin- und herschieben. Statt Beitragserhöhungen könnten sie zum Beispiel Sonderumlagen beschließen, die nach dem Parteiengesetz als Spenden behandelt werden. Gelingt es erst einmal, das Spendenaufkommen der Maßstabspartei, an der sich der Chancenausgleich für die anderen orientiert, künstlich zu erhöhen, dann erhalten alle anderen Parteien mehr Spendenausgleich – ein nach Meinung Professor von Arnims »geradezu schlaraffenlandähnlicher Mechanismus«.

Die Grünen praktizieren das sogar schon. Ihre Fraktionsmitglieder, deren Diäten offenbar zu hoch angesetzt sind, führen davon jährlich etwa sechs Millionen Mark an die Partei ab. Dort werden die Gelder als Spenden, nicht als Beiträge verbucht.

Irrwitzig ist aber auch, daß seit dem 1. Januar 1989 Parteien mit niedrigen Mitgliederbeiträgen begünstigt und solche, die ihren Mitgliedern mehr abverlangen, benachteiligt werden. Wenn eine Partei wegen geringer sonstiger Einnahmen die Beiträge erhöht, wird sie beim Chancenausgleich dafür bestraft. Und sie hilft damit automatisch der Konkurrenz, die nun einen höheren Chancenausgleich erhält. Das System führt die Parteien tiefer und tiefer in die Abhängigkeit vom Staat, was sie freilich nicht stört, da sie den Staat ganz gut im Griff haben.

Eingeweihten stellte sich schon 1988 die Frage, ob der neue Chancenausgleich unter dem Strich mehr oder weniger hergeben werde als die alte Regelung. War es denkbar, daß die Parteien den Chancenausgleich nicht nur »gerechter« gestaltet, sondern auch insgesamt reduziert hatten?

Es war angeblich denkbar. Im Vorblatt des entsprechenden Gesetzentwurfs vom 8. Juni 1988 hieß es wörtlich: »Ob und in welcher Höhe zusätzliche Kosten für die Änderungen beim Chancenausgleich entstehen, oder ob dies zu Minderausgaben führt, ist nicht absehbar. Die – theoretisch mögliche – maximale Mehrbelastung könnte bei höchstens neun Millionen DM liegen. Die theoretisch mögliche – maximale Minderbelastung könnte bei 14 Millionen DM liegen.«

Das Mittel der beiden maximalen Schätzungen suggerierte, daß der neue Chancenausgleich den Parteien weniger bringen werde als der alte – ein Eindruck, der durchaus beabsichtigt war. Wußten die Parteien wieder einmal nicht, was sie beschlossen? Diesmal wußten sie es durchaus. In einem streng geheimen Papier vom 17. Mai 1988 – also noch vor dem Gesetzentwurf – hatten die Parteischatzmeister die Auswirkungen des neuen Chancenausgleichs bereits ermittelt. Sie waren zu dem

Ergebnis gekommen, daß die Reform mehr Geld abwerfen werde. Im oben zitierten Gesetzentwurf wurde das geschickt verschleiert.

Vernebelt wurde auch in der Plenardebatte des Bundestages vom 9. Dezember 1988. Als der Vorsitzende des Innenausschusses nach den finanziellen Auswirkungen des Chancenausgleiches gefragt wurde, lehnte er eine Auskunft mit der Bemerkung ab, er sei ein schlechter Rechner. So werden in Bonn Gesetze gemacht!

Der Vorsitzende, ein SPD-Abgeordneter namens Hans Gottfried Bernrath, erklärte wörtlich: »In den Beratungen hat die Fraktion der Grünen moniert, daß der Chancenausgleich nur sehr kompliziert errechnet werden kann.« An dieser Stelle rief eine grüne Abgeordnete: »Wir haben Sie aufgefordert, das vorzurechnen.« Bernrath antwortete: »Mit Rücksicht darauf, daß wir beide schlecht rechnen können, haben wir darauf verzichtet. Wir haben ausdrücklich darauf verzichtet, da es aus dem Wortlaut heraus sehr schwer ist; das ist in der Sache immer so.« (Wie man sieht, leisten sich die Grünen gerne den Luxus, etwas zu kritisieren, wovon sie am Ende doch profitieren.)

In der freien Wirtschaft täte sich der Abgeordnete Bernrath ziemlich schwer. Dort verlangt man von Mitarbeitern seiner Gehaltsstufe, daß sie rechnen können. Bernraths Aufenthalt in der freien Wirtschaft war freilich kein langer und erfolgreicher. Er beschränkte sich auf ein paar Monate. Im Bundestagshandbuch findet man dazu nur die Eintragung: »1946 Abitur in Neuss. 1946/47 Tätigkeit in verschiedenen Industriebetrieben.« Kaum hatte seine industrielle Karriere begonnen, endete sie auch schon. Ab 1948 war er Mitglied der Postgewerkschaft und bei der Deutschen Bundespost, später als Ministerialdirektor Leiter der Personalabteilung im Postministerium, stellvertretender Verwaltungsrat der Bundespost und auch noch Fernsehrat beim ZDF. Ein typischer Berufspolitiker: Beamtenstatus, Gewerkschaftsfunktionär, schlechtes Deutsch, Aufpasser der Journalisten beim ZDF, Vertreter des ganzen Volkes, an Aufträge und Weisungen nicht gebunden und nur seinem Gewissen unterworfen. Wenn über »Staatsknete« beschlossen wird, wie das die Grünen so schön nennen, weiß er sogar, daß hier nicht zur Unzeit nachgerechnet werden darf.

Wahrscheinlich, verehrte Leser, ahnen Sie bereits, welch schrecklicher Wahrheit Hans Gottfried Bernrath an jenem 9. Dezember 1988 aus dem Weg ging: der ab 1. Januar 1989 geltende neue Chancenausgleich führte nämlich dazu, daß die Parteien für das Jahr 1989 insgesamt 23,4 Millionen Mark erhielten. Die Steigerung betrug 111 %, denn im Durchschnitt der vorangegangenen drei Jahre hatte der Chancenausgleich bei 11,1 Millionen Mark gelegen.

Vom Wunsch beseelt, den ungerecht verteilten Kuchen nun aber wirklich chancengleich zu portionieren, hatten die Parteien einfach dafür gesorgt, daß er doppelt so groß wurde.

Die SPD bekam nun 9,1 statt (noch 1988) 1,9 Millionen. Die CDU, die 1988 gar nichts bekommen hatte, erhielt 6,4 Millionen. Die Grünen aber, die nach dem alten Chancenausgleich das große Los gezogen hatten, wären 1989 beinahe leer ausgegangen.

Nach dem neuen Chancenausgleich sollten sie ganze

100 000 Mark aus der Staatskasse erhalten. Ein gerechter Ausgleich für die frühere Überzahlung, sollte man meinen. Aber zugleich eine »soziale Härte«, die den Systemveränderern nicht zugemutet werden konnte.

Das Kartell hatte denn auch rechtzeitig beschlossen, daß für 1989 und 1990 bei solchen Parteien, »für die die geänderten Bestimmungen zu geringeren Auszahlungsbeträgen führen würden«, noch nach altem Recht gezahlt wird. Die großen Parteien wurden selbstverständlich nach neuem Recht bezahlt, weil sie so besser abschnitten. Und zum Nutzen der Grünen (auch der FDP) wurde die Übergangsregelung für 1989 und 1990 geschaffen. Es ging den großen Parteien schlicht und einfach darum, die Grünen zu kaufen und ruhig zu stellen.

Jahrelang hatten die etablierten Parteien erklärt, mit den Grünen nichts zu tun haben zu wollen. In Wirklichkeit sorgten sie nolens volens dafür, daß aus den Revoluzzern, dank staatlicher Alimentierung, eine sehr wohlhabende Partei wurde, die es sich sogar leisten kann, Kredite an Ökobetriebe zu vergeben. Merke: Ein voller Bauch rebelliert nicht gern.

Chancenausgleich bei Spenden, Chancenausgleich bei Mitgliederbeiträgen, Übergangsregelung für 1989/90, hohe steuerliche Spendenbegünstigung, Wahlkampfkostenerstattung bei Bundestags-, Europa- und Landtagswahlen – all dies war den Parteien immer noch nicht genug. Zu allem Überfluß mußte auch noch ein »Sockelbetrag« eingeführt werden. Die Semantik ist bewundernswert: »Chancenausgleich« deutete auf einen hohen Standart sozialer Gerechtigkeit hin, »Sockelbetrag« hört sich grundsolide, fast bescheiden an.

Daß staatstragende Parteien auf einem festen Sockel ruhen müssen, leuchtet ein.

Der Sockelbetrag wird seit dem 1. Januar 1989 bezahlt. Danach erhält jede Partei mit mindestens 2 % der Zweitstimmen bei Bundestagswahlen (zusätzlich zu den 5 Mark je Wahlberechtigten) einen Betrag, der 6 % der gesamten, allen Parteien zustehenden Wahlkampfkostenpauschale ausmacht. Die Obergrenze pro Partei liegt bei 80 % der regulären Wahlkampfkostenpauschale. Diese Obergrenze wirkt sich nur bei Parteien aus, die weniger als 7,5 % der Stimmen erzielen. Wichtig ist: mit dem Sockelbetrag haben die fünf Bundestagsparteien die Wahlkampfkostenerstattung – unter einem ganz unverdächtigen Titel – noch einmal um 30 % erhöht.

Während die Pauschale von 5 Mark (abgesehen davon, daß sie sich nicht auf die Wähler, sondern auf die Wahlberechtigten bezieht) vom Wahlergebnis abhängt, wird der Sockelbetrag an die Parteien in absolut gleicher Höhe ausgezahlt. Wenn man von den Wahlberechtigten bei der Bundestagswahl 1987 (45,3 Millionen) ausgeht, dann kommen zur bisherigen Pauschale von 226 Millionen Mark 68 Millionen hinzu. Diese werden gleichmäßig verteilt, so daß auf jede Partei 13,6 Millionen entfallen würden. Die Gewinner beim Sockelbetrag sind die kleinen Parteien innerhalb und (eventuell) außerhalb des Bundestages, weil sie trotz geringerer Auslagen dasselbe Geld erhalten. Mit anderen Worten: die Geldgier der Bundestagsparteien ist so groß, daß sie es sogar in Kauf nehmen, nun auch mit dem Sockelbetrag extreme Parteien (sofern sie 2 % übersteigen) mitzufinanzieren. Daß die Grünen, die

die Verhältnisse in der Bundesrepublik gerne radikal ändern würden, mit am Euter der Staatskuh hängen, stört ohnehin niemanden mehr.

Professor von Arnim meinte denn auch: »Der eigentliche Grund für die Einführung des Sockels lag darin, die kleinen Parteien, die bisher vom Chancenausgleich unangemessen profitiert hatten, zu entschädigen und so ihre Zustimmung zur Neuregelung zu erkaufen. Daß die Bundestagsparteien bei Entscheidungen in eigener Sache ein Allparteienkartell anstreben, um jede mögliche Opposition einzubinden und die öffentliche Kritik jedenfalls seitens der Bundestagsparteien von vornherein sozusagen in Geld zu ersticken, kann nicht als rechtfertigender Grund anerkannt werden.«

Der Bund der Steuerzahler, für den der Professor schon mehrere Expertisen erstellt hat, bleibt in diesem von Parteien unterwanderten Staat die einzige wirksame Kontrollinstanz. Wer sonst sollte ihnen auf die Finger schauen? Die Fraktionen sind zwar nicht identisch mit den Parteien, aber in Fragen der Parteienfinanzierung deren ausführendes Organ. Das Verfassungsgericht, das längst nicht mehr frei von parteilichen Einflüssen ist, führt nur Rückzugsgefechte. Die Fernsehanstalten legen sehr selten, die Zeitungen öfters den Finger auf die Wunde. Sie stützen sich dann regelmäßig auf das Material des Bundes der Steuerzahler. Am kontinuierlichsten informiert wohl der »Spiegel« über die Auswüchse bundesdeutscher Parteienkorruption. Ohne eine finanziell unabhängige und freie Presse wäre der Mief unerträglich.

Die Vorstellung, daß mit Steuergeldern sparsam umzugehen sei, kommt manchem Abgeordneten so exotisch vor, daß sie für die immer sachlich begründete Kritik des Bundes der Steuerzahler kein Verständnis aufzubringen vermögen. Die Arbeit dieser Organisation wird als äußerst lästig empfunden. Der Feind des parlamentarischen Systems wird immer nur außerhalb, nie in den Parteien selbst ausgemacht. Der grüne Abgeordnete Gerald Häfner hatte dazu im Bundestag folgendes anzumerken: »Ich habe den Eindruck, es gibt für diejenigen Abgeordneten, die sich hier so freigiebig aus Steuergeldern bedienen wollen, nichts Ärgerlicheres und Schlimmeres, als daß sich auch die Steuerzahler einmal zu Wort melden und ihre Interessen vertreten. Sie haben ein merkwürdiges Bild von Demokratie. Als gute Demokraten müßten sie sich eigentlich freuen, statt hier ständig die deutlichen Äußerungen vom Bund der Steuerzahler in den Dreck zu ziehen.«

1968 noch, als die Parteien zum ersten Mal Rechenschaftsberichte veröffentlichten, kassierten sie rund 540 Millionen Mark, umgerechnet auf eine Legislaturperiode. Damals gab es weder Sockelbetrag noch Chancenausgleich, und jeder Wahlberechtigte war ihnen noch 2,50 Mark statt 5 Mark wert. Diese schon damals hübsche Summe von 540 Millionen wurde bis zum Ende der achtziger Jahre um 550% erhöht. In derselben Periode ist der Preisindex für die Lebenshaltung der privaten Haushalte um 117% gestiegen. Es gelang, die Inflation zu schlagen.

Rund 3,5 Milliarden Mark pro Legislaturperiode kostete der Parteienstaat nach dem Stand von 1989. Nicht berücksichtigt dabei sind: die Zahlungen an kommunale Fraktionen und an die Fraktionen des Europäischen Parlaments, die Diäten, sowie der Anteil an den Diäten, den die Abgeordneten ihren Parteien überweisen.

Die 3,5 Milliarden setzen sich zusammen aus: 618 Millionen Mark Wahlkampfkostenerstattung für Bundestags-, Landtags- und Europawahlen, 68 Millionen Mark Sockelbetrag, 72 Millionen Mark Chancenausgleich, 592 Millionen Mark Zahlungen an Bundestags- und Landtagsfraktionen, 1,7 Milliarden Mark an die politischen Stiftungen der Bundestagsparteien und rund 480 Millionen Mark, die der Fiskus bei Parteispenden und Mitgliederbeiträgen per Steuervergünstigung zuschießt.

Die deutschen Parteien liegen damit international an der Spitze. Anderswo wäre die Öffentlichkeit gar nicht bereit, derartige Exzesse der Selbstbedienung zu dulden. In der Schweiz ist die staatliche Unterstützung der Parteien minimal und geringer als überall sonst – die Demokratie in der Eidgenossenschaft scheint nicht darunter gelitten zu haben. Italien, Österreich und Schweden kennen die hohen Steuervergünstigungen nach deutschem Vorbild überhaupt nicht. Und in Frankreich und Großbritannien fand ein Experte heraus, daß sich die dortigen Parteien »dem Wettlauf um öffentliche Mittel für die Parteienfinanzierung bislang weitgehend entzogen haben«.

Wenn Geld jemals den Charakter verdarb, dann das Geld, in dem die Parteien der Bundesrepublik Deutschland schwimmen. Es wurde zum Dünger einer politischen Subkultur, aus der die Ideen entwichen sind, die vor allem für sich selbst existiert. Das System ist reif für eine Kulturrevolution.

Mehr Geld, so erkannte Professor von Arnim, bedeutet auch mehr Macht. »Geld bindet Personen und eröffnet den Zugriff auf machtpolitische Ressourcen. Immer mehr Menschen wird es möglich, schon in jungen und jüngsten Jahren von der Politik zu leben. Sie werden so früh in machtorientiertes Denken eingeübt, daß sie anderes bisweilen gar nicht mehr kennenlernen. Ein Zuviel an Staatsfinanzierung enthebt die Parteien der Notwendigkeit, sich noch um den Kontakt mit ihrer Wählerschaft zu bemühen, begünstigt Verkrustung und Bürokratisierung und kann die Parteien den Wählern entfremden.«

Die Bundesrepublik Deutschland ist, um Ernst Forsthoff zu zitieren, ein Staat der Industriegesellschaft. Die im 19. Jahrhundert noch scharfe Trennung zwischen Staat und Gesellschaft wurde verwischt, die Verbände fordern und intervenieren nach Belieben, die Parteien haben sich den Staat zur Beute gemacht. Die Endkosten der Parteienherrschaft übersteigen bei weitem jene 3,5 Milliarden, die sie direkt aus den öffentlichen Kassen entnehmen.

Die Parteienherrschaft ist teuer, weil sie ein Patronage-System ist. Der Begriff geht auf das 18. Jahrhundert zurück, als ein Beamter des englischen Schatzamtes, der »Patronage Secretary«, durch einen im Unterhaus eingebauten Schalter den Abgeordneten mit Geld gefüllte Couverts überreichte, damit sie für die Regierung stimmten.

Die Patronage im ausgehenden 20. Jahrhundert ist weniger harmlos. Sie beruht darauf, daß die Parteien ihren Gefolgsleuten nicht nur parlamentarische Posten auf vier Ebenen zu offerieren haben, sondern auch Aufnahme mit Versorgung auf Lebenszeit in einem aufgeblähten Beamtenapparat sowie hochdotierte Posten in wirtschaftlichen Unternehmen. Die öffentlichen Betriebe werden von den Parteien als ihre Domäne angesehen. Die Vorstellung, daß die staatliche Verwaltung parteifrei sein müßte, liegt außerhalb des Horizonts der Machthaber.

Parteien, so sagte einmal Max Weber, seien Vergesellschaftungen mit dem Zweck, ihren Mitgliedern Chancen zur Durchsetzung von sachlichen Zielen oder zur Erlangung von persönlichen Vorteilen zu verschaffen. Seitdem sich die Parteien in der Idee einig sind, keine zu haben, dominieren die persönlichen Vorteile als Organisationszweck.

Der Soziologe Robert Michels definierte die Parteiorganisation als »Mutter der Herrschaft der Gewählten über die Wähler, der Beauftragten über die Auftraggeber, der Delegierten über die Delegierenden«. In der Parteiorganisation sah Michels, der bis 1907 in der SPD aktiv war, den »Tod jeder Freiheit, des Programms und der Idee«.

Der englische Marquis of Halifax behauptete, die beste Partei sei »nichts als eine Verschwörung gegen den Rest der Nation«.

Und der Kritiker der zeitgenössischen deutschen Szene, Caspar von Schrenck-Notzing, kam zu dem lapidaren Urteil: »Im Parteienstaat ist die Ämterpatronage der Leim, der die Parteien zusammenhält.«

Das Ausmaß allein der wirtschaftlichen Verflechtungen ist unübersehbar. Wenn in den achtziger Jahren privatisiert wurde, waren es eher große, für die Pfründenwirtschaft weniger geeignete Firmen wie VEBA, VW und VIAG, als kleinere Beteiligungen oder die

Versorgungsunternehmen der Kommunen. Kaum jemand weiß, daß der Bund in Davos ein eigenes Erholungsheim besitzt, daß er unter dem Namen Fritz Werner an Handelsgesellschaften in Burma und Malaysia beteiligt ist, daß er sich in Toronto und Pittsburgh mit der Herstellung und dem Vertrieb von Druckmaschinen befaßt. Selbst der grundkapitalistische Freistaat Bayern sitzt in 250 Unternehmen, 50 besitzt er ganz. Zu den eher skurillen Details zählt, daß die Brauerei Weihenstephan nicht nur staatlich ist, sondern auch noch vom Steuerzahler mit 20 Millionen Mark unterstützt werden muß. Als sich Hamburg endlich dazu bereit fand, die Gaswerke zu privatisieren, wurden 55 % an die Hamburger Elektrizitätswerke (HEW) abgegeben. Die HEW gehört zu 71 % der Hamburger Gesellschaft für Beteiligungsverwaltung – und diese wiederum zu 100 % der Hansestadt Hamburg. So schließt sich der Kreis.

Der Filz ist fast nicht mehr auflösbar, und eine radikale Privatisierung öffentlicher Unternehmen in der Bundesrepublik scheiterte bisher daran, daß die Parteien mit der Privatisierung auch die Pfründe verlieren würden. Unternehmen der öffentlichen Hand wirtschaften meist teurer als private, so daß allein auf diesem Sektor unübersehbare Mehrkosten entstehen. Rechnet man die Milliardengeschenke hinzu, die vor jeder Wahl gemacht werden, um die Wähler zu kaufen, und berücksichtigt man die durch die parteipolitische Durchsetzung der staatlichen Verwaltung begünstigte Steuerverschwendung, dann dürften sich die Kosten der Parteiendemokratie auf über 50 Milliarden Mark per annum summieren. Um Beträge in dieser Größenordnung käme die Bundesrepublik Deutschland billiger, wenn die alten preußischen Grundsätze der Sparsamkeit, der absoluten finanziellen Integrität, des unpolitischen Berufsbeamtentums und der strikten Trennung zwischen Staat und Gesellschaft, zwischen Parteien und Staat wieder in Kraft gesetzt würden.

Allein die systemimmanente jährliche Steuerverschwendung beziffert der Bund der Steuerzahler auf 30 bis 40 Milliarden Mark. Regreßpflichtig sind die Verschwender nicht. Die Forderung der Steuerzahler, das Prinzip der Verantwortung einzuführen und einen Amtsankläger einzusetzen, war bisher in den Wind gesprochen. Die Patronage-Wirtschaft duldet keine Kontrolle.

An vielen Beispielen läßt sich nachweisen, daß die Grenze zur Verfassungswidrigkeit längst überschritten ist. Nach dem Beamtenrecht dient der Beamte »dem ganzen Volk, nicht einer Partei«. Nach den Statuten der Parteien hat »jedes Mitglied die Pflicht, die Ziele der Partei zu vertreten«. Logischerweise schließt sich beides aus, denn der Propagandabegriff der »Volkspartei« kann noch nicht so definiert werden, daß eine Partei das ganze Volk vertritt.

Dennoch werden – rechtswidrig – überall politische Beamte in die staatliche Verwaltung eingeschleust. In der Parteizentrale der CDU in Bonn, dem Konrad-Adenauer-Haus, steht ein Personalcomputer, der nach eigenen Angaben der Partei Mitglieder für den gehobenen und höheren Dienst in der Verwaltung vermittelt. Bundesweit haben sich in staatlichen Behörden mehr als 1000 parteiliche »Betriebsgruppen« gebildet. In Bonn gibt es kein einziges Ministerium ohne CDU-

oder SPD-Betriebsgruppe. Sie alle haben ausschließlich den Zweck, die Ziele ihrer Partei zu fördern, Personalpolitik zu machen und individuelle Karrieren voranzubringen. Wenn es dem Parlament ernst wäre mit Recht und Verfassung, müßte es die Betriebsgruppen umgehend verbieten.

In einer ARD-Sendung vom 20. Juli 1989 verriet ein Insider über die Betriebsgruppen: »Sie arbeiten verdeckt, sie treten nicht öffentlich auf, sie haben keine Anschläge am Schwarzen Brett. Nach Feierabend treffen sie sich in irgendwelchen Gaststätten, möglichst weit weg vom Ministerium, damit die übrigen Amtsangehörigen von ihrer Existenz nichts erfahren.«

Nirgendwo läßt sich die Klüngelwirtschaft besser studieren als in Köln. Alles, was sich in der Stadt aufteilen läßt, ist zwischen den Parteien aufgeteilt. Sie haben sich sogar schon aus öffentlichen Mitteln eigene Stadtviertel errichtet: seitenverkehrt im Osten einen CDU-Stadtteil, im Westen eine SPD-Stadt. Nachdem die SPD dort »ihre« Siedlung gebaut hatte, sprang ihr Anteil bei den Kommunalwahlen von früher 36 auf 62%.

Ein Wissenschaftler für Publizistik recherchierte die Lebensläufe von über 30 Kölner Fraktionsvorsitzenden und Fraktionsgeschäftsführern der CDU und SPD in den letzten 40 Jahren. Er fand heraus, daß ein kleinerer Teil Karriere als Berufspolitiker machte und der größere Teil zu Geschäftsführern, Direktoren oder Vorständen bei städtischen Betrieben avancierte. Das Einkommen konnte dabei in der Regel verdreifacht werden. Man versteht, warum die Parteien von einer Privatisierung öffentlicher Betriebe nichts halten.

Die Stadt Köln, wo die SPD die stärkste Fraktion stellt, hat in führender Position 52 Amtsleiter. Davon gehören 41 einer politischen Partei an. Die ehrenamtlichen Stadtverordneten finden nichts dabei, Freifahrkarten der städtischen Verkehrsbetriebe zu benutzen, pro Monat acht Karten für Oper und Schauspiel zu erhalten und Anspruch auf eine Chefarzt-Behandlung im Städtischen Krankenhaus zu haben. Im Aufsichtsrat der Kölner Verkehrsbetriebe sitzen zehn kommunale Abgeordnete, einschließlich eines Grünen. Auf den Posten kommunaler Betriebe verdienen Kölner Politiker zwischen 100 000 und 300 000 Mark im Jahr.

Was ist wohl eine »Leistungszulage zur Verminderung des negativen Zuwachses«? Es handelt sich um einen Bonus, der in Köln an kommunale Vorstandsmitglieder ausgezahlt wird, wenn es ihnen gelingt, die Defizite zu verringern – nicht etwa abzuschaffen oder in Überschüsse zu verwandeln.

Von »massenweisem Verfassungsbruch« sprach der Jurist von Arnim, als er auf die Kölner Sitten angesprochen wurde – und davon, daß auf die Veruntreuung öffentlichen Vermögens in schweren Fällen Freiheitsstrafen von bis zu zehn Jahren stehen.

Solange freilich die Wirtschaft der Bundesrepublik Deutschland floriert, solange genug Masse für Wahlgeschenke, Unterschleif und sinnlose Umverteilungen vorhanden ist, wird der Wähler bei aller Frustration wohl kaum revoltieren. Die Glasur des Wohlfahrtsstaates überdeckt die innere Fäulnis. Und es läßt sich argumentieren, daß tendenziell korrupte Parteien für den Zusammenhalt des Ganzen immer noch ungefährlicher sind als reine Weltanschauungs- oder Klassenparteien. Politiker, die vom Staat nur profitieren wollen, sind im Zweifelsfall solchen vorzuziehen, die ihn beseitigen möchten.

Aber so stellt sich die Alternative gar nicht. Und ganz durchsichtig ist der Vorwurf, die Kritiker der Parteienherrschaft schädigten das Ansehen des parlamentarischen Systems. Niemand kann bestreiten, daß dieses System nicht mehr so sauber, so offen und repräsentativ ist, wie es der Wähler gerne hätte. Der Unwille des Souveräns sitzt bereits tief, äußert sich aber bisher nur in zunehmender Wahlabstinenz und in gelegentlichen Flirts mit Parteien am Rande des Spektrums. In einer großen Wirtschaftskrise könnte das Abbröckeln schnell zu einer Massenabwanderung ausarten. Selbst Bundestagswahlergebnisse von unter 30 % für SPD und Union sind unter extremen Bedingungen nicht länger unvorstellbar.

Dabei wählen die Deutschen gerne, sogar lieber als die Bürger anderer großer Demokratien. Nur wird die Wahl zwischen Persil und Ariel nicht unbedingt als eine solche empfunden. Die Parteien würden dem Bürger einen großen Gefallen tun, wenn sie ihn zwischen klar unterscheidbaren Produkten wählen ließen, anstatt seine Intelligenz mit Platitüden zu beleidigen.

In den fünfziger Jahren wurde der Bundestag seiner Aufgabe gerecht, ein Forum für kontroverse Meinungen zu sein. Der Wähler konnte wählen – zwischen Westintegration und Neutralismus, zwischen Wiederbewaffnung und Pazifismus, zwischen Marktwirtschaft und sozialistischer Planwirtschaft. Anfang der siebziger Jahre ließen die Ostverträge noch einmal Spannung aufkommen, obwohl ihre außenpolitische

Bedeutung immer überschätzt wurde. Daß die Brandt-Regierung damals die Teilung Deutschlands und die sogenannten Realitäten in Europa anerkannte, erwies sich spätestens 1989 als wirkungslos. Der Lauf der Geschichte in Europa wurde nicht von Bonn aus gelenkt.

In der ersten und auch noch in der zweiten Legislaturperiode boten Union und SPD Alternativen, und mehrere kleine Parteien machten das Angebot noch farbiger. Als letzte schied die Deutsche Partei aus. 1961 war in Bonn endgültig das Drei-Parteien-System aus CDU, SPD und FDP installiert. Die CSU als profilierte liberal-konservative Partei paßte da nie ganz hinein. Sie schaffte es manchmal sogar, Regierung und Opposition zugleich zu spielen. Auch nach dem Tod von Strauß wird sie – bei dem Selbstbewußtsein der Bayern – nicht zu einem bloßen Landesverband der Union degenerieren. Die CSU stellt immer noch die potentielle Basis einer gesamtdeutschen liberal-konservativen Partei dar – jener »vierten Partei«, die Strauß erst anstrebte und dem Wähler dann doch vorenthielt.

Das Drei-Parteien-System lief auf eine Düpierung des Wählers hinaus. Es war ein einfaches Rechenexempel: da unter normalen Umständen in der Bundesrepublik sowohl Union als auch SPD die absolute Mehrheit verfehlen, blieben sie seit 1961 immer auf einen Koalitionspartner angewiesen. Das war – mit der einen Ausnahme der Großen Koalition – die FDP. Nicht der Souverän, sondern die FDP entschied darüber, ob Sozialdemokraten oder Christdemokraten an der Macht blieben oder abgelöst wurden. Man konnte wählen, was man wollte, der undurchdringliche Genscher saß immer schon auf dem Ministersessel, noch bevor er sich von seinen christlichen oder sozialistischen Partnern einrahmen ließ. Demokratisch legitimiert war diese Sonderrolle, eine einzigartige Machtgarantie für eine Partei, eigentlich nie. Hätte der Wähler die FDP für politisch überzeugend und unentbehrlich gehalten, dann hätte er sie nicht so oft mit einstelligen Prozentzahlen abgespeist.

So oft sich die Regierungen nach 1961 auch änderten, alles blieb immer dasselbe. Unter dem Regiment des Drei-Parteien-Systems verödete der Bundestag, wurde die Politik zu einer geschlossenen Veranstaltung, etablierte sich die Praxis einer skandalös üppigen Parteienfinanzierung. Was der Bundestag an Bedeutung verlor, gewannen die Parteiapparate hinzu. Sie begannen sogar, der Regierung ins Handwerk zu pfuschen. Die ungute Entwicklung kulminierte 1989, als der Hausmeister der CDU nach monatelangen konspirativen Vorbereitungen den Kanzler zu stürzen versuchte. Der von der Partei ausgehende Putsch mißlang, Geißler wurde entlassen, Kohl konnte freier atmen.

In den achtziger Jahren wurde aber auch sichtbar, daß das Angebot von nur drei Parteien dem Wähler nicht mehr ausreichte. 1983 zogen die Grünen in den Bundestag ein. Helmut Schmidt hatte sie einmal eine »ersatzkommunistische Partei« genannt, aber sie befriedigten durchaus eine vorhandene Nachfrage. Trotz ihrer zeitweise chaotischen Verfassung und des großenteils ungenießbaren Programms wurden sie von vielen nur deswegen gewählt, weil sie sich farblich vom Kartell abhoben. Je mehr sie sich von den etablierten

Parteien umarmen ließen, desto deutlicher wurde, daß sie die Obergrenze ihres Potentials erreicht hatten.

Ob eine Partei mehr oder weniger im Bundestag sitzt, ist für sich genommen wenig relevant. Die große Herausforderung besteht vielmehr darin, den Parlamentarismus zu reformieren und die Parteien finanziell und wirtschaftlich vom Staat zu trennen. Man darf darauf gespannt sein, wer als erster das Verbot parteilicher Betriebsgruppen und die Einstellung der staatlichen Parteienfinanzierung verlangt.

Der Parteienstaat darf nicht länger tabu sein. Der Staat muß politisch gestärkt werden, die Parteien müssen sich auf ihre legitime Rolle zurückziehen. Sie haben vor 40 Jahren mit sehr wenig Geld angefangen, mögen sie mit sehr wenig Geld noch einmal neu beginnen.

Eben diese Chance bestand in der DDR im Herbst 1989, als das Machtmonopol der SED unter dem Druck des Volkswillens zerbrach. Der Zustand direkter Demokratie währte nicht lange. Sehr schnell begann sich ein Parteiensystem zu etablieren, dessen Vertreter so sprachen, taktierten und sich räusperten wie ihre bundesrepublikanischen Vorbilder. Mit eigens für diesen Zweck aus dem Bonner Haushalt entnommenen Geldern expandierten die bundesdeutschen Parteien in Richtung Osten, fest entschlossen, die Unsitten des eigenen Systems inklusive staatlicher Parteienfinanzierung nun auch gesamtdeutsch zu praktizieren.

Ohne die Enttabuisierung der Parteienherrschaft wird es keine Rückkehr zu einem Parlamentarismus mit Prestige geben. Parlamente, die das Volk vertreten, deren Ansehen über jeden Zweifel erhaben ist, sind nicht nur denkbar, sie sind möglich.

Einer der ersten, der das erkannt hat, ist der hessische Ministerpräsident Walter Wallmann. Bereits im Oktober 1988 legte er sein Konzept einer Parlamentsreform vor. Er sagte damals: »Die Bürgerinnen und Bürger nehmen auf Dauer den Kandidatenauswahlprozeß und die völlig unausgewogene Repräsentanz der gesellschaftlichen Gruppen in unseren Parlamenten nicht hin. Deshalb habe ich die Frage gestellt, ob der versorgungsberechtigte Berufspolitiker der einzige Typus des Abgeordneten ist, den wir uns vorstellen können und den wir allein in unseren Parlamenten wollen. Ich halte diese Ausgangsposition für sachlich falsch und politisch töricht.« Wallmann sagte auch: »Die Wahrheit ist, daß sehr viele Menschen uns nicht mehr verstehen. Sie sehen uns oft nicht mehr in ihrer, sondern in einer anderen Welt.«

Die Parlamentsreform, die Wallmann anstrebt, soll die Arbeit der Abgeordneten so weit rationalisieren, daß sich ein normaler Beruf wieder mit dem Mandat vereinbaren läßt. Denn erst dann könne ein repräsentativer Querschnitt des Volkes in die Parlamente einziehen: Facharbeiter, Angestellte, Freiberufler, Handwerker, Selbständige und Manager.

Ein Blick in die Gesetzesblätter zeigt, warum sich die Abgeordneten überarbeitet fühlen. Die Gesetze sind zu lang und zu wenig transparent. Sie verlieren sich in Details anstatt Normen zu setzen. Sie versuchen zu regeln, was ausschließlich Sache der Verwaltung wäre. Sie werden zu oft geändert, wofür das Parteiengesetz wirklich nur ein Beispiel ist. Und oft sind sie ganz einfach überflüssig. Die hektische Gesetzestätigkeit dient den Abgeordneten eben auch als Nachweis ihrer Existenzberechtigung.

Der Zweck eines Parlamentes kann aber nicht pseudobürokratische Umtriebigkeit sein. Die Behauptung, in einem Industriestaat wie der Bundesrepublik müsse alles kompliziert zugehen, ist falsch. Nicht in der Komplizierung, sondern in der Vereinfachung liegt die Kunst der Politik. Staatsmännische Größe hat die Geschichte immer nur solchen Politikern attestiert, die die Kunst beherrscht haben, sich auf das Wesentliche zu konzentrieren.

Weil in den Parlamenten fast nur noch Berufspolitiker sitzen, bleibt ihnen nichts anderes übrig, als Wichtigkeit und Vollzeitbeschäftigung zu demonstrieren. Wie es auch anders geht, beweist immer wieder der Nachbar im Süden. Die Schweiz ist schon lange kein Heidi-Land mehr, ihre Exportindustrie hat internationales Spitzenniveau, und Zürich ist nach London Europas größter Finanzplatz. Die Schweiz ist nicht weniger komplex und nicht einfacher zu regieren als die Bundesrepublik Deutschland. Dennoch fehlt eine Kaste von Politikern, die von Jugend an nur Parteikarriere machen. Die Berner Abgeordneten schaffen es irgendwie, weiterhin ihrem Beruf nachzugehen.

Der Nationalrat tagt viermal im Jahr jeweils drei Wochen lang. Es dauert in der Regel fünf bis sechs Jahre, bis ein Gesetz verabschiedet wird. »In dieser Zeit«, so berichtete die FAZ aus Bern, »erledigt sich vieles von selbst, was zunächst mit hektischer Betriebsamkeit begonnen wurde.« Ist die Schweiz deswegen rückständig oder weniger demokratisch als die Bundesrepublik Deutschland? Offensichtlich nicht.

Und warum eigentlich müssen die Bonner Politiker Sonntagsreden halten? Warum schweigen sie nicht wenigstens am Wochenende? Warum äußern sie sich zu den trivialsten Themen und müssen dann auch noch proporzgerecht in der Tagesschau zitiert werden? In England konzentriert sich das Fernsehen darauf, zu berichten, was passiert ist – nicht darauf, was die Politiker zu allem möglichen zu sagen haben. Der ständige Wortschwall ist ermüdend. Das ethische Gehabe, wo es doch nur um Vorteile, Geld und Macht geht, ist ein Ärgernis. Die Belehrungen der Rita Süssmuth sind nervensägend. Die Moralpredigten mancher Sozialdemokraten würden anderswo nur Hohn und Spott provozieren. Und auch der Bundeskanzler würde das Gewicht seiner Auftritte erhöhen, wenn er sich ein wenig rarer machte.

Das Kartell will nicht sehen, daß der Wind des Zeitgeistes gedreht hat. Als Wallmann seine Vorschläge zur Parlamentsreform am 12. Juli 1989 vor dem Hessischen Landtag wiederholte, entblödete sich der grüne Abgeordnete Fischer nicht, ihn aufzufordern, doch einfach sein Abgeordnetenmandat »einem jungen, blühenden Handwerksmeister zur Verfügung zu stellen«. Und der Fraktionschef der SPD bezweifelte, daß etwa ein Fließbandarbeiter aus einer Automobilfabrik einen »breiten Ausschnitt an Lebenserfahrung« ins Parlament einbringen könne.

So also denken die Volksverteter über ihre Wähler. Als Wallmann sprach, haben sie sich verraten.

Die Rückseite des Wunders

»Es bleibt der Hang, vor jedem auftauchenden Problem in die behördliche Regelung zu flüchten – in Europa in der besonders absurden Form, für ein auf nationaler Stufe sich als unlösbar erweisendes Problem die Lösung auf internationaler Stufe von supranationalen Behörden zu erwarten – und hinter der Fassade der Marktwirtschaft die Entwicklung zur bürokratischen Erstarrung und zur Allmacht des Staates bewußt oder unbewußt weiter voranzutreiben. Es bleibt die Neigung, dem Staate im Namen der wirtschaftlich-sozialen Sicherheit immer neue Aufgaben zuzuweisen und damit dem Steuerzahler immer neue Ausgaben aufzubürden.

Wenn, wie es heute mehr und mehr der Fall ist, der Staat 30 bis 40% des Volkseinkommens durch Zwangsabgaben aller Art in Anspruch nimmt, so wird die Marktwirtschaft zersetzt und schließlich gelähmt, während die auf Inflationsdruck hinwirkenden Kräfte verstärkt werden. Die Marktwirtschaft mit all den Reaktionen, die wir für ihr Funktionieren voraussetzen, arbeitet bei einem solchen fiskalischen Überdruck nicht mehr so, wie es die Theorie voraussetzt und die wirtschaftliche Ordnung fordert.

Aus der öffentlichen Finanzpolitik alten Stils wird ein Fiskalsozialismus, der die Einkommensverwendung in zunehmendem Maße sozialisiert, und so wird es denn unglücklicherweise immer deutlicher, daß eine solche Aufblähung der Staatswirtschaft, die mit der Änderung ihrer Ziele in einer durchaus sozialistischen Richtung einhergeht, nicht nur zu einer der Quellen des konstanten Inflationsdrucks wird, sondern auf die Dauer mit einem marktwirtschaftlichen System nicht mehr zu vereinbaren ist.«

Wilhelm Röpke,
Jenseits von Angebot und Nachfrage, 1958

Als die Bundesrepublik Deutschland 40 Jahre alt wurde, strotzte sie vor wirtschaftlicher Kraft. Noch wenige Jahre vorher hatten ausländische Zeitungen nicht ohne Schadenfreude das Ende des Wirtschaftswunders verkündet. Von der deutschen und europäischen Sklerose war die Rede gewesen und von einem deutschen Bummelzug anstelle der einst mächtigen Lokomotive.

Am Ende des Jahrzehnts stand die Lokomotive wieder unter Dampf. Niemand mehr spottete über die ökonomische Potenz des politischen Zwerges. Die Produktion der deutschen Industrie war fast so groß wie die Großbritanniens und Frankreich zusammengenommen, der Export lag deutlich über dem Japans und sogar knapp über dem amerikanischen. Die Deutsche Mark war gefragt an den Devisenmärkten, und zur Jahresmitte 1989 hatten die Deutschen Auslandsguthaben in einer Höhe von 1 350 Milliarden Mark angehäuft. Abzüglich der Passiva ergab das ein Netto-Auslandsvermögen von 427 Milliarden Mark, womit die Bundesrepublik nach Japan zum zweitgrößten Gläubiger der Welt aufgerückt war – auch zum Gläubiger des Siegers von 1945, der nun hoch verschuldeten Vereinigten Staaten von Amerika.

Das Bruttosozialprodukt der Bundesrepublik, der Geldwert aller Güter und Dienstleistungen, hatte schon 1987 die Grenze von 2000 Milliarden Mark überstiegen. Die nominalen und realen Löhne waren hoch wie nie zuvor, die Deutschen gönnten sich mehr Freizeit als alle ihre Konkurrenten auf dem Weltmarkt, und sie bezogen Sozialleistungen, die fast märchenhafte

Dimensionen angenommen hatten. Der immer nur wachsende Wohlstand für alle war zur Selbstverständlichkeit geworden.

Das ist er mitnichten. Es könnte sein, daß das Land die Formeln des Erfolges zu vergessen beginnt. Wo sind die Symptome innerer Schwäche auszumachen? Wo könnten die langfristigen Gefährdungen des Wirtschaftswunders liegen? Als der Autor im Sommer 1989 in einem renommierten deutschen Wirtschaftsinstitut nach derartigen Analysen fahndete, fand er keine. Im Aufschwung ist es tabu, nach dem Abschwung zu fragen. Auch in Deutschland ist Konjunkturforschung hauptsächlich die Beschreibung einer wachsenden Wirtschaft. Der Rückwärtsgang ist nicht vorgesehen. Die Bundesdeutschen am Ende der achtziger Jahre waren verwöhnt, ohne skeptisch zu sein. Sie genossen die Früchte des Wirtschaftswunders und hatten seine Wurzeln vergessen. »Wenn das Land«, so schrieb der englische Journalist David Marsh, »sich nicht bald mehr um die strukturellen Probleme seiner reichen Wirtschaft kümmert, dann könnte die Erfolgs-Story ausgelöscht werden.«

Die Erfolgs-Story hat einen Titel: Soziale Marktwirtschaft. Aber die Bundesrepublik der neunziger Jahre kann sich nur noch eines partiell marktwirtschaftlichen Systems rühmen, und das Soziale wird beliebig definiert. Deutsche Sozialpolitik läuft, 20 Jahre nach Erhard, hinaus auf eine Einteilung in diejenigen, die zuviel haben und in solche, die nicht genug haben. »Der Ausdruck ›Soziale Marktwirtschaft‹ ist heute nur eine gedankenlos gesprochene Floskel oder ein für politische Zwecke verwendetes Schlagwort«, fand Dr. Horst Friedrich Wünsche, Mitarbeiter der Ludwig-Erhard-Stiftung in Bonn.

Nachdem das soziale Sicherungssystem, das gegen Ende des letzten Jahrhunderts entworfen wurde, längst perfektioniert ist, nachdem alle vernünftigen Ziele der sozialen Realisation erreicht wurden, kann das gar nicht anders sein. Die traditionelle Sozialpolitik wollte dafür sorgen, daß nicht Not leiden mußte, wer nicht arbeiten konnte. Die moderne Sozialpolitik offeriert ihre Wohltaten auch denen, die nicht arbeiten wollen. Nie war es so leicht, faul zu sein.

Im Berliner Bezirk Kreuzberg dauerte das Entlassungsverfahren für eine Lehrerin von Januar 1978 bis März 1987. Während dieser Zeit kassierte die Lehrerin über 400 000 Mark, ohne Dienst zu leisten. In Nordrhein-Westfalen suchte eine Spedition einen Mitarbeiter für Warenannahme. Der Mann sollte auspacken und lagern. Der erste Mann, den das Arbeitsamt schickte, machte einen gesunden und kräftigen Eindruck. Seine Frau erklärte hinter vorgehaltener Hand: »Ich mache Sie darauf aufmerksam, mein Mann kränkelt gerne.« Der zweite Bewerber bestand darauf, seinen Hund zur Arbeit mitzubringen, was nicht anging, weil die Firma an einen Schlachthof grenzt. Der dritte erschien zur Vorstellung leicht angetrunken. Und der vierte meinte, daß er sich mit Arbeitslosengeld plus Nebenverdienst besser stelle.

In der Bundesrepublik trug es sich auch zu, daß die Sozialhilfe Taschengeld für eine 18-monatige Kur zahlte oder daß sie für eine vom Gericht verhängte Geldstrafe aufkam. Und in München gelang es einem

Oberstudienrat, ein Jahr lang nicht im Dienst zu erscheinen, während dieser Zeit 4 600 Mark pro Monat zu verdienen und gleichzeitig die Silbermedaille bei den Surfweltmeisterschaften im texanischen Corpus Christi zu gewinnen.

Der sportbegeisterte Lehrer namens Hanns Hartwig Löffler, ein typischer Angehöriger der Münchner Leisure Class, hielt das vielgerühmte »soziale Netz« immer nur für eine Hängematte. Ab 1982 unterrichtete er neue Sprachen am Luisengymnasium und am München-Kolleg, wo er wiederholt durch Fernbleiben vom Unterricht auffiel. Die Stadt wollte ihn entlassen, aber das Verwaltungsgericht verordnete lediglich eine Gehaltskürzung um 10 %.

In der Bundesrepublik Deutschland ist die sogenannte soziale Sicherheit inzwischen soweit gediehen, daß sie in den Augen mancher Richter sogar das Recht auf einen bestimmten Arbeitsplatz beinhaltet. Ob auf diesem Platz wirklich gearbeitet wird oder ob sich ein Betrieb den Arbeitsplatz noch leisten kann, interessiert nur am Rande. Bereits in den siebziger Jahren, die den großen Einschnitt in der deutschen Nachkriegs-Wirtschaftsgeschichte markierten, nahmen die Kündigungsschutzklagen überhand. 1970 noch erledigten die Arbeitsgerichte 44 718 Verfahren wegen Kündigung, 1980 waren es 114 931. Das Risiko der Beschäftigung wurde mehr und mehr vom Arbeitnehmer auf den Arbeitgeber verlagert, wobei man berücksichtigen muß, daß die Gewinnmargen und Eigenkapitalquoten vor allem kleinerer Betriebe oft gefährlich schmal sind.

Da der Lehrer Löffler für den Lehrbetrieb nicht nur nutzlos war, sondern auch kein übermäßig gutes Beispiel für die Kinder abgab, versetzte ihn die Stadt München in das Schulreferat. Vom 5. Mai bis zum 7. November 1988 tat er dort Dienst, wobei unklar bleibt, wieviel und was er eigentlich arbeitete. Ein Jahr später, am 4. November 1989, erfuhren die Münchner aus ihrer Presse, daß der Oberstudienrat seit nunmehr einem Jahr nicht mehr im Amt gesehen worden war. Zunächst waren noch ärztliche Atteste eingegangen, aber seit Mitte Juli 1989 hielt Löffler auch das nicht mehr für nötig. Als passionierter Sportler war er damit beschäftigt, in den Alpen Ski zu fahren, wo er sich als Krankgeschriebener mehrere Rippenbrüche zuzog, und bei den erwähnten Meisterschaften in Texas die Ehre Bayerns hochzuhalten.

Immerhin vertat Löffler seine Zeit nicht einfach vor dem Fernseher, wie es mindere Geister tun, die die Kunst des Müßiggangs nicht beherrschen. Er verstand es, mit Stil faul zu sein. Für die innere Balance des Kosmos sind solche Menschen zum Ausgleich für die anderen, die sich abarbeiten, wohl ebenso notwendig wie die betenden Mönche in den Klöstern, die ein Gegengewicht zu den Vielen schaffen, die nie an den Herrgott denken. Der Fall Löffler sollte also keineswegs zu gemeinen Attacken auf alle Müßiggänger mißbraucht werden. Außerdem sind faule Menschen oft sympathischer als fleißige, und das Recht auf Faulheit sollte ebenso unumstößlich sein, wie die Pflicht zur Arbeit, die nur in totalitäre Systeme paßt, abzulehnen ist.

Allerdings ist das Recht auf Faulheit kein »soziales« Grundrecht. Die Vorstellung, man könne sich diesen erstrebenswerten Zustand von anderen finanzieren lassen, grenzt ans Unverschämte. Eben darum geht es: noch nie erhoben so viele Deutsche mit Hinweis auf den Sozialstaat den Anspruch, zu ernten ohne zu säen, zu leben ohne zu arbeiten – oder ohne übermäßig viel zu arbeiten.

Diejenigen, die sich dieser Philosophie verschrieben haben, können Angehörige des Öffentlichen Dienstes sein, der in den 20 Jahren bis 1988 von 10,6 % der Erwerbstätigen auf 21,6 % aufgebläht wurde. Es mögen arbeitslos Gemeldete sein, die ihre Bezüge mit lässig betriebener Schwarzarbeit aufbessern. Es mögen permanente Sozialhilfeempfänger sein, die sich daran gewöhnt haben, bescheiden, aber ohne den Streß der Industriegesellschaft ihr Dasein zu fristen. Und es sind auch Hunderttausende ausländischer Asylbewerber darunter, denen ein arbeitsloses Einkommen in der Fremde begehrenswerter erscheint als wirtschaftliche Entbehrung in der Heimat.

Dennoch wäre es völlig falsch, irgendeine bestimmte Gruppe pauschal zur faulen Klasse zu erklären. Die Angehörigen dieser Klasse sind nach Partisanenart in nahezu allen Bereichen verstreut. Und mitversorgt werden können sie nur, weil es im Wirtschaftswunderland eine zweite Klasse gibt, die ständig bis zur physischen oder psychischen Erschöpfung arbeitet. Sie sind die Dummen, aber deswegen nicht zu bemitleiden, denn aus einem Übermaß an Arbeit läßt sich durchaus auch Befriedigung erzielen.

»Heute muß sich die Hälfte der Menschheit zu Tode schuften«, behauptete schon vor Jahren der niederländische Sozialist Polak, »damit die andere umso besser faulenzen kann«. Und Jürgen Eick befaßte sich bereits

1973 in der Frankfurter Allgemeinen Zeitung mit der Schicht derjenigen, »die sich überanstrengen und überarbeiten«. Sie stellten eine buntgewürfelte Minderheit dar: Leitende im weitesten Sinne des Wortes bis zum Werkmeister und Vorarbeiter, Spezialisten bis zum Facharbeiter, Selbständige wie zum Beispiel Handwerksmeister, Ärzte, Vertreter. Diese Gruppe, zu der Eick auch die führenden Politiker zählte, verdiene zwar gut, bezahle aber ihren beruflichen Erfolg mit einem weitgehenden Verzicht auf Freizeit für sich und ihre Familie.

Die Mehrheit der übrigen, so Eick, liefere dazu ein ausgesprochenes Kontrastprogramm. »Sie genießen in vollen Zügen alle sozialen Errungenschaften: den Feierabend nach Maß; die Fünf-Tage-Woche mit dem langen Wochenende, das im Bewußtsein schon am Freitagmorgen beginnt; den von Berufssorgen nicht überschatteten langen Urlaub; die elastische Altersgrenze; die von der Versicherung genehmigte Kur; die Lohnfortzahlung im Krankheitsfall. In diesem Bereich wird zwar weniger verdient, aber hier besteht Zeit und Muße, ein angenehmes Leben zu führen.«

Ohne Zweifel ist der von Marx diagnostizierte Klassengegensatz zwischen Kapital und Arbeit, zwischen Bourgeoisie und Proletariat endgültig überholt. An seine Stelle treten Unterscheidungen wie die zwischen Faulen und Fleißigen, zwischen Mehrleistenden und Sozialgesicherten – zwischen dem selbständigen und dem betreuten Mensch, um die berühmte Formel Helmut Schelskys zu zitieren.

Wer angesichts dieser Sachlage immer neuen sozialen »Fortschritt« fordert, greift daneben. Die aus der christlichen und konservativen Wertordnung abgeleiteten sozialen Prinzipien wurden längst verwirklicht. Zusätzlicher sozialer »Fortschritt« wird damit nicht nur fragwürdig, sondern sogar kontraproduktiv. Die sozialdemagogische Attitüde, für immer neue angeblich benachteiligte Gruppen immer mehr zu fordern, hat mit der Solidarität gegenüber Armen und Kranken absolut nichts zu tun. Der »Sozialstaat« wurde zur bloßen Worthülse.

Diese Verwilderung und Entmoralisierung sozialer Prinzipien haben die Sozialisten beider großer Parteien zu verantworten. Unanständig ist das Verächtlichmachen der Leistungsgesellschaft durch diejenigen, die sich von ihr aushalten lassen. Sozialistisch ist es, wenn der sogenannte Arbeitnehmerflügel der CDU, der mehr Funktionäre als Arbeiter repräsentiert, eine Absenkung der Einkommensteuer auf unter 50 % für »instinktlos« erklärt. Und sozialdemagogisch verhält sich die SPD, wenn sie immer wieder ungeniert an Neidinstinkte appelliert, grundsätzlich jede Beweislast für Umverteilungsforderungen ablehnt und in der ungeliebten Marktwirtschaft nichts als ein Objekt der Ausplünderung sieht.

Umverteilung mag – in Maßen – unvermeidlich sein, aber sie geht immer auf Kosten der Selbständigkeit. Der betreute und ausgehaltene Mensch muß Freiheit einbüßen. Ihm wird Freiheit aberkannt. Wer Eigenverantwortung beschneidet, betreibt immer Gleichmacherei auf Kosten der Freiheit. Sozialistisch mag es sein, freiheitlich ist es nicht. Der Propagandabegriff vom »freiheitlichen Sozialismus« war immer ein semantischer Schwindel.

Das Elend falsch verstandener Sozialstaatlichkeit liegt darin, daß die eine bewilligte Forderung unweigerlich das Entstehen einer neuen nach sich zieht, daß der Staat vor gesellschaftlichen Interessen kapituliert, daß die wirtschaftliche Leistungskraft ausgehöhlt wird, daß die ständig wachsende Bürokratie den Bürger nicht nur bevormundet, sondern auch entfremdet.

Horst Friedrich Wünsche schrieb dazu: »Die so errichtete Ordnung ist naturgemäß ineffizient, indem sie die Marktwirtschaft verdrängt; sie ist undurchsichtig, weil sie einer Gesetzes- und Verordnungsflut bedarf und dennoch dem Ermessen von Behörden weiten Spielraum lassen muß; sie führt zu sozialen Spannungen, weil sie Einzelne aus fragwürdigen Gründen begünstigt und auf diese Weise den Neid schürt. Ein Entscheid, mit dem die Marktwirtschaft wieder zum Grundprinzip der sozialen Ordnung gemacht würde, wäre heute ein ebenso radikaler Reformschritt, wie ihn Ludwig Erhard 1948 mit der Beseitigung der Bewirtschaftung in Westdeutschland vornahm.«

Nachdem sich die Masseneinkommen in der Bundesrepublik vervielfacht haben, bestehen eigentlich bessere Möglichkeiten als je zuvor, staatliche durch private Vorsorge zu ersetzen und den Staat zu entsozialisieren. Dazu Wünsche: »Damit wird kein ›Sozialabbau‹ angestrebt, sondern eine rationale Sozialpolitik, die nicht im Widerspruch zu, sondern im Einklang mit, einer modernen marktwirtschaftlichen Ordnung steht. So könnten weite Bereiche – etwa Altersvorsorge, Krankheit und Unfall – ohne weiteres und kostengünstiger durch privatwirtschaftliche Versicherung abgedeckt werden. Ferner darf der Grad, in dem Schwache unterstützt werden, keine Frage sein, die sich an organisierte Interessen richtet.« Und: »Erhards Soziale Marktwirtschaft hat mit Sozialpolitik im Sinne von Umverteilung nichts gemein. Die Soziale Marktwirtschaft ist sozial, indem sie alles unternimmt, was die Marktwirtschaft dauerhaft sichert.«

Die längst überfällige Verjüngung des Systems läßt sich freilich nicht durchsetzen, solange der Öffentlichkeit die Zusammenhänge zwischen Umverteilung, Steuerlast und Staatsverschuldung verschwiegen werden. Daß nach dem Durchfluß der Gelder durch alle möglichen Kanäle und Schleusen kein Mehrwert entstanden sein kann, daß die Umverteilung letzten Endes zum Akt äußerster Sinnlosigkeit wird, läßt sich mühelos nachweisen. Nicht einmal die Arbeitnehmer profitieren noch vom Walten der sozialstaatlichen Bürokratie.

1989 belief sich der durchschnittliche Bruttolohn je beschäftigten Arbeitnehmer auf rund 40 000 Mark. Sozialversicherungsbeiträge und direkte Steuern minderten diesen Lohn um etwa 34 %, so daß nur 26 400 Mark übrigblieben. Rechnet man die indirekten Steuern und Abgaben hinzu, wurde der Lohn sogar um 42 % dezimiert. Die Kirchensteuer ist in dieser Berechnung nicht enthalten.

1960 noch, zu Zeiten einer echten Marktwirtschaft, war die Situation völlig anders. Damals minderten die Sozialversicherungsbeiträge und direkten Abgaben den Bruttolohn nur um 15,8 %. Niemand wird behaupten, daß die Deutschen 1960 im Elend lebten, unter schreiendem sozialen Unrecht litten oder sich unglücklicher fühlten als 1990. Aus den verschiedensten Gründen, die in ihrer Gesamtheit logisch nicht nachvollziehbar sind, stieg die Belastung des durchschnittlichen Arbeitnehmers in diesen 30 Jahren von 15,8 auf 34 % – und einschließlich indirektter Abgaben von 27,4 auf gut 42 %.

Das betraf, wohlgemerkt, nicht die Selbständigen, nicht die Reichen und nicht die Kapitalisten, sondern den Arbeitnehmer. Er weiß es nur nicht, weil es ihm niemand sagt. Es ist aber eine Tatsache, daß der heutige Arbeitnehmer von seinen 40 000 Mark nicht 26 400, sondern 33 680 behielte, wenn die frühere prozentuale Belastung durch Steuern und Sozialbeiträge konstant geblieben wäre.

Verheimlicht wird den Arbeitnehmern auch, daß hohe Spitzensteuern immer einhergehen mit einer hohen allgemeinen Besteuerung. Die Sozialdemagogie trifft eben nie nur einen Teil der Gesellschaft – alle, die arbeiten, zahlen die Rechnung. Und alle würden von einer Reform profitieren, die den Spitzensteuersatz senkt, die allgemeine Steuerlast mindert, Steuervergünstigungen abschafft und das System radikal vereinfacht. Auf die Kombination kommt es an, wobei gerade die Steuervereinfachung auf größte Sympathie stoßen würde. Nichts entnervt den Bürger mehr als undurchsichtige Gesetze.

Anderswo gelang es den Politikern, eine solche kombinierte Reform zu verwirklichen. In den USA wurde 1986 der Spitzensteuersatz von 50 auf 28 % gesenkt und gleichzeitig die Anzahl der Steuerklassen von 15 auf zwei verringert. In Großbritannien, wo 1979 in der Spitze noch 83 % Steuern gezahlt wurden, wurde auf 40 % abgesenkt. In Japan wurde die Zahl der Steuerklassen von 15 auf 6, in Schweden von 16 auf 3 reduziert.

In der Bundesrepublik Deutschland aber sind die Politiker unfähig, Remedur zu schaffen. Schon der frühere Bundeskanzler Helmut Schmidt gab einmal zu, er könne weder seine Strom- und Gasrechnung lesen noch seine Steuererklärung allein ausfüllen. Er war lange genug im Amt, um das zu ändern – er tat es nicht. Warum wird immer nur geklagt? Allein im deutschen Steuerrecht soll es 40 000 Verwaltungsvorschriften geben, wovon selbst Fachleute die Hälfte für überflüssig halten. Warum werden sie nicht gestrichen? Wann endlich wird der Mythos zerstört, in einer Industriegesellschaft müsse alles kompliziert geregelt werden?

In der Bundesrepublik Deutschland sind Reformen umso schwerer durchzusetzen, je mehr Bürger davon profitieren würden. Je lauter eine Interessengruppe fordert, desto eher wird ihr nachgegeben. Die Regierung Kohl hat einen entscheidenden Fehler gemacht, als sie 1983 darauf verzichtete, gleich zu Beginn ihrer Amtsperiode einige gezielte Grausamkeiten zu begehen und ein Exempel zu statuieren – wie es Thatcher mit der Gewerkschaft der Bergarbeiter und Reagan mit den Fluglotsen durchexerzierte.

Weil die Regierung den bequemeren Weg vorzog, wurde die Bundesrepublik zum reformerischen Schlußlicht unter den Industrienationen. Obwohl die Amerikaner heute einen Spitzensteuersatz von 34 % bei der Körperschaftssteuer und von 28 % bei der Einkommensteuer haben, erzielen sie mit beiden Steuern 62 % ihres Steueraufkommens. In der Bundesrepublik werden nur 47 % des Steueraufkommens so erzielt, obwohl hier der Spitzensteuersatz noch 1989 bei 56 % lag. Da muß doch etwas faul sein im Staate, meinte der Präsident des Bundesfinanzhofes, Professor Franz Klein, am 7. September 1989 in einem Interview mit der Süddeutschen Zeitung.

Daß etwas faul ist, läßt sich auch daran ermessen, daß 1989 bei den Finanzgerichten weit über 100 000 Verfahren anhängig waren – mit endlos langer Prozeßdauer. Professor Klein ist ein Steuerexperte von hohem Grade. Man darf ihm glauben, wenn er sagt: »Eine Vereinfachung unseres Steuerrechtes ist nur möglich, wenn man die hohen Spitzensteuersätze radikal senkt, wie es in den USA geschehen ist.« Und für alle Steuerklassen gelte: »Wenn wir alle Vergünstigungen abbauten, könnten wir die Steuersätze um die Hälfte senken und erhielten das gleiche Aufkommen. Wir hätten dann aber auch eine Besteuerung nach der Leistungsfähigkeit und nicht eine Besteuerung nach der besten Lobby.«

Daß die Steuern halbiert werden könnten, wenn man nur wollte, wissen auch die Politiker, sofern sie rechnen können. Daß sie es dennoch nicht tun, liegt bei den Sozialdemokraten an einer perversen Ideologie und bei der CDU an nackter Angst vor der Propaganda der Sozialisten. Daß alle wenig behalten, erscheint ihnen »sozial« gerechter, als daß alle mehr haben. Der Stein des Anstoßes ist dabei – unter dem Aspekt des Sozialneides – immer wieder der Spitzensteuersatz, der aus einem einzigen Grund hoch bleiben muß: damit die weniger Fleißigen die Genugtuung haben, daß Leistung bestraft wird. Dabei hat der Spitzensteuersatz ausschließlich symbolische Bedeutung.

Die Kosten und Auswüchse des Subventionsstaates

sind oft grotesk. Großkonzerne mit Milliarden von Bargeld in der Kasse genieren sich nicht, beim Staat zuzulangen. Weil deutsche Energieversorgungsunternehmen teure deutsche Kohle verfeuern müssen, zahlen die Deutschen überhöhte Strompreise. Der deutsche Kohlebergbau wird mit 165 000 Mark pro Kopf der dort Beschäftigten subventioniert, was weit über den Löhnen der Bergleute liegt. Unsinnigerweise werden im Bergbau auch noch überdurchschnittlich viele Ausländer beschäftigt – das sind die teuersten Ausländer der Republik. In der Landwirtschaft, die ebenfalls außerhalb der freien Marktwirtschaft angesiedelt ist, profitieren die großen Bauern offenbar übermäßig von den Subventionen, und die kleinen müssen reihenweise aufgeben. Auch hier wäre es erheblich billiger, direkt an die Bauern zu zahlen, als eine Agrarpolitik zu subventionieren, die jeder Vernunft zuwider läuft.

Das Kieler Institut für Weltwirtschaft bezifferte 1988 die gesamten staatlichen Subventionen in der Bundesrepublik, also Finanzhilfen und Steuervergünstigungen, auf 124,8 Milliarden Mark. Das waren Dreiviertel der Einnahmen aus der Lohnsteuer! Man kann sich vorstellen, wie billig der Staat wäre, wie niedrig die Steuern sein könnten, wenn die Politiker nur den Mut zu einer radikalen Reform hätten.

Der zweite Preis, der für die uferlose Umverteilung gezahlt werden mußte, ist die Explosion der Staatsschulden. Dafür sind vor allem die Linksregierungen der siebziger Jahre verantwortlich. Daß die FDP dabei opportunistisch mitgespielt hat, ist der eigentliche Sündenfall der Liberalen. Sozialistische und Freie Demokraten haben sich die Sympathie ihrer Wähler mit angeblich sozialen Reformen erkauft und dabei die Staatsfinanzen – wohl unwiderruflich – ruiniert.

Es ist offenbar nicht mehr möglich, die Verschuldung zurückzuführen oder auch nur konstant zu halten. Sie muß Jahr für Jahr steigen, damit wenigstens die Zinsen auf die Altschulden bezahlt werden können. Nun liegen die Neuschulden der Bundesrepublik Deutschland mehr oder weniger auf derselben Höhe wie die Zinslast, die der Staat für die Altschulden zu tragen hat. Niemand profitiert mehr von den Schulden, sie belasten nur noch den Haushalt.

Im Bundeshaushalt 1990, wie er Ende 1989 veröffentlicht wurde, waren 37,7 Milliarden Mark zur Bedienung der Bundesschuld vorgesehen. Damit rangierten die Zinskosten nach dem Sozialetat (69,6 Milliarden) und dem Militärhaushalt (54,2 Milliarden) an dritter Stelle. Sie lagen weit über den Ausgaben für Verkehr (25,3 Milliarden), Familienförderung (22,5 Milliarden) oder Forschung (7,8 Milliarden). Da der gesamte Bundesetat für 1990 auf rund 300 Milliarden veranschlagt war, kostet die Schuldenbedienung bereits deutlich über 10% des Budgets. Nach früheren Berechnungen des Finanzministers müssen schon 1993 sogar 15% der Einnahmen für die Zinslast verwendet werden. Der exakte Betrag wird selbstverständlich auch von dem jeweils herrschenden Zinsniveau abhängen.

Die Nettokreditaufnahme der Bundesrepublik Deutschland wird in den neunziger Jahren im Schnitt wohl kaum unter 30 Milliarden pro Jahr sinken. Von einem ausgeglichenen Haushalt spricht niemand mehr.

Und doch wäre er mitten im Wirtschaftsaufschwung das Normale: in Rezessionen darf der Finanzminister Schulden machen, um die Wirtschaft anzukurbeln, bei guter Konjunktur sollte er sie zurückzahlen. Dazu ist die Bundesrepublik nicht mehr fähig.

In punkto Schulden schneidet die reiche Bundesrepublik Deutschland im internationalen Vergleich schlecht ab. In Japan, Großbritannien, Dänemark, Finnland, Norwegen, Australien, Neuseeland, in Schweden und der Schweiz waren die öffentlichen Haushalte nach Angaben der Baseler Bank für Internationalen Zahlungsausgleich 1988 nicht nur ausgeglichen, sondern sogar im Überschuß. Selbst die notorischen amerikanischen Haushaltsdefizite lagen, gemessen am Bruttosozialprodukt, tiefer als die deuschen. Die Bonner Regierung wird nicht sehr viel fiskalischen Spielraum haben, wenn die Wirtschaft wirklich einmal in eine tiefe Rezession abrutscht, denn dann sinken die Steuereinnahmen, wodurch sich die Defizite ohnehin verschärfen.

Dennoch irrte der »Spiegel«, als er Finanzminister Waigel vorwarf, er treibe die Schulden hoch wie keiner seiner Vorgänger und belaste bedenkenlos mit steil ansteigenden Zinsverpflichtungen die Zukunft.

Auf den ersten Blick scheint der Vorwurf berechtigt zu sein: von Dezember 1983 bis August 1989 stieg die Verschuldung des Bundes von 341,4 Milliarden auf 485,9 Milliarden Mark, die der Bundesbahn betrug im Sommer 1989 43,4 Milliarden, die der Bundespost fast 64 Milliarden. Ebenfalls im Juni 1989 waren die Bundesländer mit 299,79 Milliarden und die Gemeinden mit 119,8 Milliarden Mark verschuldet. Die Gesamtschulden haben die Marke von 1000 Milliarden inzwischen überschritten. Die Finanzen des Wirtschaftswunderlandes sind längst nicht mehr in Ordnung.

Der Verlust der Unschuld datiert auch hier auf die siebziger Jahre. Zwar wurde schon die Rezession von 1966/67 mit Staatsdefiziten bekämpft, aber im nachfolgenden Aufschwung wurden die Finanzen noch einmal in Ordnung gebracht. In der nächsten Rezession, die auf den Ölpreisschock von 1973 folgte, griff die Regierung wieder zum deficit spending, versäumte es aber nachher, zur fiskalischen Disziplin zurückzukehren. Unter den Regierungen Brandt und Schmidt gerieten die Schulden außer Kontrolle. Noch 1974 waren Bund, Länder und Gemeinden mit weniger als 20 % des Bruttosozialproduktes verschuldet, bis 1983 stieg die Verschuldung auf 40 %. Und das sind nur prozentuale Angaben. In absoluten Zahlen sah es viel schlimmer aus: von Ende 1970 bis Ende 1983 explodierte die Bundesschuld von 47,3 auf 341,4 Milliarden Mark.

Der Regierung Kohl gelang es immerhin, das Tempo des Anstiegs scharf zu drosseln. Nach 1983 stieg die Gesamtverschuldung – gemessen am Bruttosozialprodukt – nur noch unmerklich.

Das Kunststück, das Margaret Thatcher fertigbrachte, traute sich diese Regierung allerdings nicht zu: die Kreditaufnahmen zu beenden und damit zu beginnen, die alten Schulden zurückzuzahlen. Ein derartiger Kurs hätte große Entschlußkraft und eine vollständige Privatisierung öffentlicher Unternehmen verlangt, deren Erlös den staatlichen Kassen zugute gekommen wäre. Statt der Wende wurde nicht mehr als ein debitärer Stillstand erreicht – und auch dieser nicht in absoluten Zahlen, sondern nur bezogen auf das Bruttosozialprodukt. Das war nicht gut genug, denn die Subventionierung der DDR und der demographische Einbruch nach dem Jahr 2000 werden die öffentlichen Finanzen enorm belasten. Dann werden sich auch die Überschüsse in der äußeren Leistungsbilanz, die mit dem innerstaatlichen Haushalt nichts zu tun hat, in Defizite verwandeln. Dann wird es sich rächen, daß auf Kosten der nächsten Generation gelebt wurde anstatt Rücklagen zu bilden. Dann wird die Versuchung groß sein, zu inflationieren.

Der hessische Finanzminister Manfred Kanther formulierte es so: »Die Fremdfinanzierung öffentlicher Leistungen per Kredit hat sich zunehmend von einer Art Einstiegsdroge zu einer harten Dauerdroge entwikkelt, von der es immer schwerer wird loszukommen, je länger der Entwöhnungsprozeß aufgeschoben wird. Dabei ist es allerdings kaum vorstellbar, daß auf absehbare Zeit ein finanzwirtschaftlich wünschenswerter Abbau des Schuldenstandes und dadurch ein absoluter Rückgang der jährlichen Zinsausgaben gelingen könnte.«

Kanther rechnete vor, daß die Verzinsung der Altschulden im Jahr 1988 deutlich mehr kostete, als für die gesamten öffentlichen Sachinvestitionen ausgegeben wurde! Hauptproblem sind die Personalausgaben, die nach der Ausweitung des öffentlichen Dienstes (auch als Folge verwaltungsintensiver Gesetze) 41% der Etats der Bundesländer verschlingen.

Die Gesamtrechnung dafür wird erst noch präsentiert werden. Vor und nach der Jahrtausendwende werden Beamte wie nie zuvor aus dem Dienst ausscheiden. Allein in Hessen wird die Zahl dieser Pensionäre in 25 bis 30 Jahren doppelt so hoch sein wie heute. Kanther rechnet bei den üblichen Tarif- und Besoldungsanhebungen damit, daß sich der Versorgungsaufwand vervierfachen oder sogar verfünffachen wird.

Wenn der öffentliche Dienst nicht baldigst den Gürtel enger schnallt und wenn Bonn die längst überfällige Kurskorrektur für immer verschiebt, drohen der Bundesrepublik italienische Zustände. Ob die öffentlichen Finanzen jemals wieder saniert werden können, ist schon jetzt äußerst fraglich. Kanther meint, man könne es wenigstens versuchen: »Solange ein großer Mitarbeiterstab als Beweis für die Bedeutung eines Dienstpostens gilt, wird sich jeder gegen einen Stellenabbau im eigenen Bereich sträuben. Das muß sich ändern.«

Ob eine Rückkehr zur Vernunft überhaupt noch möglich ist, wird nicht zuletzt davon abhängen, welche Parteien in Bonn und den Ländern regieren. Was gerne Süd-Nord-Gefälle genannt wird, ist auch ein Gefälle zwischen gemäßigten und sozialistischen Landesregierungen. Alle Wirtschaftsstatistiken belegen die ökonomische und fiskalische Inkompetenz der Sozialdemokraten. In Bayern und Baden-Württemberg ist die Zinslast von Land und Gemeinden zusammengenommen mit sieben bis acht Pfennigen je Steuer-Mark am niedrigsten, im Saarland und Bremen mit 24 beziehungsweise 29 Pfennigen am höchsten. Das bedeutet, daß in Bremen 29 % des Haushaltes für den Schuldendienst verschwendet werden.

In Hamburg, einer traditionellen SPD-Domäne, ist die Hälfte der Sozialwohnungen mit Leuten belegt, die darauf keinen Anspruch haben. Die SPD hält das wahrscheinlich für sozial. Es müßte auch einmal untersucht werden, warum in Hamburg 1987 10,3 % der Einwohner Sozialhilfe erhielten, in Bremen 8,6 %, im Saarland 6,2 % – in Bayern und Baden-Württemberg hingegen nur 3,4 %. Als die Bundesbank diese Zahlen veröffentlichte, konzedierte sie, daß die nördlichen Bundesländer zwar mit größeren strukturellen Problemen und mehr Arbeitslosigkeit zu kämpfen haben, daß aber damit die Disparitäten nicht vollständig zu erklären seien.

Neben der Verschuldung ist die Arbeitslosigkeit Teil der häßlichen Rückseite des Wirtschaftswunders. Selbst 1989, mitten in einem fabelhaften Konjunkturaufschwung, konnte sie nicht drastisch unter zwei Millionen gedrückt werden. Auch hier schneidet die Bundesrepublik im internationalen Vergleich nicht gut ab. Im Oktober 1989 lag die deutsche Arbeitslosigkeit mit 7,8 % höher als in Holland, Schweden, Großbritannien oder den USA, von der Schweiz und Japan ganz zu schweigen. Wie würde das erst in einer großen Rezession aussehen? Warum können oder wollen so viele Menschen zwischen Nordsee und Alpen nicht arbeiten?

Daß ein Teil von ihnen nicht arbeiten will, kann nicht erklären, daß die Arbeitslosenrate von 1 % im Jahr 1970 auf 3,25 % im Jahr 1980 stieg, sich bis 1990 noch einmal mehr als verdoppelte und wohl auch in Zukunft sehr hoch bleiben wird. Von der Mehrheit der Betroffenen wird die Arbeitslosigkeit als harter Schicksalsschlag empfunden – und man darf nicht vergessen, daß es neben den Arbeitsunwilligen auch solche Arbeitslose gibt, die von der Statistik nicht mehr erfaßt werden.

Die sogenannte Okun-Kurve bestätigt, daß hier etwas grundsätzlich im Argen liegt. Sie zeigt nämlich im Falle der Bundesrepublik Deutschland eine perverse Beziehung zwischen Kapazitätsauslastung und Arbeitslosigkeit: jedesmal, wenn die Kapazitäten stark ausgelastet waren und die Wirtschaft florierte, war die Arbeitslosigkeit höher als an der vorherigen Spitze der Kapazitätsauslastung. Jeder nachfolgende Wirtschaftsaufschwung half dem Arbeitsmarkt weniger als der vorhergehende. Das ist ein böses Omen. Auch die Zahl der offenen Stellen ging bei tendenziell steigender Arbeitslosigkeit zurück – ein anderes Indiz dafür, daß hier mehr als individuelle Arbeitsunlust im Spiele ist.

Und schließlich fällt auf, daß nicht nur das Ausmaß, sondern auch die Dauer der Arbeitslosigkeit mit jedem Konjunkturzyklus zunahm. 1973 waren die Arbeitslosen im Durchschnitt 7,4 Wochen ohne Beschäftigung, 1987 im Schnitt 29,7 Wochen. Der Anteil derjenigen, die ein Jahr oder länger ohne Arbeit waren, stieg von 8,5 % im Jahr 1973 auf 31,9 % im Jahr 1987.

Verantwortlich dafür ist ein zunehmender Mangel an Marktwirtschaft auf dem Arbeitsmarkt. Genug zu tun gibt es schließlich, sonst würde die Schattenwirtschaft nicht so prächtig gedeihen. Die Schattenwirtschaft aber ist unverfälschte Marktwirtschaft und nur von Angebot und Nachfrage bestimmt.

90 % der Beschäftigungsverhältnisse in der Bundesrepublik werden unter Kartellbedingungen eingegangen. Arbeitnehmer und Arbeitgeber sind an kollektive Abmachungen gebunden, die auf den Einzelfall keinerlei Rücksicht nehmen. Dem Arbeitnehmer ist es sogar verwehrt, seine Arbeit unter Tarif zu verkaufen.

Noch in den sechziger Jahren wurde stärker auf die Produktivitätsentwicklung einzelner Industriezweige und auf regionale Unterschiede Rücksicht genommen. Inzwischen hat sich die Tendenz zum Bundeseinheitstarif durchgesetzt. Die Tarifpolitik unterscheidet nicht mehr zwischen florierenden und notleidenden Branchen. Vom defizitären Schiffbau, wo die Löhne eigentlich hätten fallen müssen, bis zur profitablen Automobilindustrie in Baden-Württemberg werden einheitliche Lohnsteigerungen oktroyiert. Den schwachen Regionen der Bundesrepublik wird der Vorteil billigerer Arbeitskräfte verwehrt. Und Betriebe, die an der Grenze der Rentabilität arbeiten, leiden darunter, daß in der Tarifpolitik die Interessen der größeren und stärkeren Unternehmen dominieren.

Der deutsche Arbeitsmarkt hat seine Flexibilität verloren. Das »Recht auf einen bestimmten Arbeitsplatz« wurde zur Ideologie erhoben. Eine Reihe von einfachen Dienstleistungen ist vom Markt verschwunden, weil die hohen Mindestlöhne und Lohnzusatzkosten solche Art von Arbeit zu teuer machen. Der sehr weit gehende Kündigungsschutz verhindert Neueinstellungen.

Dazu die Arbeitsgemeinschaft Selbständiger Unternehmer: »Jede Erschwerung von Entlassungen ist immer zugleich auch eine Erschwerung oder Behinderung von Neueinstellungen. In Deutschland kann man sich heute leichter von einem Ehepartner als von einem Arbeitnehmer trennen. In den USA dagegen kommt es zwar schneller zu Entlassungen, aber auch viel schneller wieder zu Neueinstellungen. Die durchschnittliche Dauer der Arbeitslosigkeit ist dort wesentlich kürzer als in der Bundesrepublik. Es wurden unvergleichlich mehr Arbeitsplätze geschaffen als in Deutschland. Abfindungszwänge, Sozialpläne usw. verteuern ebenfalls die Entlassung und erhöhen damit das Risiko einer Neueinstellung. Die Kosten hierfür haben sich seit 1972 bis Anfang der achtziger Jahre vervierfacht. Den Unternehmen wird es erschwert, sich rasch an wechselnde Marktlagen anzupassen.« Zurecht meint die Arbeitsgemeinschaft Selbständiger Unternehmer, das liberale und marktwirtschaftliche Arbeitsrecht, von Ländern wie der Schweiz, wo man keine Arbeitslosigkeit kennt, könne der Bundesrepublik zum Vorbild dienen.

Nicht nur der deutsche Arbeitsmarkt steckt in einem Korsett, auch die Wirtschaft selbst ist auf eine Weise reguliert, die nicht frei von Komik ist. Den Bäckern wird vorgeschrieben, wann sie ihre Backöfen anheizen dürfen, den Einzelhändlern, wann sie ihre Läden schließen müssen, den Versicherungen, wie sie ihre Prämien gestalten sollen. Die Stromversorgung ist monopolistisch organisiert, das Handwerk ist derart überreguliert, daß es zu wenige Handwerker gibt – selbst Rabatte, Schlußverkäufe und die Werbung mit Preissenkungen sind bundeseinheitlich begrenzt. Viele solcher Gesetze stammen noch aus der Planwirtschaft des Dritten Reiches.

Wenn mehr Mittelständler, mehr Manager und Unternehmer im Bundestag säßen, wären vermutlich auch die Rahmenbedingungen der Wirtschaft liberaler und rationaler. Das Übergewicht von Funktionären und Beamten hat den Bundestag zu einem wirtschaftsfremden Parlament gemacht. In der innerparteilichen

Machtbalance der CDU spielt der Mittelstand eine klägliche Rolle, obwohl er die loyalsten Wähler der Union stellt. Die Epigonen Erhards haben kein in sich geschlossenes Konzept einer Freien Marktwirtschaft mehr. Wenn sie sich mit der Wirtschaft befassen, geschieht das pragmatisch, opportunistisch, risikoscheu und im Zweifelsfall dirigistisch. Und die FDP, die eine Alternative hätte darstellen können, besitzt die Farbechtheit eines Chamäleons.

Die Erfolge der Wirtschaft kann sich die Bonner Wirtschaftspolitik ohnehin nicht an den Hut stecken. Sie beruhen auf der Leistung der Wirtschaft selbst: einer international beispielhaften Ausbildung der Arbeitskräfte, der Innovationsfähigkeit und Exporterfahrung der Unternehmen, der hohen Produktivität. Die Politik hat, unter dem Strich, diesen Erfolg eher behindert als gefördert. Zu hohe Besteuerung, enorme betriebsfremde Lasten und übermäßige Bürokratie engen besonders die mittleren Unternehmen ein. Der deutsche Mittelstand bildet 85 % der Lehrlinge aus, stellt 60 % der Arbeitsplätze und erwirtschaftet 60 % aller Steuern – im Konzert der öffentlichen Meinung und bei der Gesetzgebung in Bonn besitzt er kein großes Gewicht.

Mehr als 40 Jahre, nachdem Erhard die Planwirtschaft beendete, ist die Marktwirtschaft der Bundesrepublik durchsetzt von sozialistischen Fremdkörpern. Trotz der vielfältigen Einschränkungen des Wettbewerbs wirft das System aber immer noch so viel ab, daß sich das Land den Luxus ständig steigender Reallöhne auch in defizitären Branchen, den Luxus eines überbequemen sozialen Netzes, eines verschwenderischen

Staates und großzügiger Zahlungen an aller Herren Länder leisten kann.

Gerade weil das Land reich ist, kann es sich eine gewisse Dosis an Sozialismus genehmigen. Der Sozialismus war noch nie etwas für arme Länder. Bei schönem Wetter funktioniert das System, aber für den wirtschaftlichen Ernstfall sind die Reserven nicht mehr übermäßig groß.

Eine weltwirtschaftliche Rezession, die nur eine Frage der Zeit ist, wird die Bundesrepublik Deutschland an verschiedenen höchst empfindlichen Stellen treffen. Die unverantwortliche Staatsverschuldung, das unflexible Lohn- und Gehaltsniveau, die Gewöhnung an eine »sozial« etikettierte Umverteilung, das zu hohe Plateau der Arbeitslosigkeit und die unzähligen Behinderungen der freien Wirtschaft haben dazu geführt, daß das System Fett angesetzt hat.

Das größte potentielle Risiko aber liegt in der beispiellosen Exportabhängigkeit der deutschen Wirtschaft. Pro Kopf der Bevölkerung exportiert die Bundesrepublik mehr als zweimal soviel wie Japan, viermal soviel wie die USA. Am Ende der achtziger Jahre machten die Ausfuhren ein Drittel des Bruttosozialproduktes aus – doppelt soviel wie in den fünfziger Jahren.

Das bedeutet, daß eine internationale Rezession oder Depression, bei der immer der Welthandel einbricht, die Bundesrepublik ungleich härter treffen würde als ihre Konkurrenten. Dann würde das System auf eine Bewährungsprobe gestellt, wie es sie nie gab. Dann müßte sich erweisen, wie gut die Substanz ist, die in den fünfziger und sechziger Jahren geschaffen wurde.

Mancher Politiker würde die Substanz gerne jetzt schon verschleudern. 1989, im Jahr des kräftigsten Wirtschaftsaufschwungs des Jahrzehnts, erhob der SPD-Experte Ehrenberg die Forderung, die Deutsche Bundesbank solle pro Jahr 15 Milliarden Mark an Bonn überweisen – und dazu mit dem Verkauf ihrer Goldreserven beginnen. Daß den Sozialisten nicht einmal in guten Zeiten der nationale Goldschatz tabu ist, läßt tief blicken.

Ein einfallsloser Sozialpolitiker wie Ehrenberg kann natürlich nicht wissen, daß die Bundesbank ihr Gold nicht zu verkaufen braucht, um es zu mobilisieren. Um an dieser Stelle einen von mir im Frühjahr 1990 gemachten Vorschlag zu wiederholen: Die Deutsche Bundesbank könnte ihre zu 4501 Mark je Kilogramm gekauften 3000 Tonnen Gold (der Rest wurde ins EWS eingebracht) zu Marktpreisen bewerten. Es entstünde ein Aufwertungsgewinn von rund 400%. Zumindest ein Teil davon könnte an Bonn überwiesen und für Investitionen in Mitteldeutschland eingesetzt werden. Es wäre grundfalsch, die Kosten der Einheit über Steuererhöhungen zu finanzieren – und es ist keineswegs notwendig.

Wir reden und Ihr zahlt

»Oh Freiheit süß der Presse!
Nun sind wir endlich froh.
Sie pocht von Messe zu Messe
In dulce jubilo.
Kommt, laßt uns alles drucken
Und walten für und für.
Nur sollte keiner mucken,
Der nicht so denkt wie wir.«

Johann Wolfgang von Goethe, Zahme Xenien

»Die Mehrheit der Fernsehjournalisten steht links von der Mehrheit der Bevölkerung. Dagegen wäre überhaupt nichts einzuwenden, müßte das Fernsehen seine Mittel verdienen. Der ›Stern‹ oder die ›Frankfurter Rundschau‹ müssen täglich oder wöchentlich ihre Leser davon überzeugen, daß sie ihren Preis auch wert sind. Ohne diese Legitimierung wird das Fernsehen zur staatlich abgesicherten Indoktrination durch eine Minderheitsmeinung.«

Professor Wolfram Engels,
Wirtschaftswoche vom 12. Januar 1990

Als Alexis de Tocqueville vor über 100 Jahren die USA bereiste, war er fasziniert von der Macht der öffentlichen Meinung. »Sie lastet mit ungeheurem Gewicht auf dem Geist eines jeden«, so schrieb der französische Aristokrat, »sie umfängt ihn, sie lenkt und sie unterdrückt ihn. In den Vereinigten Staaten übernimmt die Mehrheit die Aufgabe, den Einzelnen eine fertige Meinung vorzusetzen und enthebt sie damit der Verpflichtung, sich selbst ihre eigene zu bilden.«

Das Phänomen ist geblieben, die Technik ist eine andere. Wo einst Flugblätter kursierten und von Hand gesetzte Zeitungen Meinung machten, läßt sich der Konsument des ausgehenden 20. Jahrhunderts per Knopfdruck, elektronisch und im Sitzen sagen, was er zu denken hat. Eine neue Klasse, die der Vordenker, liefert fertige und mit Vorliebe moralisch verpackte Meinungen. Auch in der Bundesrepublik Deutschland macht die veröffentlichte Meinung öffentliche Meinung – und erledigt wird das kartellmäßig, nämlich öffentlich-rechtlich. Die Rede ist von den Fernsehanstalten, von ARD und ZDF.

Ihre Finanzen sind gewaltig, ihre Macht ist formidabel, die Kontrolle über sie fraglich. Wer sie – von den Parteien einmal abgesehen – wirklich kontrolliert, ist nie so ganz sicher. Der Zuschauer ist es jedenfalls nicht. Ihm ist eine passive Rolle zugedacht. Es ist ihm nicht einmal erlaubt, das Abonnement zu kündigen. Er kann ausschalten, aber zahlen muß er. Es bleibt ihm nichts anderes übrig, als die zweite Wirklichkeit zu finanzieren, die ihm ins Haus gebracht wird – ob sie ihm paßt oder nicht. Das Weltbild der Deutschen wird von oben verordnet.

Die Öffentlich-Rechtlichen, das sind die Landesrundfunkanstalten der ARD, die 1988 Teilnehmergebühren in Höhe von 3,6 Milliarden Mark vereinnahmten und zusätzlich an der Werbung eine knappe Milliarde verdienten. Und das ist das ZDF mit einem Haushalt von 1,6 Milliarden, wovon die Gebühren knapp 900 Millionen ausmachen. Die teils unterhaltenden, teils informierenden und gelegentlich desinformierenden Programme der beiden Giganten werden von sage und schreibe 23 000 Mitarbeitern produziert.

Vor fünf Jahren, als SAT 1 auf Sendung ging, bekam das Kartell Konkurrenz. Gegen die Milliarden-Etats der etablierten Sender traten die privaten Fernsehanstalten mit nicht einmal 200 Mitarbeitern und nicht mehr als 150 Millionen Mark an. Sie finanzieren sich nach wie vor ausschließlich aus Werbeeinnahmen. 1989 lagen die Etats von SAT 1 und RTL, den beiden größten Privaten, bei 350 beziehungsweise 320 Millionen Mark. Das bedeutet, daß der Etat eines einzigen privaten Senders nicht größer war als allein die Verluste, die die ARD schon 1988 in Höhe von 320 Millionen Mark machte. Ungleicher könnten die Chancen nicht sein, ein größerer Kontrast zwischen Marktwirtschaft und zwangsfinanziertem Kartell ist kaum vorstellbar. Aber die öffentlich-rechtliche Organisation von ARD und ZDF, die mehr öffentlich als rechtlich ist, bleibt tabu.

Die großen Parteien haben, so gut es ging, längst Posten und Pfründe der offiziösen Meinungsproduktion unter sich aufgeteilt. Da gibt es Nachrichtensendungen, die voll sind von unerbetener Meinung. Da gibt es von Sachverstand ungetrübte Kommentare. Und da gibt es Magazine, in denen Information und

Meinung so lange gemixt werden, bis nur noch Desinformation übrig bleibt.

Die Bundesrepublik Deutschland besitzt zwar als eines der wenigen Länder eine sogenannte Kontrollinstitution, nämlich die Rundfunk- und Fernsehräte. Sie werden aber ihrer Aufgabe nicht gerecht. Die Pflicht zu einer objektiven Berichterstattung wird immer wieder mißachtet, obwohl nicht nur der Pressekodex sie vorschreibt.

Die in den letzten Jahren auch in der Bundesrepublik Deutschland immer heftiger gewordenen Attacken der Desinformation müssen unter einem globalen Aspekt betrachtet werden. Es werden Einflüsse deutlich, die das Ziel haben, den Staat zu schwächen, die Marktwirtschaft in Frage zu stellen und freiheitliches Denken abzubauen.

In den bundesdeutschen Sendern – mit Schwerpunkt WDR – gibt es für diese Aufgabenstellung eine »optimale« Verteilung. Über Talk-Shows, Wirtschaftssendungen und Magazine, bis hin zu Nachrichtensendungen, wird ein dauerhafter und effektiver Einfluß der Urheber dieser Desinformationspolitik deutlich. Falsch wäre es, diese Auswüchse als zeitlich begrenzt oder vorübergehend zu bezeichnen, da im Gegenteil diese Strategie langfristig angelegt ist und nicht auf schnelle Erfolge abzielt.

Ein »herausragendes« Beispiel für die Umsetzung desinformativer Politik ist Dr. Klaus Bednarz vom WDR, der seine Ausbildung (in Theaterwissenschaften!) in Moskau genossen hat und sich nun dahin qualifiziert dünkt, den Deutschen die Leviten zu lesen.

Zwei eklatante Beispiele aus Bednarz' »Monitor«-

Sendungen sind es wert, zitiert zu werden. So die unsägliche Geschichte um die psychologische Verteidigung der Bundeswehr in Waldbröl, die als äußerst sensibler Teil der Bundeswehr mit den bekannten Mitteln desavouiert werden sollte. Mit geschickter Inszenierung versuchte Bednarz in dieser Sendung, Teile der Bundeswehr in nationalsozialistische Nähe zu rücken.

Die Filmmusik vom »ewigen Juden« im Hintergrund, glaubte Bednarz den »alten Geist« in den Mauern eines ehemaligen nationalsozialistischen Gebäudes zu verspüren, in dem die PSV heute untergebracht ist. Gemeinsame Proteste von Zuschauern und der betroffenen PSV, unter deren Kommandeur Oberst i. G. Prayon, wurden vom Sender kühl zurückgewiesen. Die vom Gesetzgeber vorgesehene Kontrollinstanz, der Fernsehrat des WDR, reagierte nicht nur in diesem Fall wieder einmal auf bezeichnende Art und Weise. In seiner Stellungnahme zu diesem »Monitor«-Beitrag hatte Oberst Prayon dem Fernsehrat folgendes mitgeteilt:

»Über die PSV-Akademie der Bundeswehr in Waldbröl verbreitete der Westdeutsche Rundfunk in einem ›Monitor‹-Beitrag am 17. Januar 1989 u.a. folgende Eindrücke bzw. Behauptungen: 1. Denken und Handeln der Akademie in Waldbröl hätten Verknüpfungen mit dem Nationalsozialismus. Hierzu zeigte ›Monitor‹ einen Filmausschnitt des antijüdischen NS-Films »Der ewige Jude« und WDR III unterlegte die nachfolgende Einführung in die heutige PSV-Akademie mit derselben Hintergrundmusik des Jahres 1940. Hierzu führte der Redakteur mit den Worten ein: ›Hier in Waldbröl ist die Denkfabrik von über 1000 psychologischen

Militärspezialisten angesiedelt..., in einem ehemaligen NS-Hotel, dessen Hallenarchitektur bis heute den Geist brauner Kunstpropaganda atmet.‹ 2. ›Mehrere zehntausend Soldaten und angeworbene Zivilisten durchlaufen jährlich die Waldbröler Psycho-Akademie.‹ 3. ›Psychologische Verteidigung – so hintergründig wie der Name ist das Truppensymbol, eine Schlange mit Pfeilkopf, deren heimlicher Angriff die Linien durchbricht.‹«

In insgesamt 34 Punkten hatte sich die PSV-Akademie beim Rundfunkrat des WDR über den wahrheitswidrigen »Monitor«-Beitrag beschwert, der so angelegt war, daß er bei Millionen Zuschauern negative Assoziationen und Ängste über die PSV vermitteln konnte. Wie sieht die Wirklichkeit aus? Wahr ist, daß sich die PSV-Arbeit in Forschung und Lehre auf Vermittlung nachprüfbarer Sachverhalte gründet und mit Propaganda nichts zu tun hat. Wahr ist, daß an der Akademie 20 Dozenten und Offiziere forschen und lehren (und nicht »über 1000 psychologische Militärspezialisten«). Wahr ist, daß jährlich 1500 Soldaten und Zivilpersonen (freiwillig!) an Seminaren und Lehrgängen der Akademie teilnehmen (und nicht »mehrere 10 000 Soldaten und angeworbene Zivilisten«). Und wahr ist, daß das Symbol der Akademie eine Schallwelle darstellt, die festgefügte Kommunikationslinien überwinden soll (und nicht hintergründig »eine Schlange ... deren heimlicher Angriff die Linien durchbricht«).

Der Rundfunkrat hat in seiner Sitzung am 10. August 1989 unbedeutendere Beschwerdepunkte gegen schwergewichtigere aufgewogen und die Beschwerde mit der Mehrheit seiner Mitglieder zurückgewiesen. Bemerkenswert ist, daß dieses Gremium seit 1985 noch keiner einzigen Beschwerde stattgegeben hat. Der Kommandeur der Akademie, Oberst i. G. Horst Prayon, hat diese Entscheidung des Rundfunkrates auf Anfrage heftig kritisiert. Es bleibe unerträglich, daß die »Monitor«-Redaktion nicht wenigstens aufgefordert worden sei, sich für ihre verantwortungslose Verknüpfung des Films aus der NS-Zeit mit der Arbeit der heutigen Akademie in Waldbröl zu entschuldigen.

Die Antwort des Fernsehratsvorsitzenden Reinhard Grätz spricht für sich selbst: »Sehr geehrter Herr Prayon, mit Schreiben vom 29. Mai 1989 erhoben Sie Programmbeschwerde gegen den ›Monitor‹-Beitrag vom 17. Januar 1989 ›Bundeswehr bespitzelt Bürger‹. Der Rundfunkrat hat in seiner Sitzung am 10. August 1989 nach einer ausführlichen und kontroversen Beratung mehrheitlich festgestellt, daß Ihre Programmbeschwerden gegen die beiden am 17. Januar 1989 ausgestrahlten Sendungen unbegründet sind, da beide Sendungen nicht gegen Programmgrundsätze des WDR verstoßen haben. Vor der abschließenden Beratung im Rundfunkrat wurden Ihre Programmbeschwerden am 7. August 1989 im Programmausschuß des Rundfunkrates beraten, dem der in beiden Beschwerdefällen entstandene Schriftwechsel, die Manuskripte der Sendungen sowie jeweils eine Stellungnahme des Intendanten vorlagen. Einige Mitglieder des Programmausschusses, insbesondere der Vorsitzende und die beiden stellvertretenden Vorsitzenden, haben Aufzeichnungen der Sendung gesehen. Außerdem bestand Gelegenheit für alle Gremienmitglieder, vor Eintritt in die Beratungen die Sendung anzusehen.«

Grätz weiter: »Auf der Grundlage dieser Informationen fand die Meinungsbildung statt. Im Beratungsverfahren wurden Ihre Einwände auf mögliche Verstöße gegen die im § 5 WDR-Gesetz festgelegten Programmgrundsätze überprüft. Ausführlich und äußerst kontrovers wurde sowohl im Programmausschuß als auch im Rundfunkrat zu Ihrer Kritik an dem in beiden Sendungen gezogenen Vergleich zu Institutionen und Personen des Nazi-Regimes, und dabei auch zur Einspielung von Szenen und Musik aus dem Film ›Der ewige Jude‹, Stellung genommen. Zu prüfen war, ob und inwieweit hierdurch das Gebot der Wahrheitsverpflichtung und der journalistischen Fairneß berührt wurde. Mehrheitlich wurde keine Verletzung dieser Gebote gesehen« ...

Die Ehrlichkeit, mit der der Fernsehratsvorsitzende der Bundeswehr antwortet, ist fast schon bewundernswert. Er schreibt, daß der beanstandete Streifen allen Rundfunkratsmitgliedern zur Verfügung gestanden hätte, daß aber nur einige wenige davon Gebrauch gemacht hätten. Anschließend spricht er aber von einer mehrheitlichen Entscheidung gegen die Einwände der PSV.

Wie können Rundfunkräte über etwas entscheiden, das sie nie zuvor gesehen haben? Noch weiter desavouiert Grätz seine Rundfunkratskollegen, wenn er im selben Brief schreibt, daß jene Diskussion im Rundfunkrat »mit politischen Akzenten« geführt worden sei. Der Rundfunkrat hat aber nach bestehender Gesetzeslage, darauf weist auch Grätz hin, keine politischen, sondern rein sachlich orientierte Entscheidungen zu fällen.

Dann war es wiederum der Theaterwissenschaftler Bednarz, der es fertig brachte, mit Hilfe eines kleinen Wurms von wenigen Millimetern Länge die deutsche Fischwirtschaft innerhalb weniger Wochen mit einem Verlust von ca. 700 Millionen Mark an den Rande des Ruins zu bringen. Bednarz projezierte den Fund eines einzigen Wurms in einem einzigen Fisch auf den gesamten Fischbestand und verunsicherte dadurch die Fernsehzuschauer dermaßen, daß am nächsten Tag schon ein alarmierender Käuferschwund einsetzte.

Solche Sendungen, die immer auch von den direkt Betroffenen zwangsfinanziert werden, sind keine untypischen Einzelfälle. Sie sind ebenso system-immanent wie das unjournalistische Berufsethos der Vordenker. Das Problem der bundesdeutschen Sender ist einerseits das Problem der Arroganz der politischen Parteien und andererseits das Problem der Arroganz gewisser Journalisten. Jeder versucht, auf seine Weise Einfluß auf das Programm zu nehmen, um seine Ideen zu publizieren. Nur ziehen die Konservativen dabei den Kürzeren. So haben die bürgerlichen Parteien in den letzten Jahrzehnten immer wieder und auch mit Erfolg versucht, den Intendanten der jeweiligen Rundfunk- oder Fernsehanstalt zu stellen und haben dabei übersehen, daß das Programm weiter unten gemacht wird. Diese Macher stellte zunehmend die deutsche Linke, und so sieht das Programm denn auch aus.

Wie groß dieser linke Einfluß heute geworden ist, zeigt das Beispiel Franz Alt vom Südwestfunk, der unter dem Deckmantel der CDU-Mitgliedschaft seit

Jahren auf den verschiedensten Ebenen gezielte Desinformation betreibt. Als ein eklatantes Beispiel für Alt'sche Desinformationspolitik mag das Beispiel Birkel dienen. Hier wurde aufgrund einer gezielten Falschinformation über die angebliche Verwendung verdorbener Eier für die Nudelfabrikation in der Sendung »Report« aus Baden-Baden ein Wirtschaftsunternehmen, gesund bis in die Knochen, in den Ruin getrieben. Ende des Jahres 1989 gab Firmenchef Birkel den Kampf um seine Rehabilitierung entnervt auf und verkaufte seine Firma an einen französischen Konkurrenten, hélas!

Die Praxis eines manipulierenden Meinungsjournalismus stößt allmählich in der Bevölkerung auf Empörung und Widerstand. Leider sind die offiziellen Kontrollgremien nicht der ideale Platz für Bürgerbeschwerden, da in den letzten Jahren kaum einmal eine Programmbeschwerde durchgedrungen ist. So kam es nicht von ungefähr, daß sich engagierte Bürger zusammenfanden, um eine Opposition gegen diese Manipulation und Desinformation zu bilden. In der Bundesrepublik Deutschland war dies Hansjörg Klein aus Erlangen, der vor sechs Jahren den Verein »Bürger fragen Journalisten« gründete, um hier eine Anlaufstelle für die Bürger zu bieten, die es bei bloßem Ärger über gewisse Sendungen nicht belassen wollten. »Bürger fragen Journalisten« hat es sich zur Aufgabe gemacht, gegen tendenziöse Berichterstattung, Meinungsmanipulation, Machtmißbrauch, also ganz allgemein gegen Desinformation, vorzugehen. Der Verein vertritt das Recht des Bürgers auf unverfälschte Unterrichtung. Die öffentlich-rechtlichen Anstalten sind dazu durch Gesetz und Staatsverträge verpflichtet. Zu diesem

Thema hat das Bundesverfassungsgericht in einem Grundsatzurteil festgestellt: »Hervorzuheben ist ... die Bedeutung umfassender und wahrheitsgemäßer Information der Bürger, welche namentlich der Presse und dem Rundfunk obliegt und Grundvoraussetzung des Prozesses demokratischer Meinungs- und Willensbildung ist.«

Weiterhin sollte jeder Journalist dem Pressekodex, herausgegeben vom Deutschen Presserat, verpflichtet sein, der unter anderem festlegt: »Verleger, Herausgeber und Journalisten ... nehmen ihre publizistische Aufgabe nach bestem Wissen und Gewissen, unbeeinflußt von persönlichen Interessen und sachfremden Beweggründen, wahr. Achtung vor der Wahrheit und wahrhaftige Unterrichtung der Öffentlichkeit sind oberstes Gebot der Presse.«

Zudem gelten für Journalisten im Hörfunk und Fernsehen rechtsverbindliche Vorschriften, so zum Beispiel der Staatsvertrag des ZDF und die ZDF-Programmrichtlinien, in denen es unter anderem heißt: »In den Sendungen der Anstalten soll ... ein objektiver Überblick über das Weltgeschehen, insbesondere ein umfassendes Bild der deutschen Wirklichkeit, vermittelt werden. Die Berichterstattung soll umfassend, wahrheitsgetreu und sachlich sein. Herkunft und Inhalt der zur Veröffentlichung bestimmten Berichte sind sorgfältig zu prüfen. Nachrichten und Kommentare sind zu trennen; Kommentare sind als persönliche Stellungnahme zu kennzeichnen. Die Informationssendungen müssen durch Darstellung der wesentlichen Materialien der eigenen Meinungsbildung dienen. Sie dürfen dabei nicht durch Weglassen wichtiger Tatsachen, durch Verfälschung oder durch Suggestivmethoden die persönliche Entscheidung zu bestimmen versuchen. Es ist darauf zu achten, daß gegensätzliche Standpunkte möglichst gleichwertig behandelt werden. Werturteile über Personen und Tatbestände müssen als persönliche oder redaktionelle Meinung zu erkennen sein.«

Die meisten Journalisten arbeiten zwar nach diesen Grundsätzen, aber dagegen steht eine einflußreiche Minderheit, die unter Mißachtung dieser Grundsätze indoktriniert und manipuliert.

Nicht erst seit Gründung von »Bürger fragen Journalisten« zieht sich wie ein roter Faden die Kampagne gegen die Wirtschaft in all ihren Facetten durch die Medien. Bevorzugtes Thema der Desinformierer war in all den Jahren die Kernkraft. Schizophrenerweise ging es jedoch gleichzeitig auch gegen die Kohle, weiterhin war die Chemie ein beliebtes Ziel der Desinformationsjournalisten. Zielsicher werden die Automobilindustrie, der ADAC, das Rote Kreuz, das Militär oder die Kirche auf's Korn genommen.

Die Katholiken unter den Zuschauern wird es nicht gerade amüsiert haben, was am 22. November 1989 in der ARD zu hören war: »Es gibt ja viele göttliche Strafen. Es gibt Pest, es gibt AIDS, den Scheiterhaufen, aber die göttlichste Strafe ist sicher die Katholische Kirche.«

Jüngstes Beispiel, wie man sich einen Teil unserer Wirtschaft herausgreift, um ihn zu ruinieren, war eine »Mona Lisa«-Sendung vom Herbst des Jahres 1989, die nichts anderes zum Ziel hatte, als die deutsche Pelzwirtschaft zu ruinieren. »Trans Media«, das monatliche

Organ des Vereins »Bürger fragen Journalisten«, recherchierte und widerlegte Punkt für Punkt die in der Sendung angegebenen »Tatsachen«. Die damaligen Recherchen erregten bundesweites Aufsehen, und dieser »Trans Media«-Artikel wurde in einer Auflage von über 130 000 Exemplaren bundesweit veröffentlicht.

Wirksame Gegenöffentlichkeit ist die einzige Möglichkeit, effektiv gegen die steigende Desinformation vorzugehen. Es reicht nicht aus, daß die neuesten und immer feiner werdenden Methoden der Desinformation nur in Spezialistenkreisen diskutiert, analysiert und kritisiert werden. Solange diese Informationen nicht einem breiten Publikum bekanntgemacht werden, wird die Chance, die Desinformation zu besiegen, gering bleiben.

Diese Einsicht hat sich inzwischen nicht nur in der Bundesrepublik Deutschland durchgesetzt, sondern auch in anderen europäischen und außereuropäischen Ländern. So gibt es zwischenzeitlich ähnliche Aktivitäten auch in Frankreich, wo das »Institut d'Etudes de la Désinformation« unter seinem Präsidenten Daniel Trinquet ebenfalls seit einigen Jahren versucht, eine Gegenöffentlichkeit durch das wöchentlich erscheinende »Hébdo dé la Désinformation« aufzubauen.

Ein über die Grenzen Frankreichs hinaus viel beachtetes Echo fand ein Kongreß zum Thema Desinformation im Herbst des Jahres 1989, zu dem sich Spezialisten zu diesem Thema aus aller Herren Länder zusammenfanden. Hier wurde klar, daß auf nationaler Ebene etliche Anstrengungen unternommen werden, um der gezielten Desinformation entgegenzutreten, daß aber nationale Anstrengungen in der Zukunft nicht mehr ausreichen werden, um dem wachsenden Druck Herr zu werden. Die Vereinigten Staaten haben dies schon seit längerem erkannt und versuchen, über ihre eigens für diesen Kampf gegen die Desinformation gegründeten Institute auch über nationale Grenzen hinaus Gleichdenkende zur gemeinsamen Arbeit zu bringen. Es gibt inzwischen internationale Kontakte auf verschiedenen Ebenen, um zumindest einen Zusammenschluß der auf nationaler Ebene existierenden Organisationen zu erreichen, um damit die Anstrengungen zusammenzuführen und effektiver arbeiten zu können.

»Der Widerspruch zwischen erfaßbarer und eingebildeter bundesdeutscher Wirklichkeit könnte nicht bizarrer sein«, schrieb Erich Wiedemann in seinem vorzüglichen Buch »Die deutschen Ängste«. Die erste Wirklichkeit ist die des täglichen, von Jedermann selbst erfahrbaren Lebens – die zweite wird von den elektronischen Sinnvermittlern produziert. Man sollte ihr mit Respektlosigkeit begegnen. Die Vordenker sind allgegenwärtig und doch mühelos durchschaubar.

Zwölf Jahre Vergangenheit

»Das Instrument des Antigermanismus ist ebenso wirksam wie das des Antijudaismus, der sich ebenfalls von seinem Objekt verselbständigt hat. Der Antijudaismus hat mit den realen Juden und dem realen Judentum, wenn überhaupt, nur sehr wenig gemein. Der Antigermanismus zeichnet, verzeichnet und überzeichnet das heutige Deutschland ebenso wie einst der Jude nur als Fratze dargestellt wurde. Seit Jahrtausenden leben die Juden mit dem Antijudaismus, die Deutschen werden sich, wohl oder übel, an die Allgegenwart des Antigermanismus gewöhnen müssen.«

Michael Wolffsohn: Ewige Schuld? 40 Jahre deutsch-jüdisch-israelische Beziehungen, 1988 in der Serie Piper

»Wir sind 1939 nicht in den Krieg eingetreten, um Deutschland vor Hitler oder die Juden vor Auschwitz oder den Kontinent vor dem Faschismus zu retten. Wie 1914 sind wir für den nicht weniger edlen Grund in den Krieg eingetreten, daß wir eine deutsche Vorherrschaft in Europa nicht akzeptieren konnten.«

Die britische Sonntagszeitung Sunday Correspondent, September 1989

»Hitler haben wir, wenn auch vielleicht nicht endgültig, bewältigt. Nicht bewältigt aber haben wir die Bewältigung Hitlers, wie sie zur Studentenrebellion von 1968 und zu den fundamentalen Umwertungen der Folgezeit geführt hat. 50 Jahre nach der Machtergreifung ist Hitler für uns ein Gegenstand der Geschichte, unser Problem aber ist die Antwort auf ihn, wie sie in den sechziger Jahren gegeben worden ist.«

Ludolf Herrmann, 1983

1993 werden es 60 Jahre her sein, daß die Nationalsozialisten an die Macht kamen – und noch immer versuchen die Deutschen, ihre Vergangenheit zu bewältigen. Gemeint sind zwölf Jahre davon. Unproblematisch ist der Rest der 1079 Jahre, die vergangen sind, seit die deutschen Stämme im Jahre 911 Herzog Konrad zum König erhoben, anstatt dem französischen Karolinger zu huldigen und zum ersten Mal ein deutscher Staat entstand – ohne daß sich dessen Bewohner freilich einer nationalen Identität bewußt gewesen wären.

Bis ins 20. Jahrhundert hinein hatten die Deutschen nichts zu bewältigen. In der langen Reihe ihrer Herrscher fehlte es an grausamen Gestalten. Wo das Reich gesamteuropäische Verantwortung trug, wurde sie mit Maß ausgeübt. Kriege, Aggressionen und nationalistische Überheblichkeit waren keine deutschen Charaktermerkmale. Die Deutschen wurden eher Opfer fremder Gewalt, als daß sie andere Völker unterdrückt hätten. Im längsten und blutigsten Vernichtungskrieg der Neuzeit, dem 30jährigen Krieg, hinterließen Schweden und Franzosen in Deutschland Verwüstungen, die die menschliche und wirtschaftliche Substanz für ein ganzes Jahrhundert schwächten. Die Deutschen dezimierten keine fremden Völker, sie standen so gut wie abseits bei der Kolonisierung der farbigen Welt, sie waren nicht in das internationale Geschäft mit dem Sklavenhandel verwickelt. Der erste moderne totale Krieg ging nicht von deutschem Boden aus, er wurde von den amerikanischen Nordstaaten gegen die Einwohner der Südstaaten geführt. Die ersten Konzentrationslager wurden von den Briten in Südafrika eingerichtet. Die Deutschen waren so unfähig zu blutigen

Revolutionen und nationalistischem Wahn, daß der Michel mit der Zipfelmütze zur Symbolfigur dieses harmlosen Volkes werden konnte.

Mit großer Verspätung, erst 1871, fanden sie zur nationalen Einheit. Das hatten sie der staatsmännischen Kunst Bismarcks zu verdanken – eines konservativen, vorurteilslosen Preußen, der sich keine Illusionen über die prekäre geographische Lage des jungen Reiches machte, der nach 1871 nicht mehr wollte, als den Status quo zu wahren und der wußte, daß dies nur möglich war, solange das Reich in Europa ausgleichend wirkte und alles vermied, um antideutsche Koalitionen zu provozieren. Bismarck bleibt bis heute der Idealtypus des deutschen und europäischen Realpolitikers.

Seinen Nachfolgern ist nicht etwa vorzuwerfen, daß sie den Ersten Weltkrieg wollten oder schuld daran waren. Das wäre zu vordergründig. Ihrer Verantwortung vor dem Volk wurden sie bereits dadurch nicht gerecht, daß sie ihn nicht zu verhindern verstanden. Bismarck hatte dringend empfohlen, das Deutsche Reich solle bei Auseinandersetzungen auf dem Balkan keine Verpflichtungen eingehen. Er wäre nicht so töricht gewesen, einen Platz an der Sonne zu fordern und fremde Empfindlichkeiten zu reizen. Er hätte nicht untätig mit angesehen, wie sich antideutsche Koalitionen bildeten, die das Reich schließlich in die hoffnungslose Lage eines Zwei-Fronten-Krieges brächten. Um den Historiker Johannes Haller zu zitieren: »Während man so mit eigener Hand das Netz der Einkreisung knüpfen half, trieb man zugleich eine Politik anspruchsvollen Um-sich-Greifens, die zu den Grundsätzen Bismarcks in schroffem Widerspruch stand.«

Eine unheilvolle Rolle auf dem Weg in die Katastrophe von 1918, ohne die Hitler nicht denkbar ist, spielte Bernhard von Bülow, von 1900 bis 1909 Reichskanzler. Haller nennt ihn »einen Staatsmann ohne eigene Gedanken, unecht und unwahr in jeder Faser, ohne Pflichtgefühl und Gewissen, nur auf den eigenen Vorteil bedacht, ein Verbrecher am eigenen Vaterland, das schließlich zu verleugnen er sich nicht einmal gescheut hat, um fremdes Bürgerrecht zu erwerben. Ein Verhängnis wollte, daß seine Amtszeit gerade in die Schicksalsjahre fiel, in denen der Anschluß an England verfehlt wurde und der Ring der Feinde sich um das vereinsamte Deutschland schloß. Daß es so weit kam, das ist die furchtbare Schuld, die bei seinem Namen im Hauptbuch der Geschichte steht.«

Das Urteil, das der Historiker Haller über Bülow und andere Politiker des Kaiserreiches fällte, hat freilich einen ganz anderen Inhalt als die rachsüchtige Zuteilung der Kriegsschuld im Versailler Vertrag, die die Rechtfertigung dafür abgeben sollte, den besiegten Gegner mit maßlosen Reparationen auszubluten und auf Jahre hinaus bis zum äußersten zu demütigen.

Lord Keynes war nicht der einzige, der damals erkannte, daß mit dem Versailler Diktat der Grundstein für einen neuen Krieg gelegt wurde. Es war vorhersehbar, daß Deutschland die Revision des Versailler Vertrages betreiben würde – auch die territoriale Revision. Franzosen und Engländer hätten in einer vergleichbaren Situation nicht anders gehandelt. Selbst Stresemann suchte zwar die Verständigung mit Frankreich, war aber nicht bereit, sich mit den Grenzen im Osten abzufinden. Die künstliche Regelung um Danzig, die Unterdrückung von Millionen Deutschen in Polen und der Tschechei waren nicht akzeptabel. Hitler hätte die Zustimmung der Westmächte zum Münchener Abkommen nicht so mühelos bekommen, wenn seine Forderungen nicht als legitim angesehen worden wären. In Österreich und dem Sudetenland wurde durchaus dem Selbstbestimmungsrecht der Völker Geltung verschafft. Was die Westmächte der Weimarer Republik verweigert hatten, billigten sie dem Diktator innerhalb weniger Jahre zu.

Es ist unhistorisch, die deutsche und europäische Geschichte der dreißiger und vierziger Jahre ausschließlich unter dem Aspekt der Verbrechen Hitlers zu sehen, das ergäbe nur einen kleinen Ausschnitt aus dem Gesamtbild. Wie jeder Krieg, hatte auch der von 1939 bis 1945 diplomatische, militärische, wirtschaftliche und ideologische Aspekte. Wie der Ausbruch fast jeden Krieges wurde auch sein Ausbruch von den Zielen, Motivationen, Irrtümern und Unterlassungen vieler Seiten bestimmt. Alle Faktoren objektiv zu gewichten, ist Sache des Historikers, nicht von historisch ungebildeten Politikern. Eine politisierende Geschichtsschreibung sollte man totalitären Regimes überlassen. Geschichtsschreibung erzählt, wie es gewesen ist, oder sie ist keine.

Der Massenmord an den Juden, obwohl während des Krieges und unter seinem Deckmantel begangen, war weder ein Kriegsverbrechen im konventionellen Sinn, noch spielte er bei seinem Ausbruch eine Rolle. Die Rechtlosigkeit der Juden in Deutschland schon vor 1939 wurde von den Alliierten nicht zum Kriegsgrund gemacht. Man kann oder sollte sich wünschen, daß die

Rettung der Juden ihr vornehmstes Kriegsziel gewesen wäre. Aber sie war es nicht.

Mit der systematischen Ermordung der Juden begannen die Nationalsozialisten erst im Verlauf des Krieges, sie war wahrscheinlich auch nur unter Kriegsbedingungen möglich: die Vernichtungslager lagen außerhalb des Reichsgebietes, sonst hätten die Vorgänge nicht vor der Bevölkerung geheimgehalten werden können. Der vulgäre Antisemitismus der Nationalsozialisten war jedoch schon erkennbar, bevor sie überhaupt an die Macht kamen. Man brauchte nur Hitlers Buch zu lesen: die Theorie vom »Lebensraum« wurde auf ein paar Seiten abgehandelt, der Antisemitismus aber durchzog das ganze Opus wie ein roter Faden.

Hitler teilte nie die westliche Wertordnung, aber er wurde in Deutschland gewählt und im Ausland akzeptiert und nicht selten bewundert. Noch am 5. Mai 1940 wunderte sich sein Propagandaminister Goebbels: »1933 hätte ein französischer Ministerpräsident sagen müssen (wäre ich französischer Ministerpräsident gewesen, ich hätte es gesagt): Der Mann ist Reichskanzler geworden, der das Buch ›Mein Kampf‹ geschrieben hat, in dem das und das steht. Der Mann kann nicht in unserer Nachbarschaft geduldet werden. Entweder er verschwindet, oder wir marschieren. Das wäre durchaus logisch gewesen. Man hat darauf verzichtet. Man hat uns gelassen, man hat uns durch die Risikozone ungehindert durchgehen lassen, und wir konnten alle gefährlichen Klippen umschiffen, und als wir fertig waren, gut gerüstet, besser als sie, fingen sie den Krieg an.«

Mit dem Antisemitismus in Deutschland nach 1933

fand sich die Welt zunächst vielleicht auch deswegen ab, weil er dort zwar besonders virulent auftrat, aber keine deutsche Spezialität war. Selbst in den westlichen Demokratien war Antisemitismus in der milden Form gesellschaftlicher Diskriminierung salonfähig. Noch in den dreißiger Jahren gab es an den beliebten Badestränden von New York besondere Abschnitte für Juden. In Osteuropa hatte die rabiate Spielart des Antisemitismus eine lange Tradition. Am zaristischen Hof des 19. Jahrhunderts und unter den herrschenden Klassen des Zarenreiches war er besonders ausgeprägt. Als der Deutsche Kaiser gegen Rußland marschierte, war dies für viele Juden ein Krieg gegen den Unterdrücker.

Aus Rußland stammte auch die Verschwörungstheorie, die zusammen mit sozialen Neidkomplexen und primitivsten rassistischen Theorien die Basis für Hitlers Antisemitismus bildete. Die sogenannten »Protokolle der Weisen von Zion«, die heute noch in antisemitischen Zirkeln herumgereicht werden, wurden im zaristischen Rußland fabriziert und dort 1905 von einem Serge Nilus publiziert. Er behauptete, einem jüdischen Komplott zur Beherrschung der Erde und zur Errichtung einer jüdischen Weltregierung auf die Spur gekommen zu sein. Erst 1921 konnte Philip Graves, Korrespondent der Londoner Times in Konstantinopel, nachweisen, daß diese angeblichen Dokumente gefälscht waren. Zum selben Schluß kam ein Gerichtsurteil im Jahre 1934 in Bern.

Damit war die Legende dennoch nicht aus der Welt geschafft. Noch 51 Jahre später behauptete die sowjetische Nachrichtenagentur TASS: »Zionisten waren Partner des Naziregimes. Eine jüdische Bank in Amsterdam lieh Hitler 1929 zehn Millionen Dollar. Eine jüdische Bank in Köln diskutierte mit Hitler die Wünschbarkeit des Holocaust. Israel betreibt amerikanisch-geförderten Imperialismus. Zionisten sind der Feind der Sowjetunion.«

Schon vor dem Ersten Weltkrieg machten die Juden in Deutschland nur eine kleine Minderheit aus. Ihre Zahl stieg bis 1910 auf 615 000 und sank wegen der ungünstigen Altersstruktur schon in den zwanziger Jahren. Mitte 1933 lebten 502 799 Juden im Deutschen Reich.

Im Kaiserreich hatten sie als Ratgeber in der Umgebung Wilhelms II. und als Kämpfer an der Front eine herausragende patriotische Rolle gespielt. Ein prominenter jüdischer Reeder beging aus Gram über Deutschlands Niederlage Selbstmord. Die Juden, die auf dem Boden der österreichisch-ungarischen Monarchie und im Zarenreich lebten, sprachen einen deutschen Dialekt, das »Jiddische«. Sie lasen deutsche Literatur, sie waren Exponenten deutscher Kultur in den Weiten Osteuropas. In Elias Canettis großartiger Autobiographie kann man nachlesen, mit welcher Bewunderung die Sepharden im nördlichen Bulgarien, Untertanen des Sultans von Konstantinopel, nach Deutschland blickten.

Hitler hat diese deutsch-jüdische Kultur in Osteuropa vernichtet, er war alles andere als ein deutscher Nationalist. Die Vernichtung der Juden war nicht zuletzt auch ein deutscher Suizid. Den Rest besorgte Stalin, der die deutsche Kolonisierungsarbeit von Jahrhunderten auslöschte, der auf die Massenmorde an den Juden solche an den Deutschen folgen ließ und ganz

Osteuropa einer barbarischen Sklaverei unterwarf, deren letzte Bastion erst im Dezember 1989 in Rumänien fiel.

Der Weg in die Tragödie (hier macht das oft mißbrauchte Wort einen Sinn) begann mit einem allgemeinen »Judenboykott« im April 1933. Im September 1935 verloren die deutschen Juden durch die Nürnberger Gesetze ihre Reichsbürgerrechte. Bis etwa 1938 zielte die offizielle Politik hauptsächlich darauf ab, sie aus dem bürgerlichen und wirtschaftlichen Leben zu verdrängen und sie zur Auswanderung zu veranlassen. Die Pogrome von 1938, die Einführung des J-Stempels in den Pässen im selben Jahr und der Erlaß einer »Reichsfluchtsteuer« machten die Lage der Zurückgebliebenen immer unerträglicher.

Nachdem das Regime sie entrechtet hatte, wurden sie auch noch enteignet. Von 39 532 jüdischen Betrieben, die am 1. April 1938 registriert waren, wurden innerhalb von zwölf Monaten 14 803 liquidiert und 5 976 »entjudet«, wie es im Jargon der Machthaber hieß. Nachdem sie die Reichsfluchtsteuer und die erste Rate einer sogenannten Kontribution in Milliardenhöhe bezahlt hatten, besaßen selbst vermögende Juden Anfang 1939 kaum noch Bargeld.

1938 und 1939, in den beiden Jahren vor Kriegsausbruch, liefen zwischen Berlin und einem dafür zuständig zwischenstaatlichen Komitee Verhandlungen über die Auswanderung der Juden. 1939 lebten noch 219 499 von ihnen im Reichsgebiet – all entrechtet und die meisten von ihnen ausgeplündert und so verarmt, daß sie die Mittel nicht mehr selbst aufbringen konnten, um ihre Heimat zu verlassen.

Die ersten Deportationen begannen 1940, den Entschluß zur Vernichtung der europäischen Juden faßte Hitler wahrscheinlich im Frühjahr 1941, der Befehl zur sogenannten »Endlösung der Judenfrage« wurde am 31. Juli 1941 erlassen und am 20. Januar 1942 auf der Wannsee-Konferenz mitgeteilt. Ab September 1941 mußte der gelbe Judenstern getragen werden, im Oktober 1941 begann die planmäßige Verschleppung in Richtung Osten. Zu dieser Zeit lebten noch 168 972 Juden in Deutschland.

Die Massenvergasung begann im Juni 1942 und dauerte bis Oktober 1944. Nach Angaben des Brockhaus wird die Gesamtzahl der Opfer in den Vernichtungslagern auf mehr als drei Millionen Juden geschätzt. Zusätzlich wurden im Baltikum und in Rußland von speziellen Einsatztruppen, unter Mithilfe örtlicher Milizen, wenigstens 1,4 Millionen Juden aufgegriffen und erschossen. Weitere 700 000 Juden starben in den KZ's, auf Transporten oder auf der Flucht. Die Gesamtzahl der Opfer läßt sich nur schwer schätzen. Es gibt seriöse Quellen, die von 4,5 Millionen, von 5,3 und von 5,978 Millionen sprechen. Von den deutschen Juden wurden 123 000 ermordet, 13 800 starben eines natürlichen Todes, 8100 überlebten das KZ (diese Angaben nach B. Blau in »Judaica VII«).

Mit der Niederlage Hitlers war der Leidensweg der osteuropäischen Juden nicht vollständig zu Ende: von den polnischen Kommunisten wurden sie als »Zionisten« unterdrückt, Stalin begann nach 1945 eine neue Verfolgung. (Nach Kriegsende ereignete sich ein Massaker an Juden im polnischen Kielce. Als der französische Publizist Marc Hillel auf einem Frankfurter

Symposium zum 50. Jahrestag des Kriegsausbruchs darauf zu sprechen kam, teilte man ihm mit, das Thema des polnischen Antisemitismus sei bei diesem Anlaß nicht in der Breite zu erörtern.) Erst nach dem Machtantritt Chruschtschows im Jahre 1953 wurden die von Stalin deportierten Juden befreit.

Das Schicksal der europäischen Juden ist so singulär, die Verbrechen des nationalsozialistischen Regimes fallen so vollständig aus dem Kontext der deutschen Geschichte, daß auch nach einem halben Jahrhundert kaum faßbar ist, wie dies geschehen konnte. Es wäre zu einfach, von den Juden zu erwarten, daß sie vergeben. Bedenkenswert ist aber auch das Wort Victor E. Frankls, Begründer der Logo-Therapie und ehemaliger KZ-Häftling, der am 13. März 1988 in Wien sagte: »Ich wage die Behauptung, daß grundsätzlich jede Nation holocaustfähig ist.«

Die permanente Mahnung an die Deutschen, nicht zu vergessen, ist überflüssig, weil solche Vorkommnisse nicht vergessen werden. Und der ebenso in Deutschland zu hörende Aufruf, das »nächste Auschwitz« zu verhindern, ist eine Zumutung, wenn damit gemeint ist, die Deutschen seien noch einmal dazu fähig. Das nächste Auschwitz kann, wenn überhaupt, nur darin bestehen, daß die Israelis von den Arabern ins Meer getrieben werden.

Es ist aber gerade die extreme deutsche Linke, die zu Hause mit der Vergangenheit »antifaschistische« Politik betreibt und im Nahen Osten mit palästinensischen Terroristen sympathisiert. Eine Kollektivschuld der Deutschen läßt sich nicht begründen, wohl aber eine Ehrenschuld, die unter Adenauer in der Praxis der

Wiedergutmachung konkrete Form annahm und die heute eine praktisch-politische Solidarität mit dem Staat Israel verlangt. Man denke darüber nach, wer die Vergangenheit besser »bewältigt« hatte: Franz Josef Strauß, der Israel beim Angriff der Araber eigenmächtig und ohne Kabinettsbeschluß mit Waffen versorgte, oder seine Gegner in Deutschland, die ihn ständig als »Faschisten« beschimpften.

Weil die Israelis nicht vergessen können, daß sie in der dunkelsten Stunde ihres Volkes von der Welt im Stich gelassen wurden, beruht ihre Politik des Überlebens auf dem Grundsatz, sich nie auf andere, nur auf sich selbst zu verlassen. Verständnis für den israelischen Standpunkt lassen viele Medien auch in Deutschland vermissen. Die Journalisten wissen wahrscheinlich nicht einmal, daß jüdische Organisationen, ebenso dringend wie vergeblich, Roosevelt darum baten, die nach Auschwitz führenden Bahnlinien bombardieren zu lassen, um den Massenmord zu stoppen. Warum Roosevelt ablehnte, ist bis heute unbegreiflich.

Es ist ebenfalls richtig, daß die Alliierten die jüdische Frage nie zum Kriegsgrund machten. Und sie taten so gut wie nichts, um der Vernichtung Einhalt zu gebieten. Ein jüdischer Autor hat kürzlich die Frage gestellt, warum nicht Millionen von Flugblättern über Deutschland abgeworfen wurden, in denen die Bevölkerung über den Holocaust informiert wurde.

Und die Alliierten gingen auf keines der Angebote von Seiten des deutschen Widerstandes ein, Hitler zu stürzen. Sie führten den Krieg, um diese Feststellung kommt man nicht herum, nicht gegen Hitler, sondern gegen das deutsche Volk. Umgekehrt kämpfte die

Wehrmacht, Mannschaften wie Offiziere, nicht für Hitler – die Soldaten glaubten, für ihr Land zu kämpfen. Sonst hätte der Krieg nicht so lange gedauert.

Die Chance, den Diktator zu beseitigen, ergab sich nicht erst 1944, sie wurde schon 1938 nicht wahrgenommen. Während der Sudetenkrise gab es in Deutschland Absprachen für einen Staatsstreich. Beteiligt waren Generäle wie Erwin von Witzleben, Graf von Brockdorff-Ahlefeldt, Erich Hoepner und der Berliner Polizeipräsident Graf von Helldorff. (Witzleben, Helldorff und Hoepner wurden nach dem Attentat auf Hitler vom 20. Juli 1944 hingerichtet.) Generalstabschef Franz Halder versicherte 1938, alles sei »bis auf den letzten Gamaschenknopf vorbereitet«.

Die Verschwörer warteten auf ein positives Signal aus London. Ohne britische Rückendeckung wollten sie nicht losschlagen. Sie verlangten eine dramatische Sitzung des Unterhauses und eine Erklärung des Premiers, wonach England einen Gewaltakt Hitlers in der Tschechoslowakei mit Gewalt beantworten würde. Er sollte außenpolitisch bloßgestellt und konfrontiert werden. Seine erste große diplomatische Niederlage sollte als Anlaß des Putsches dienen.

Diese Vorschläge wurden in London von Karl Goerdeler unterbreitet, der damals führenden Figur des Widerstandes. Goerdeler war 1937 von seinem Amt als Oberbürgermeister in Leipzig zurückgetreten, weil die Nationalsozialisten das Denkmal des jüdischen Komponisten Felix Mendelssohn-Bartholdy abgerissen hatten. Seitdem organisierte er unermüdlich den Widerstand. Er sollte nach dem Staatsstreich als Reichskanzler die Regierung übernehmen.

Seine Vorschläge, seine Analysen über Hitlers Außenpolitik und die Verfolgung der Juden ließ Goerdeler über den britischen Industriemanager Arthur P. Young der Regierung in London zukommen. »Wir müssen uns vergegenwärtigen«, so warnte er die Engländer, »daß wir es mit Gangstern schlimmster Sorte zu tun haben.« Mit dem Verbindungsmann Young, der ihm freundschaftlich verbunden war, traf sich Goerdeler von 1937 bis 1939 fünfmal – in der Schweiz, in Großbritannien und Deutschland.

Die britische Regierung aber weigerte sich, mit Goerdeler und den Generälen zusammenzuspielen. Die vielleicht letzte Chance, den Krieg zu verhindern, wurde vertan. Der diplomatische Chefberater der englischen Regierung, Robert Vansittart, den Goerdeler sogar unter vier Augen sprach, meinte, zwischen den »expansionistischen Vorstellungen« der deutschen Armee und denen der Nationalsozialisten bestehe »nur ein sehr geringer Unterschied«.

Goerdeler hatte in seinen Denkschriften verlangt: »England erkennt an, daß der polnische Korridor eine Quelle dauernder Störung der berechtigten nationalen Gefühle und Interessen des deutschen Volkes ist. Es ist daher mit der Beseitigung des Korridors einverstanden und wird hierbei jede zweckdienliche Unterstützung gewähren.« Goerdeler hatte ebenfalls den Anschluß Österreichs und des Sudetenlandes befürwortet – und dies mit guten Gründen.

Die Vereinigung mit dem Reich entsprach den Wünschen der Sudetendeutschen und der Österreicher und dem Prinzip des Selbstbestimmungsrechtes, für das die Amerikaner angeblich in den Ersten Weltkrieg gezogen waren. Selbst für Hitlers Forderungen betreffs Danzig zeigte die britische Diplomatie, oder jedenfalls ein Teil davon, 1939 Verständnis. Im übrigen war es für die Verschwörer lebenswichtig, nach dem Sturz Hitlers außenpolitische Erfolge vorweisen zu können.

Von Danzig abgesehen, zog es London vor, dem Diktator eben das zu konzedieren, was man der Weimarer Republik verweigert hatte und was man auch der Gruppe um Goerdeler nicht zugestehen wollte. Die Gründe dafür sind nicht eindeutig verifizierbar – so, wie die gesamte diplomatische Vorgeschichte des Weltkrieges erst dann abschließend und objektiv geschrieben werden kann, wenn alle Archive geöffnet sind.

Das Faktum bleibt aber, daß nirgendwo energischer (und noch dazu unter permanenter Lebensgefahr) daran gearbeitet wurde, den Krieg zu verhindern, als in Deutschland – und zwar in Kreisen der Wehrmacht und des zivilen Widerstandes. Und nachdem der Krieg begonnen hatte, existierte unter allen beteiligten Parteien nur eine Gruppierung, die sich ernsthaft um die Beseitigung Hitlers und einen Waffenstillstand bemühte, nämlich die deutschen Generäle. Die Alliierten spielten nicht mit, sie wünschten Krieg bis zur bedingungslosen Kapitulation Deutschlands. Der deutsche Widerstand, der sich wahrhaftig nicht nur auf Einzelgänger stützte, stand auf verlorenem Posten und endete 1944 an den Fleischerhaken von Hitlers Schergen. Indem man den Verschwörern vom Ausland her keine Chance gab, besiegelte man zugleich das Schicksal des europäischen Judentums. Nur wenig zwischen 1933 und 1945 war zwangsläufig. Auch die Westmächte haben fürchterliche Fehler gemacht. Von einer Kollektivschuld der Deutschen zu sprechen, verfehlt die historische Wahrheit.

An dieser Stelle wollen wir einen persönlich betroffenen und gleichwohl objektiven Zeugen ausführlich zitieren: den Österreicher William S. Schlamm. Er übernahm 1933 von Carl von Ossietzky, den die Nationalsozialisten ins Konzentrationslager geworfen hatten, die Chefredaktion der »Weltbühne«, emigrierte 1938 in die Vereinigten Staaten und gründete in den siebziger Jahren in Deutschland die »Zeitbühne«, an der der Autor dieses Buches mitarbeitete.

Schlamm machte eine unwiderlegbare Rechnung auf, die man gerne einmal in einer der Reden wiederfinden würde, mit der die Bonner Prominenz die deutsche Vergangenheit glaubt bewältigen zu müssen:

»Zunächst ein paar Statistiken. Die Nazi-Tribunale fällten Todesurteile gegen 12 000 ›arische‹ Deutsche, für Taten, die das Regime ›Verrat an der Sicherheit des Dritten Reiches‹ nannte. Mehr als 600 000 ›arische‹ Häftlinge der Konzentrationslager wurden nach dem Ende des Nazismus als ›politisch Verfolgte‹ anerkannt. Mit andern Worten, die Gestapo hat mit mehr als zwei von je hundert erwachsenen ›arischen‹ Deutschen zu tun gehabt, und zwar weil sie Feinde des Nazismus waren. Viele dieser Leute sind fraglos recht unschuldige Opfer von Denunziation und wahrscheinlich gar nicht sehr entschiedene Opponenten gewesen. Aber mindestens eine halbe Million ›arischer‹ Deutscher haben die Verfolgung der Unterwerfung vorgezogen. Und sie taten es angesichts einer ›Schrecklichkeit‹, die geschichtlich beispiellos bleibt. Mehr als das: Sie hatten die zusätzliche Courage und außergewöhnliche Reife, gegen ein nationales Regime zu handeln, das von einem politischen Erfolgsrausch zum anderen taumelte – gegen eine sieghafte ›nationale Revolution‹«.

Schlamm weiter: »Ich weiß nicht, wie die statistische Information über andere Völker lauten würde, wenn sie je durch vergleichbare Erfahrungen durchzugehen hätten. Ich hoffe, daß es mehr als zwei Millionen Amerikaner gäbe (d.h. mehr als zwei Prozent der erwachsenen Bevölkerung), die bereit sein würden, gegen eine perverse Regierung von Übeltätern ›Verrat‹ zu begehen; ich weiß jedoch nicht, wieviel es wirklich wären. Immerhin weiß ich, daß weit weniger als zwei Prozent der erwachsenen Tschechen (die nicht nur von Verbrechern, sondern von fremden Verbrechern unterdrückt wurden) gegen die Nazi-Okkupation von 1939 bis 1945 aktiven Widerstand geleistet haben. Und ich weiß auch, daß die Widerstandsbewegung Frankreichs niemals – das heißt niemals, bevor die Deutschen den Krieg sehr eindeutig verloren hatten – imstande war, mehr als zwei Prozent der erwachsenen Bevölkerung Frankreichs gegen die Nazi-Macht zu mobilisieren.«

Schlamm zur Rolle der Wehrmacht: »Die erste Tatsache – daß zwei von je einhundert erwachsenen Deutschen aktiv die regierende Gemeinheit bekämpft haben – wurde von einer noch eindrucksvolleren Tatsache begleitet: Fast zehn Jahre hindurch blieben Kommandanten der deutschen Armee in verschwörerischer Opposition zum Hitler-Regime. Die Generäle, die der deutschen Heeresleitung von 1933 bis 1938 vorstanden, Generaloberst Ludwig Beck, Generaloberst von Hammerstein-Equord und General Halder, waren an ›verräterischen‹ Verhandlungen mit ausländischen Regierungen beteiligt, vor allem mit der englischen Regierung, die unter Neville Chamberlain leider weder den Verstand noch die Courage hatte, ihre Politik mit der tapferen Bereitschaft von Ludwig Beck, Hammerstein-Equord und Halder zu koordinieren. Die ungeheure Tatsache ist eindeutig klargestellt: Hitler konnte der deutschen Armee bis an sein Ende nicht vertrauen. Während der ersten fünf Jahre seines Regimes waren führende Generäle bereit, die ›legale Regierung‹ zu stürzen, wenn sie nur ein Minimum von Einsatzbereitschaft im Auslande zugesagt bekommen hätten; das von ihnen verlangte Minimum war nichts anderes als eine entschlossene Bereitschaft der westlichen Regierungen, Hitler die phantastisch billigen außenpolitischen Triumphe zu verweigern. Es gibt in der neueren Geschichte keine ähnliche Situation: Die Heeresleitung einer Großmacht konspiriert gegen das Regime, nicht etwa nur für einen Augenblick des enthusiastischen Idealismus, sondern während Jahren; und sie will nichts anderes, als daß das Ausland gegen dieses Regime stark bleibt, damit die daraus folgende Niederlage in der Außenpolitik die Gelegenheit schaffe, das verhaßte Regime im Inland zu stürzen.«

»Die vielen deutschen Offiziere, die verzweifelt bereit waren – und nicht etwa in einem einzigen Auflodern des flammenden Zornes, sondern in langen Jahren kalter Gefahr – mit dem ›Feinde‹ gegen die ›legale Regierung‹ des eigenen Landes zu konspirieren, hatten gewählt zwischen Recht und Unrecht; und sie waren nicht länger bereit, sich von der Banalität düpieren zu lassen, daß es ›dennoch mein Vaterland‹ war.

Dies ist für mich der Triumph der Männer, die 1944 gehängt wurden. Aus den Sümpfen des nazistischen Deutschland stiegen die Namen: Moltke, Yorck von Wartenburg, Trott zu Solz, Schenk von Stauffenberg, von Stülpnagel, Schwerin von Schwanenfeld, von der Schulenburg, von Schlabrendorff, von Hammerstein-Equord, von Kleist, von Hardenberg, von Gersdorff, von Tresckow. Da sind preußische Namen darunter, Namen von ›Junkern‹, Namen von alten deutschen Soldatenfamilien; es sind Namen, die – wenn die Wahrheit wirklich siegen sollte – der erlesenen Liste jener Menschen einverleibt sein werden, denen Gott näher war als ihre Rasse. Wenn es für den Westen eine Zukunft gibt, dann werden diese preußischen Offiziere, Junker und Edelleute für sie gestorben sein. Möge, wer will, angesichts dieser Namen immer noch von ›kollektiver deutscher Schuld‹ reden. Ich kann es nicht.«

Schlamm mokierte sich im übrigen darüber, daß im Nürnberger Prozeß Richter vorsaßen, die Staaten vertraten, welche alle irgendwann Angriffskriege geführt hatten. Er meinte, daß die Unterscheidung zwischen Angriffskriegen, Verteidigungskriegen und Präventivkriegen Sache der ideologischen Propaganda bleiben müsse und ganz gewiß kein Thema der Jurisprudenz sei. »Das erstaunlichste an den Nürnberger Prozessen scheint mir die preziöse Themenauswahl zu sein, wenn man bedenkt, daß die Alliierten viele der aufgegriffenen Angeklagten nach dem gültigen deutschen Strafrecht hätten hängen können.«

Im Rückblick scheint es offensichtlich zu sein, daß mit dem deutschen Angriff auf Polen am 1. September

1939 der Zweite Weltkrieg begann. Der Angriff löste aber nicht den Weltkrieg aus, sondern setzte eine Reihe von Ereignissen in Gang, die schließlich in den Weltkrieg mündeten. Zwangsläufig war diese Entwicklung nicht. Aus dem Polen-Feldzug mußte zuerst der europäische Krieg entstehen, und auch dieser war kein Weltkrieg, solange die USA und die Sowjetunion abseits standen. Noch am 7. November 1939 riefen die niederländische Königin und der belgische König zum Frieden auf und boten den beiden Seiten ihre Vermittlung an. Die Westmächte lehnten am 12. November ab, und am 14. November wurde die Angelegenheit von Deutschland als erledigt bezeichnet. Am 10. Mai 1941 sprang Hitlers Stellvertreter Rudolf Heß in der Nähe von Glasgow mit einem Fallschirm ab, um Friedensverhandlungen anzubahnen. Die Hintergründe seiner Mission sind bis heute ungeklärt.

Es ist eigenartig, wie oft bundesdeutsche Politiker – als handle es sich um eine Staatsdoktrin – die Beteuerung abgeben, Hitler habe den Zweiten Weltkrieg (nicht etwa nur den Krieg gegen Polen) geplant und gewollt – und das Dritte Reich sei »allein schuldig« an diesem Krieg. Das kann schon deswegen nicht stimmen, weil dabei auch Japan und die Sowjetunion mitmischten. Hitler stand nicht allein auf der internationalen Bühne – er hatte Gesellschaft. Nach 60 Jahren sollte es möglich sein, Geschichte sine ira et studio zu untersuchen und ganz einfach zu schildern, was geschehen ist und warum.

Das geschieht auch längst, vor allem im Ausland – und zwar von Autoren, die nicht den geringsten Grund haben, Deutschland zu »entlasten«. (Es ist eine ungute

Sitte, Geschichtsschreibung immer nur unter dem Gesichtspunkt zu sehen, ob sie jemanden »belastet« oder »entlastet«. Für objektive Historiker dürfen solche Kriterien nicht existieren.)

Bereits 1961 erschien das Standardwerk »The Origins of the Second World War« des Oxford-Historikers A. J. P. Taylor, das in England wegen seiner Ausgewogenheit und stilistischen Brillanz hervorragende Kritiken erhielt. Der liberale »Observer« nannte das Buch »ein fast fehlerloses Meisterwerk«. Taylor schrieb im Vorwort: »Historikern mißfällt oft etwas, das geschehen ist, oder sie wünschen sich, es wäre anders geschehen. Sie können aber nichts daran ändern. Sie haben die Wahrheit festzustellen, wie sie sie sehen, ohne sich darum zu kümmern, ob dies bestehende Vorurteile schockiert oder bestätigt.«

»Mein Buch«, so Taylor weiter, »hat eigentlich wenig mit Hitler zu tun. Die entscheidende Frage, so scheint mir, betrifft Großbritannien und Frankreich. Sie waren die Sieger des Ersten Weltkrieges. Sie hatten die Entscheidung in ihren Händen. Es war ganz offensichtlich, daß Deutschland danach streben würde, wieder eine große Macht zu werden. Und es war nach 1933 offensichtlich, daß die deutsche Vorherrschaft von einer besonders barbarischen Art sein würde. Warum leisteten die Sieger keinen Widerstand? Und warum am Ende doch?«

Über Hitler sind, so zählt Taylor auf, zwei Versionen im Umlauf, die sich eigentlich gegenseitig ausschließen. Nach der einen wollte er den Krieg um des Krieges willen, er war ein zweiter Attila. Die andere Version sieht in ihm einen rationalen Politiker, der einen langfristigen Plan (wie z.B. die Eroberung und Besiedlung des Ostens) unbeirrt verfolgte. »Wenn Hitler also einen großen Krieg gegen die Sowjetunion geplant hat«, so Taylor, »dann war sein Krieg gegen die Westmächte ein Fehler. Hier muß offensichtlich etwas vorliegen, was ich nicht verstanden habe.«

Anhand von zahlreichen Quellen belegt Taylor, daß Hitler 1939 keinen Weltkrieg anstrebte. »Weit entfernt davon, Krieg zu wollen, war ein allgemeiner Krieg das letzte, was er wünschte... Die Unfähigkeit Deutschlands, einen langen Krieg durchzuhalten, war eines seiner ständigen Themen. Er zielte weniger auf den Krieg ab, als daß er seinen Ausbruch erwartete – falls er ihn nicht mit einem genialen Trick verhindern konnte, so wie er dem Bürgerkrieg zuhause entkommen war.« Woran der Diktator aber nach Taylors Meinung von den ersten Anfängen in München bis zu seinem Tod im Bunker festhielt, waren seine antisemitischen Wahnvorstellungen.

Die oft kolportierte Behauptung von einer beispiellosen deutschen Aufrüstung vor dem Krieg ist nicht ganz richtig. Das Reich war 1939 (und danach ohnehin) seinen Gegnern in der Rüstung unterlegen. Die Reichsregierung gab von 1933 bis 1939 knapp 62 Milliarden Reichsmark für die Wehrmacht aus, also 51,9% der Gesamtausgaben. 1938/1939, bevor der Krieg begann, beliefen sich die Rüstungsausgaben Deutschlands auf 15% seines Bruttosozialproduktes – der Prozentsatz in England war fast derselbe.

Beim Anspringen der deutschen Konjunktur zwischen 1933 und 1935 hatte die Aufrüstung eine untergeordnete Rolle gespielt. Auch nach dem 1. September

1939 wurde keineswegs total auf Kriegswirtschaft umgestellt. Die zivile Friedensproduktion sollte möglichst aufrecht erhalten werden. Von 1939 bis 1940 stieg die deutsche Rüstungsproduktion im Jahresvergleich um knapp 50%, im Winter 1940/41 wurde sie jedoch wieder reduziert. Noch unmittelbar vor dem Einmarsch in Rußland gab es einen Beschluß, die Rüstungsfertigung zu senken. Und im Herbst 1941 konnte der Reichswirtschaftsminister Hitler die Zusage für eine baldige Belebung der Verbrauchsgüterproduktion abringen. Das Fazit ist auch aus anderen Gründen zwingend, daß das Deutsche Reich keineswegs auf einen Weltkrieg vorbereitet war. Erst im Juli 1944 erreichte die Kriegsproduktion ihren Höhepunkt.

Daß Hitler im September 1939 von der Kriegserklärung Frankreichs und Englands überrascht wurde, ist hinlänglich belegt. Er hatte sich zum ersten Mal, und diesmal mit unabsehbaren Folgen, verkalkuliert. Es ist nicht einmal sicher, daß er 1939 den Krieg gegen Polen wollte. Seine konkreten Forderungen betreffs Danzig waren, wie viele Quellen belegen, auch aus englischer Sicht diskutabel. Die Probe aufs Exempel fand aber nicht statt, weil die polnische Regierung es ablehnte, mit Berlin zu verhandeln. Sie sperrte sich, weil sie zurecht davon ausging, daß ein Nachgeben in Danzig Polen zur Rolle eines deutschen Satelliten verurteilt hätte. Und London war 1939 dem Krieg nicht mehr abgeneigt, weil man dort zu der (wohl ebenfalls richtigen) Einsicht gelangt war, ein dauerhafter Interessenausgleich mit dem Dritten Reich sei nicht mehr möglich.

»Entlastet« das Hitler? Mitnichten. Den Deutschen gegenüber hatte er und niemand anderer den Krieg zu verantworten. Er hätte 1938 davon ablassen können, mehr zu fordern. Stattdessen verfolgte er – geblendet von den Anfangserfolgen – eine Politik, die den Kriegseintritt Englands provozieren mußte. Sein Platz in der deutschen Geschichte ist der einer einzigartig bösen Figur. Nachdem er – wahrscheinlich in einem frühen Stadium – erkannt hatte, daß der Krieg verloren war, verfiel er dem Wahnsinn. Sein Bild kann nicht dadurch schwärzer werden, daß man ihm Weltherrschaftspläne, die er nicht hatte, unterstellt. Kriege haben nicht nur moralische, schuldhafte Aspekte, sondern auch eine diplomatische Vorgeschichte. Historische Forschung darf sich nicht an dem orientieren, was volkspädagogisch wünschenswert ist.

In der Zeitschrit »Foreign Affairs«, die vom einflußreichen amerikanischen Council on Foreign Relations herausgegeben wird, schrieb der Historiker John Lukacs im Herbst 1989: »Hitler primäres außenpolitisches Anliegen war das Vasallentum der Nachbarländer, weniger die tatsächliche Annexion ihrer Territorien. Von den Österreichern und Tschechen bekam er, was er wollte. Aber die Polen waren anders. Ihre Weigerung, aufzugeben, löste den Zweiten Weltkrieg aus. Das verzieh ihnen Hitler nie. Es war wahrscheinlich – sogar über seine rassistischen Antagonismen hinaus – der Hauptgrund für seine grausame Unterdrückung des polnischen Volkes, eine brutale Behandlung, die keinem anderen Volk außer den Juden Europas zuteil werden sollte.«

Unrichtig ist aber auch die Annahme, das nationalsozialistische Deutschland habe 1939 ein demokratisches und friedliebendes Polen überfallen. Die deutsch-polnischen Spannungen waren nicht auf die Person Hitlers angewiesen. Sie hätten auch ohne ihn eines Tages zum Krieg führen können. Polen, das (ursprünglich mit deutscher Hilfe) aus den Trümmern des Ersten Weltkrieges wiedererstanden war, behandelte seine Minderheiten miserabel. Nach dem Krieg gegen Rußland von 1920, der die polnischen Grenzen noch einmal nach Osten (über die Curzon-Linie hinaus) verschob, lebten sechs Millionen Ukrainer und zwei Millionen Weißruthenen unter polnischer Oberhoheit. 1922 wurde ein Aufstand der Ukrainer unterdrückt. Anfang der zwanziger Jahre versuchte Polen, deutsches Territorium in Oberschlesien gewaltsam zu annektieren – die Angreifer wurden damals von deutschen Freiwilligen zurückgeschlagen. Nach Angaben des Nachschlagewerkes Ploetz wurden in Polen vor 1939 12 000 Deutsche entweder ermordet oder als vermißt gemeldet. Maßgebliche Kreise in Warschau träumten noch 1939 von einem Sieg über Deutschland. Der polnische Kriegsminister Rydz-Smigly sagte 1939 kurz vor Kriegsausbruch, Deutschland werde den Krieg bekommen, selbst wenn es ihn nicht wolle. Polnische Offiziere prahlten im Sommer 1939 damit, bald in Berlin einzumarschieren und dort eine Siegesparade zu veranstalten. Das erste Gemetzel des Krieges, das unter Zivilisten veranstaltet wurde, ging auf polnisches Konto: am Bromberger Blutsonntag wurden mehrere tausend Volksdeutsche von ihren polnischen Mitbürgern umgebracht. Ob die deutsche Minderheit in Polen, so die Meinung eines deutschen Historikers, überlebt hätte, wenn der Krieg länger als drei Wochen gedauert hätte, muß zweifelhaft erscheinen.

Das alles muß erwähnt werden, weil es von den Medien der Bundesrepublik unterschlagen wird. Man will nicht von der Vorstellung abgehen, der Krieg habe ohne jede Vorgeschichte aus heiterem Himmel am 1. September 1939 begonnen. Daß die Polen ein ebenso chauvinistisches wie tapferes Volk waren, daß auch die Westmächte prinzipiell im Krieg ein Mittel der Politik sahen und daß Stalin eine entscheidende Mitverantwortung am Weltkrieg trug, wird verdrängt, weil es nicht in die gängigen Klischees paßt. Worauf sonst als auf die volle Wahrheit soll sich denn die Verständigung zwischen Deutschen und Polen, der jetzt nichts mehr im Wege steht, eigentlich gründen? Und wem kann es schaden, wenn endlich Licht in die Rolle Stalins gebracht wird? Ist die Annahme so abwegig, der eigentliche Sieger und Profiteur des Krieges – nämlich Stalin – müsse mit seinem Ausbruch etwas zu tun gehabt haben?

Moskau selbst hat nacheinander die verschiedensten Versionen über den Kriegsausbruch verbreitet. Im September 1939 erklärte die Sowjetregierung, die Schuld am Krieg treffe die Regierung in Polen. Im November 1939 lastete Stalin die Verantwortung Frankreich und England an, weil sie Deutschland den Krieg erklärt hätten. In seiner berühmten Geheimrede vom 5. Mai 1940 benannte Stalin plötzlich einen anderen Urheber: das Dritte Reich. Und nach dem Krieg erklärte er, alle kapitalistischen Staaten hätten den Krieg begonnen.

Niemand aber hatte sich politisch und militärisch

gründlicher und vorausschauender auf den Krieg vorbereitet als Stalin. Schon 1927 hatte der Diktator erklärt, daß ein zweiter imperialistischer Krieg ebenso unvermeidbar sei wie der Eintritt der Sowjetunion in diesen Krieg. Das entsprach ganz dem, was er am 19. Januar 1925 vor dem ZK ausgesagt hatte: »Wir werden eingreifen, aber wir greifen als Letzte ein. Wir greifen ein, um das entscheidende Gewicht in die Waagschale zu werfen, das Gewicht, das den Ausschlag geben wird.«

Dementsprechend rüstete die Sowjetunion auf. Als im September 1939 der Krieg in Polen begann, verfügte Deutschland über nicht mehr als 3195 Panzer – weniger, als eine einzige sowjetische Fabrik (die Charkower Lokomotivenfabrik) unter Friedensbedingungen in einem halben Jahr produzierte. Am 22. Juni 1941, als Hitler angriff, war die sowjetische Überlegenheit erdrückend. Die Sowjetunion besaß 14 000 bis 15 000 Panzer, 35 000 Geschütze und 8000 bis 9000 Kampfflugzeuge. Die Deutschen verfügten nur über 3648 Panzer, 7146 Geschütze und 2510 Kampfflugzeuge. Das Deutsche Reich war 1941 ebenso wenig wie 1939 für einen langen Krieg gerüstet. Hitler spielte va banque und setzte wieder einmal auf einen Blitzsieg.

Die Sowjets ließen sich im Juni 1941 überraschen, weil aus den Berichten ihres Geheimdienstes klar hervorging, daß die Wehrmacht für einen Feldzug im Osten nicht vorbereitet war. Es fehlte an Winterkleidung für die Soldaten, das Waffenöl war für tiefe Kältegrade nicht geeignet, die deutschen Raffinerien produzierten noch keinen Kraftstoff, der im russischen Winter verwendbar war. Was die sowjetischen Geheimdienstler nicht ahnen konnten, war, daß Hitler den Krieg vor Einbruch des Winters zu gewinnen gedachte.

Wenn Stalin keinen europäischen Krieg gewollt hätte, ergäbe der Nichtangriffspakt zwischen Moskau und Berlin vom 23. August 1939 keinen Sinn. In einem geheimen Zusatzprotokoll, dessen Existenz Moskau erst 1989 zugab, wurde ganz Osteuropa vom Baltikum bis nach Rumänien aufgeteilt. Als der Pakt unterschrieben war, triumphierte Stalin: »Ich habe Hitler hinters Licht geführt.« Der Krieg begann im September 1939 mit der Besetzung Polens durch deutsche und sowjetische Truppen, er wurde fortgesetzt, indem Stalin die drei baltischen Staaten und Teile Rumäniens annektierte und Finnland angriff. Schon dies macht es unmöglich, von einer »Alleinschuld« Deutschlands – was auch immer das bedeuten mag – zu sprechen.

In Osteuropa standen sich zwei aggressive Großmächte gegenüber: die Sowjetunion und das Deutsche Reich. Beide waren darauf eingestellt, daß ein Krieg zwischen ihnen unvermeidbar war. Und beide sahen politische und taktische Vorteile in der Atempause, die ihnen der Nichtangriffspakt vom August 1939 verschaffte. Zugleich aber beseitigte der Pakt die Pufferzone neutraler Staaten zwischen Deutschland und Rußland, schuf eine gemeinsame Grenze und ermöglichte damit erst einen direkten Angriff Deutschlands gegen die Sowjetunion – oder der Sowjetunion gegen Deutschland.

Daß Stalin schon 1941 plante, gegen das Deutsche Reich zu marschieren, kann erst seit 1988 als hinreichend belegt gelten. Die Legende vom »heimtückischen faschistischen Überfall auf die nichtsahnende friedliebende Sowjetunion« hatte Joachim Hoffmann, Wissenschaftlicher Direktor am Militärgeschichtlichen Forschungsamt in Freiburg, schon vorher in dem Sammelband »Der Angriff auf die Sowjetunion« widerlegt. Den Indizienbeweis dafür, daß Stalin 1941 angreifen wollte, lieferte aber erst ein Russe, Viktor Suworow.

Suworow ist das Pseudonym eines nach dem Zweiten Weltkrieg geborenen sowjetischen Generalstäblers, der vor zehn Jahren zu den Engländern überlief, seitdem unter dem Schutz des britischen Secret Service steht und von Moskau zum Tode verurteilt wurde. Sein auch auf deutsch erschienenes Buch »Der Eisbrecher« ist professionell und wissenschaftlich unantastbar recherchiert, es revidiert ein entscheidendes Kapitel der europäischen Geschichte des 20. Jahrhunderts – aber es gelangte seltsamerweise bisher nicht auf die deutschen Bestseller-Listen, weil es bequeme Geschichtslegenden in Frage stellt.

Suworow weist unter Aufzählung aller Details nach, daß die Sowjetunion im Juni 1941 die größte Truppenmassierung der Weltgeschichte nahezu abgeschlossen hatte. Fünf Heeresgruppen, 13 Armeen in erster und acht weitere Armeen in zweiter Staffelung, mindestens 247 von 303 vorhandenen sowjetischen Divisionen standen bereit zum Angriff. Alle Maßnahmen, die unter Militärexperten als Vorbereitung für einen Angriffskrieg gelten, waren getroffen worden: defensive Sperranlagen und Minenfelder waren abgebaut worden, weil sie eine sowjetische Offensive behindert hätten; die Pläne für einen Partisanenkrieg gegen eine einmarschierende deutsche Armee wurden aufgehoben; riesige Vorräte an Munition, Treibstoff und Material (einschließlich Eisenbahnschienen) lagen in unmittelbarer Grenznähe; die sowjetischen Bomber und Schlachtflieger (die kampfstärkste Angriffsgruppierung in der Geschichte des Luftkrieges) füllten dichtgedrängt, Flügel an Flügel, die sowjetischen Grenzflugplätze; die Pioniere waren ausschließlich für die Offensive, nicht für defensive Maßnahmen wie Brückensprengungen ausgerüstet; allein in den beiden Frontbögen von Bialystok und Lemberg waren rund 7000 sowjetische Panzer zusammengezogen – fast doppelt so viele, wie die Wehrmacht insgesamt besaß; die Konzentration von Gebirgsjägern und Luftlandetruppen an der Grenze konnte ebenfalls nicht mit defensiven Absichten erklärt werden. Suworow weist zum Beispiel auch nach, daß der sowjetische Hochgeschwindigkeitspanzer BT gezielt für den Einsatz in Mitteleuropa und Deutschland konstruiert worden war und für die Defensive auf russischem Boden »völlig wertlos« war.

Nur, weil diese gewaltige Offensiv-Streitmacht auf engstem Raum und ohne Tiefengliederung massiert war, konnten die am 22. Juni 1941 angreifenden Deutschen jene fast unglaublichen Anfangserfolge erzielen. Laut Suworow waren sämtliche Mechanismen für den Krieg gegen Deutschland am 13. Juni 1941 in Gang gesetzt; am 19. Juni wurden auf Beschluß des Politbüros die nur für die Offensive vorgesehenen Fronten (= Heeresgruppen) gebildet, wie sie auch für die Angriffskriege gegen Polen und Finnland aufgestellt worden waren; und mehrere Indizien deuteten darauf hin, daß die Operation »Gewitter« (= Angriff auf Deutschland) bereits am 6. Juli 1941 starten sollte. Auch die

Tatsache, daß die Masse der aufmarschierten Roten Armee in Zelten oder in den Wäldern kampierte und daß keine Vorsorge für Winterquartiere getroffen war, deutet darauf hin, daß der Point of no return überschritten war.

Ob Hitler sich dessen bewußt war, daß er einen Präventivkrieg führte, ist eine ganz andere Frage. Die Informationen lagen ihm immerhin vor. Bereits Mitte Mai 1941 hatte das Oberkommando der Wehrmacht, gestützt auf Erkenntnisse des militärischen Geheimdienstes Fremde Heere Ost, in einem Bericht an das Auswärtige Amt geschrieben: »Das Oberkommando der Wehrmacht ist durch diese Tatsachen zu der Überzeugung gekommen, daß dieses, einer Mobilmachung praktisch gleichkommende Ausmaß des russischen Aufmarsches nur noch als Vorbereitung für russische Offensivmaßnahmen größten Umfanges gedeutet werden kann.« Eine Feststellung, die die damalige Situation an der deutsch-russischen Grenze völlig korrekt wiedergab.

In Hitler einen Massenmörder und den Verderber des Reiches zu sehen, ist eine Sache – den Krieg nur unter dem Aspekt deutscher Aggressionen und Verbrechen zu betrachten, eine andere. Die Generale, die den Krieg führten und zugleich Hitler zu stürzen versuchten, unterhielten keine Konzentrationslager. Sie behandelten amerikanische Kriegsgefangene ungleich besser, als deutsche Kriegsgefangene von den Amerikanern behandelt wurden. Das Schicksal russischer Gefangener in deutscher Hand war weniger schlimm als das deutscher Gefangener in sowjetischer Hand.

Der Charakter des Krieges selbst änderte sich, je älter

er wurde. In der ersten Phase war es kein globaler Konflikt, sondern eine Serie von schnellen Feldzügen, deren Verluste sich in Grenzen hielten. Eingedenk der Erfahrungen des Ersten Weltkrieges, war die deutsche Strategie auf den Blitzkrieg angelegt – nicht auf Stellungskämpfe oder gar einen Weltkrieg. Auch der Angriff auf die Sowjetunion begann als Blitzkrieg, war auch als solcher geplant. Im November 1942 war die deutsche Strategie gescheitert, Stalingrad markierte die Wende. Sobald Rußland und die USA hineingezogen waren, herrschte Weltkrieg – und aus deutscher Sicht Zwei-Fronten-Krieg, der nicht gewonnen werden konnte und der sich schließlich für die Deutschen (besonders an der Front im Osten) als Verteidigungskrieg darstellte. Keinen anderen Krieg führte die Luftabwehr, die mit dem Versuch des Völkermordes an deutschen Zivilisten konfrontiert war. Unter den Spreng- und Brandbomben der alliierten Luftflotten starben 700 000 Zivilisten in deutschen Städten. »Es gibt weniger als 70 Millionen bösartiger Hunnen«, hatte Churchill im April 1941 verkündet, »einige davon sind zu heilen, die anderen umzubringen.« Das war kein Krieg, in dem ein böses Volk – das deutsche – gegen den moralisch makellosen Rest der Welt stand.

Ohne die notwendigen Differenzierungen wäre es gar nicht begreiflich, daß die Führungskader, die vor 1945 die Wirtschaft des Reiches leiteten und die Kriegsanstrengungen dirigierten, partiell dieselben waren, die nach 1945 einen freiheitlichen und wirtschaftlich beispiellos erfolgreichen Staat auf deutschem Boden aufbauten. Auf Wunsch der Amerikaner rüsteten die Deutschen bald gegen denselben Gegner, der sie nicht lange vorher besiegt hatte. Auf dem volkswirtschaftlichen Sektor war die personelle Kontinuität noch eindrucksvoller: neun Bonner Staatssekretäre, 17 Ministerialdirektoren, zwei Bundesbankpräsidenten und zahlreiche prominente Unternehmer Nachkriegs-Deutschlands sind aus dem Reichswirtschaftsministerium hervorgegangen. Nie stellte sich für diese Männer die Frage der Loyalität gegenüber dem neuen demokratischen Staat. Der Nationalsozialismus war in den Abgründen der Geschichte verschwunden und so vollständig diskreditiert, daß ein deutscher Rückfall von Anfang an ausgeschlossen war. Dazu hätte es der Umerziehung und der Millionen von Fragebögen nicht einmal bedurft.

Insofern war die Vergangenheitsbewältigung, wie sie unschön genannt wurde, eine fragwürdige Übung. Der Begriff macht nur Sinn, wenn er psychoanalytisch gemeint ist. Der Bundespräsident sagte einmal, Vergangenheit könne gar nicht bewältigt werden. Das ist richtig in dem Sinne, daß sie nicht ungeschehen gemacht werden kann. Traumatische Erlebnisse eines Individuums oder eines Volkes müssen aber durchaus auf eine Weise bewältigt werden, die die Rückkehr zu einem normalen Leben ermöglicht. Sie können vergegenwärtigt, eingeordnet und – soweit wie möglich – rationalisiert werden. Sie abzuleugnen, fördert den Prozeß der Heilung nicht. Es wird eher nutzen, die Traumata zu reflektieren und danach in Schubladen abzulegen, die gelegentlich geöffnet werden können, aber nicht immer offenstehen dürfen.

Wenn die Behandlung aber andauernde Neurosen hervorruft, kann sie nicht richtig sein. Eine heilsame und letzten Endes sehr rationale Art der Bewältigung war die finanzielle Wiedergutmachung, die der weise Konrad Adenauer in den frühen fünfziger Jahren gegen erhebliche innenpolitische Widerstände durchsetzte. Direkt an Israel wurden 3,45 Milliarden Mark in 14 Raten in barem Geld und Waren gezahlt – für damalige Verhältnisse eine große finanzielle Bürde. Die gesamte Wiedergutmachung nationalsozialistischen Unrechts hat sich mit der Zeit auf über 100 Milliarden summiert.

Interessanterweise waren es gerade die späteren Protagonisten der »Vergangenheitsbewältigung«, die den 1952 mit Israel unterzeichneten Vertrag ablehnten – darunter »Stern«, »Spiegel« und »Zeit«. Die »Zeit« zum Beispiel behauptete in einem Leitartikel, daß »die Versöhnung mit den Juden durch die vom Staate Israel und seinen Hilfsorganisationen gestellten Globalforderungen nicht gefördert« werde.

Wiedergutmachung und »Vergangenheitsbewältigung« sind, dieser Schluß läßt sich ziehen, nicht dasselbe. Der Unterschied wurde durch Adenauer personifiziert: als stolzer Mann, der vor niemandem als seinem Herrgott niederkniete, und als gläubiger Christ glaubte er nicht an das Prinzip immerwährender moralischer Inferiorität. Die Reden, die Richard von Weizsäcker noch in den achtziger Jahren zum Thema hielt, wären so nicht aus seinem Munde gekommen. Dazu war er zu praktisch veranlagt, zu sehr Verantwortungsethiker – und familiär zu unbelastet. Es wäre ihm nie in den Sinn gekommen, daß der Mensch als solcher gut und der Deutsche schlecht sei. Er verschrieb den Deutschen Normalität. Schuldkomplexe und Neurosen hätte er nicht kultiviert. Er wußte wohl auch, daß man der Zeit Gelegenheit geben mußte, Wunden zu heilen. Und nicht zuletzt verlangte die außenpolitische Konstellation, die Bedrohung aus dem Osten und der Aufbau des westlichen Bündnisses, ein seelisch intaktes Deutschland.

Man könnte meinen, daß zwölf Jahre – eine Periode, so lang wie die der NS-Herrschaft – ausgereicht hätten, die unselige Vergangenheit juristisch, politisch und mental hinreichend aufzuarbeiten. So sah es zunächst auch aus. 1945 bis 1946 wurde den Hauptkriegsverbrechern in Nürnberg der Prozeß gemacht, bis 1949 schlossen sich zwölf Nachfolgeprozesse an, und schon 1946 hatte das US-Gesetz zur Befreiung von Nationalsozialismus und Militarismus die Entnazifizierung deutschen Spruchkammern überlassen. Alle Deutschen über 18 Jahre waren mit Hilfe von Fragebögen in Hauptschuldige, Belastete, Minderbelastete, Entlastete und Nichtbetroffene einzustufen. Das bürokratische Verfahren leistete mancher Heuchelei Vorschub, es eröffnete aber die Chance, hinterher einen Schlußstrich zu ziehen. Tatsächlich wurde die Entnazifizierung bis 1950 weitgehend beendet. Die meisten der in Nürnberg Verurteilten, wurden, wenn sie nicht hingerichtet worden waren, amnestiert. Viel später erst geriet die Idee einer heilsamen Amnestie in Vergessenheit.

1952 verpflichtete sich die Bundesrepublik im Luxemburger Abkommen, eine kollektive Wiedergutmachung an Israel in Höhe von drei Milliarden Mark zu leisten und der Jewish Claims Conference zusätzliche 450 Millionen Mark zu zahlen. Es folgten ähnliche Wiedergutmachungsverträge mit zwölf europäischen Staaten und 1953 das Bundesergänzungsgesetz (später

Bundesentschädigungsgesetz), das die Wiedergutmachung für individuelle Opfer der NS-Verfolgung regelte. 1957 befaßte sich das Allgemeine Kriegsfolgengesetz abschließend mit den Rechts- und Entschädigungsproblemen aus der Kriegs- und Nachkriegszeit.

Solange die Deutschen die Vergangenheit unter der ruhigen Führung Adenauers bewältigten, hatten sie es nicht nötig, von »Vergangenheitsbewältigung« zu sprechen. Der Name stammt aus dem Konferenzbetrieb der Evangelischen Akademien und erschien offenbar erstmals 1955 auf einer Einladung zu einer Tagung der Evangelischen Akademie Berlin. Dahinter stand die Idee, die Deutschen hätten den Nationalsozialismus verdrängt und leisteten Widerstand, wenn man sie mit ihrer Vergangenheit konfrontierte. Laut Alexander Mitscherlich kam es nun darauf an, »Trauerarbeit« zu leisten. Die Aufarbeitung der Vergangenheit wurde, kaum war sie konkret abgeschlossen, in eine neue Sphäre verlagert, wo sie im Prinzip ad infinitum fortgesetzt werden konnte. Und vor allem: das Thema wurde zur Domäne der Linken, die es vor ihren politischen Karren spannten. Am Ende hatten sich die Deutschen nicht mehr mit der Vergangenheit, sondern mit der Bewältigung der Vergangenheit herumzuschlagen.

Daß die Wunden wieder aufrissen, nachdem die Deutschen den Nationalsozialismus vollständig und unwiderruflich ausgeschwitzt hatten, war auch eine Glanzleistung sowjetischer Desinformation. In den fünfziger Jahren verfolgte Moskau mit Vorrang das Ziel, die Eingliederung der Bundesrepublik in die westliche Allianz zu hintertreiben. Der KGB sorgte 1959 dafür, daß Hakenkreuze und antisemitische Parolen auf eine Synagoge und auf jüdische Gräber in Köln geschmiert wurden. Ähnliche Zwischenfälle ereigneten sich in London, Manchester, Mailand, New York, Oslo, Stockholm und Wien. Die sowjetische Propaganda lief auf Hochtouren, um der Welt zu suggerieren, der »Nazismus« sei nicht tot und den Westdeutschen sei nicht zu trauen.

Der israelische Geheimdienst Mossad durchschaute als einer der ersten die Täuschung. Die Majore Josef Frolik und Ladislas Bittmann, Überläufer aus dem Ostblock, lieferten geheimdienstliche Einzelheiten nach. So konnte Frolik, der vor einem Senatskomitee in den USA aussagte, sogar die Hintergründe der antisemitischen Vorfälle aufklären, die sich 1962 in Wales ereignet hatten. Als ein westdeutsches Panzerregiment dort Manöver abhielt, besudelte ein tschechischer Geheimagent jüdische Gräber und malte Hakenkreuze. Der psychologische Schaden war enorm. Britische Zeitungen klagten die Deutschen an, die amerikanische »Herald Tribune« behauptete, Bonn sei unfähig, »das Nazi-Gift zu eliminieren«.

In den sechziger und siebziger Jahren lieferten wiederholte Verjährungsdebatten des Bundestages und neue NS-Prozesse den Vorwand, die Vergangenheit umso intensiver zu bewältigen, je länger sie zurücklag. Das Thema wurde zu einer politischen Mehrzweckwaffe mit fürchterlicher Durchschlagkraft. Die Chaoten, die 1968 auf den Straßen tobten und unliebsame Professoren an den Universitäten mit echten Nazi-Methoden terrorisierten, rechtfertigten sich damit, sie holten den Widerstand nur nach, den ihre Väter versäumt hätten. Meinungsmacher in den Medien, einst stramme und prominente Nationalsozialisten, verschafften sich moralische Überlegenheit, indem sie harmlose Mitläufer des Dritten Reiches auf die Anklagebank setzten. Kirchliche Funktionäre übten nun Widerstand, den ihre Institutionen vor 1945 manchmal versäumt hatten. Kommunisten wurden nur deswegen politisch akzeptabel, weil sie einmal an Stalin statt an Hitler geglaubt hatten. Nachdem die DDR (mangels anderer Legitimation) von Anfang an den Anti-Faschismus zur Staatsdoktrin erhoben hatte, wurde er nun auch zum eigentlichen Daseinsgrund der Bundesrepublik erklärt.

Die Kampagne, die das politische Koordinaten-Kreuz weit nach links verschob, war im Sinne ihrer Urheber überaus erfolgreich. Die Linke hatte (wie vorher mit dem Kampf gegen den Atomtod und nachher mit dem Umweltschutz) der Öffentlichkeit ein Thema oktroyiert, das ihr enormen politischen Nutzen brachte und jeden Widerspruch im Keim erstickte. Schließlich konnte kein vernünftiger Mensch für den Atomtod, den Nationalsozialismus oder die Umweltverschmutzung sein. Die Mitte, bis weit in das konservative Lager hinein, war sprachlos oder schwamm auf der Welle mit. Sie verlor die geistige Offensive, die noch unter Adenauer bei ihr gelegen hatte.

Die Politiker der Mitte paßten sich dem von links monopolisierten Meinungsklima an, indem sie zu den immer häufigeren Jahrestagen vergangener Ereignisse ihren verbalen Obolus enrichteten. Die Beschäftigung mit der Vergangenheit erstarrte zum Ritual. Jeder kannte die Formeln und konnte hinlänglich sicher sein, nicht in die Schußlinie zu geraten, wenn er sie bei gebotenem Anlaß ungekürzt und zusatzlos aufsagte. Es war zwar gefahrlos, Israel der Unterdrückung der Palästinenser anzuklagen, aber äußerst riskant, sich auch nur einmal zu wenig der nationalsozialistischen Verbrechen zu »schämen«. Nur starke politische Persönlichkeiten wie Strauß konnten es wagen, sich der permanenten Zumutung zu entziehen.

Diese Art von Vergangenheitsbewältigung kulminierte (und endete wahrscheinlich) mit dem prominentesten und unschuldigsten Opfer, das sie je forderte: Philipp Jenninger. Am 11. November 1988 mußte der Präsident des Deutschen Bundestages zurücktreten, nachdem er eine Gedenkrede zur »Reichskristallnacht«, wie die Pogrome damals euphemistisch genannt wurden, gehalten hatte.

Daß ausgerechnet Jenninger, ein bewährter Freund Israels, fallengelassen wurde, war paradox, entsprach aber den Mechanismen der bundesdeutschen Vergangenheitsbewältigungs-Industrie. Da jeder in Bonn seine politische Einstellung kannte, konnte man ihn nicht der geringsten NS-Sympathien verdächtigen. Stattdessen wurde die Sprachregelung gefunden, seine Rede sei zwar gut gemeint, aber rhetorisch ungeschickt gewesen. Er habe es unterlassen, die Anführungszeichen, die im schriftlichen Text standen, mit vorzulesen. Wenn alle Bundestagsabgeordneten, die sich jemals mangelnder rhetorischer Fähigkeiten schuldig gemacht haben, zurücktreten müßten, wäre das Hohe Haus bald entvölkert.

Es mag sein, daß mancher Bonner Parlamentarier nicht mehr dazu fähig ist, rhetorische Fragen als solche zu erkennen. Ausländische Korrespondenten, deren

Muttersprache nicht deutsch ist, konnten es offenbar mühelos. So schrieb Peter Millar im englischen »Sunday Telegraph«: »Herr Jenninger wurde in Wirklichkeit – in Verbeugung vor der liberalen Meinung – wegen einer 26-Seiten-Rede gestürzt, die die intellektuell ausgefeilteste und rhetorisch anspruchsvollste Abrechnung mit der Nazi-Ära bot, die man je von einem deutschen Politiker hörte. Sein Fehler war, daß er – anstatt vor düster nickenden Köpfen einen Katalog der Scheußlichkeiten zu rezitieren – in die Psyche der Nation des Jahres 1938 eintauchte, um das alles umso stärker mit einem erschütternden Augenzeugenbericht eines SS-Massenmordes zu kontrastieren.«

Jenningers Vergehen war es, sich auch einmal mit den Gründen für Hitlers Popularität in den dreißiger Jahren zu befassen, anstatt sich auf die gängigen gedankenlosen Formeln zu beschränken. Der intelligente Michael Fürst, ein Vertreter der deutschen Juden, verstand die Rede offenbar so, wie sie gemeint war. Um den »Sunday Telegraph« noch einmal zu zitieren: »Heute ist es die antiamerikanische und gegen die NATO eingestellte Linke, die am meisten Wert auf die Politik der nicht endenden Bußfertigkeit, Selbstkritik und Schuldübernahme legt, die den Deutschen früher einmal von den westlichen Alliierten während der Umerziehung eingetrichtert wurde.«

Ein Musterbeispiel für den hysterischen Ton, mit dem 50 Jahre (!) nach Kriegsausbruch nicht etwa Vergangenheit bewältigt, sondern die Gegenwart neurotisiert wurde, lieferte der Leitartikel der »Süddeutschen Zeitung« vom 1. September 1989. Der Kommentar war überladen mit Vokabeln wie »Scham«, »Schande« und

»beschämend« – sie hatten nur den kleinen Nachteil, daß sie sich nicht auf die Nationalsozialisten und ihre Untaten bezogen. Beispiel: »Es wird von des Kanzlers Worten an diesem 1. September im Bundestag abhängen, ob man sich schämen muß.« Oder: Daß die Bundestagsfraktionen darüber »rangelten«, ob sie Weizsäckers Botschaft zur Abstimmung stellen sollten, »ist tief beschämend und ein Symptom für die noch nicht bewältigte Vergangenheit«. Oder: »Auch Unterlassung kann schuldhaft sein.« Der 1. September war in den Augen des Leitartikels überhaupt ein Tag der »Schande«, »Scham« und »Betroffenheit«.

Cui bono? Wem sollen solche Ergüsse nutzen? So jedenfalls kann ein Volk mit seiner Vergangenheit nicht ins Reine kommen. Mit diesem Sentiment läßt sich keine europäische Gemeinschaft gleichberechtigter Völker bauen. Flagellantentum kann die deutsch-polnische Versöhnung nur belasten. Wenn Leitartikel, die derart im Genuß der moralischen Inferiorität des deutschen Volkes schwelgen, eines Tages nur noch als peinlich empfunden werden – dann wird die immer noch mißbrauchte Vergangenheit wirklich bewältigt sein.

Niemand käme auf die Idee, die asiatische Barbarei Stalins pauschal dem russischen Volk anzulasten. Niemand konstruiert eine russische Kollektivschuld aus der Tatsache, daß Stalin einen Nachbarstaat nach dem anderen überfallen und die Balten und Ostpolen mit Mord und Terror dezimiert hat. Die westdeutschen Vergangenheitsbewältiger haben seine Verbrechen nicht einmal zur Kenntnis genommen. Das Schicksal der Völker, die jahrzehntelang in grausamer Unterdrückung leben mußten, war ihnen gleichgültig. Jetzt bringen die Völker der Sowjetunion selbst, auf der Suche nach der historischen Wahrheit, Licht in die Verbrechen des Tyrannen.

In den 20 Jahren von 1929 bis 1949, so der amerikanische Sachkenner Stephan Rosefield, fielen 21,4 bis 24,4 Millionen Erwachsene und 7,2 bis acht Millionen Kinder dem Terror Stalins zum Opfer – in der geplanten Hungersnot der landwirtschaftlichen Zwangskollektivierung, in den Lagern Sibiriens, in den Massenliquidationen der späten dreißiger Jahre. Stalin, das war Hitler plus Asien, sagte ein Russe im November 1989 im Deutschen Fernsehen.

Und warum sollte es heute die deutsch-amerikanischen Beziehungen belasten, daß der siegreiche Feldherr Eisenhower 1945 die Genfer Konvention zerriß und bis zu 800 000 deutsche Kriegsgefangene in amerikanischen Lagern mit kalter Absicht verhungern und verdursten ließ? Die Verbrechen Eisenhowers, die erst kürzlich von dem kanadischen Journalisten James Bacque aufgrund neuer Archivfunde aufgedeckt wurden, sind auch 45 Jahre nach Kriegsende von historischem Interesse. Die Amerikaner werden dennoch nicht daran denken, nun ihre eigene Vergangenheit neu zu bewältigen. Es würde auch niemandem nutzen. Es war das amerikanische Magazin »Time«, das im Herbst 1989 die Frage aufwarf, ob die deutsche Geschichtswissenschaft überhaupt genug zu dieser Debatte beitragen könne. Sie habe, so meinte die Zeitschrift etwas abschätzig, »sich mehr auf die Verfehlungen Deutschlands konzentriert als auf die seiner jetzigen Verbündeten«. Bemerkenswert aber bleibt, daß Russen, Amerikaner, selbst Engländer und Franzosen in diesen Jahren in die Abgründe ihrer eigenen Geschichte blicken und nach der vollen Wahrheit suchen, ohne auf die Idee zu kommen, sie könnten damit Hitler »entlasten«. Ein hämisches Kriterium, typisch deutsch.

Und die tragische Vergangenheit des so unendlich komplizierten Osteuropa harrt immer noch der allseitigen Aufarbeitung und Bewältigung. Die junge Generation westdeutscher Journalisten weiß nicht einmal, was dort geschah – und den deutschen Vertriebenen, die manches zu erzählen hätten, hört ohnehin niemand zu.

In der englischen Zeitschrift »Spectator« schrieb der Ungar G. M. Tamas: »Die Juden wurden ermordet und betrauert. Es gab Gewissenserforschung und Selbstkritik. Wer hat die Deutschen betrauert? Wer fühlt sich schuldig für die Millionen, die aus Schlesien, Mähren und der Wolgaregion vertrieben wurden, auf ihrem langen Treck abgeschlachtet wurden, verhungert sind, in Lager gesteckt, vergewaltigt, terrorisiert und erniedrigt wurden? Wer verschwendet einen Gedanken an die deutschen und ungarischen Bauern, die unter jenem großen Demokraten, Benes, als Sklaven an mährische Farmer verkauft wurden? Wer wagt es, sich daran zu erinnern, daß die Vertreibung der Deutschen die kommunistischen Parteien in den vierziger Jahren ziemlich populär machte? Wen stößt es ab, daß die wenigen zurückgebliebenen Deutschen, deren Vorfahren unsere Kathedralen, Klöster, Universitäten und Eisenbahnhöfe bauten, heute nicht einmal eine Grundschule in ihrer eigenen Sprache haben dürfen? Die Welt erwartet von Deutschland und Österreich, daß sie ihre Vergangenheit bewältigen (›come to terms with their past‹). Aber niemand ermahnt uns, die Polen, Tschechen und Ungarn, dasselbe zu tun. Osteuropas dunkles Geheimnis bleibt ein Geheimnis. Ein Universum von Kultur wurde zerstört. Der Westen innerhalb des Ostens, dieses faszinierende Mysterium, war ganz einfach die Zivilisationsarbeit unserer Deutschen verschiedener Religionen.«

»Wir brauchen die Kraft«, so sagte Richard von Weizsäcker am 8. Mai 1985 vor dem Deutschen Bundestag, »der Wahrheit, so gut wir es können, ins Auge zu sehen, ohne Beschönigung und ohne Einseitigkeit.« Warum nur: so gut wir können?

Wahr ist, daß sich die Nationalsozialisten eines in der deutschen Geschichte singulären Verbrechens schuldig machten, des Genozids an bis zu sechs Millionen Juden.

Wahr ist, daß am Ende des Krieges bis zu zwölf Millionen Deutsche vertrieben und dabei bis zu zwei Millionen ermordet wurden oder umkamen.

Wahr ist, daß die Genozide Stalins denen Hitlers vorangingen und daß beide Angriffskriege führten – beginnend im September 1939.

Und wahr ist, daß der deutsche Widerstand gegen Hitler von den Westmächten desavouiert wurde.

Beschönigend aber ist es, die grausame Vertreibung und den Mord an den Ostdeutschen »Bevölkerungstransfer« (so Willy Brandt) zu nennen oder zu behaupten, sie hätten »im Zusammenhang mit den Ereignissen des Zweiten Weltkrieges ihre Heimat verloren« und seien »ausgewiesen« worden (so der »Spiegel in Nummer 52/1989).

Es war auch nicht ohne Einseitigkeit, wenn der

Bundespräsident in jener Rede vom 8. Mai 1985 pauschal erklärte: »Der 8. Mai war ein Tag der Befreiung.« Das war er wohl für die Deutschen im Westen, aber nicht für die Ostpreußen, Schlesier, Sachsen oder Sudetendeutschen.

Und eine blanke Lüge war es, wenn der Sprecher des polnischen Außenministeriums, Staniszewski, noch Ende 1989 behauptete: »Die Vertreibung der Deutschen aus Polen verlief geordnet und so humanitär, wie es unter damaligen Verhältnissen möglich war.«

Daß solche Auslassungen in der Bundesrepublik mehr als ein halbes Jahrhundert nach dem Krieg weithin unwidersprochen bleiben, zeigt dann doch wieder, daß ein unbefangenes Verhältnis zur Vergangenheit immer noch fehlt. Revisionsbedürftig ist nicht unsere Sicht des nationalsozialistischen Diktators, revisionsbedürftig ist vielmehr das Herausreißen des Krieges aus dem europäischen Zusammenhang.

Keinen schlechten Anhaltspunkt für die Rückkehr zur historischen und damit objektiven Betrachtungsweise lieferte der Londoner »Spectator« am 9. Dezember 1989, als er sich mit der schrecklichen Auslieferung jener antikommunistischen Jugoslawen und Kosaken an die Kommunisten befaßte, zu der sich England 1945 bereit fand:

»Die vorwiegende, offizielle Version des Zweiten Weltkrieges geht dahin, daß es sich um einen der wenigen Kriege in der Geschichte handelt, die vollständig durch die Gemeinheit des Feindes gerechtfertigt waren und daß ihm die Sinnlosigkeit und Zweideutigkeit des Ersten Weltkrieges fehlte. Und doch – Großbritannien begann diesen Krieg, um Polen zu verteidigen, und nachdem es ihn gewonnen hatte, war Polen immer noch versklavt. Ein Krieg, der eine monströse Tyrannei besiegte, erweiterte die Macht einer gleichermaßen monströsen Tyrannei fast bis zum Punkt des totalen Sieges. Ein Krieg, der die Bestrafung der Nazi-Massenmörder ermöglichte, führte auch dazu, daß über sie durch Männer gerichtet wurde, die Stalins Säuberungen ausgeführt hatten. Ein Krieg, der 1940 den britischen Way of Life zu verteidigen schien, kompromittierte ihn 1945.«

Einen so ausgewogenen Stand der Debatte haben die Deutschen noch nicht erreicht. Sie täten sich und der Wahrheit einen Gefallen, wenn sie endlich damit begännen, ausnahmslos alle Vorkommnisse jener Jahre zu enttabuisieren. Mit den Diskussionsverboten verschwände dann auch der Inferioritätskomplex. Die dunklen zwölf Jahre werden bewältigt sein, sobald sie als Vergangenheit, nicht als potentielle Gegenwart begriffen werden.

Deutschland zwischen Ost und West

»Praktisch-politisch ist es ein Unding, die prosperierende Welthandelsmacht Bundesrepublik Deutschland mit der wirtschaftlich maroden DDR, die nicht einmal 50 % des Bruttosozialprodukts von Bayern zustande bringt, auf eine Stufe zu stellen.«

Professor Wolfgang Seiffert, FAZ vom 26. August 1989

»Europa, Mutter der modernen Zivilisation, muß vom Atlantik bis zum Ural erstehen, in Eintracht zusammenarbeiten, um seine gewaltigen Ressourcen auszuschöpfen und gemeinsam mit Amerika, seiner Tochter, die Rolle zu spielen, die ihm zukommt... Welch eine Rolle könnte Deutschland bei diesem weltweiten ehrgeizigen Ziel unseres alten, verjüngten Kontinents spielen!«

Charles de Gaulle, 4. Februar 1965

»In meiner Heimat ist aus dem Wort Sozialismus schon längst ein ganz gewöhnlicher Gummiknüppel geworden, mit dem irgendwelche reich gewordenen und an nichts glaubenden Bürokraten allen ihren frei denkenden Mitbürgern in den Rücken schlagen... Wirklich: In meinem Lande ist dieses Wort schon längst eine gottlose Beschwörung.«

Václav Havel in seiner in der Frankfurter Paulskirche verlesenen Rede am 15. Oktober 1989

Börsianer wissen, daß eine Baisse immer erst dann endet, wenn der letzte Spekulant kapituliert und verkauft hat. Im ausgehenden Jahrzehnt – noch wenige Monate, bevor der Eiserne Vorhang fiel – hatten sich die Bonner Parteien scheinbar endgültig in der deutschen Teilung eingerichtet, wurden Milliarden für den Ausbau der Hauptstadt Bonn bereitgestellt, leisteten die westlichen Verbündeten nur noch gelegentliche Lippenbekenntnisse zur Wiedervereinigung, auf die sie sich einmal vertraglich festgelegt hatten. Die deutsche »Frage« stand, wie nicht nur der Bundeskanzler befand, nicht mehr auf der Tagesordnung. Weil nicht gefragt wurde, wurden auch keine Antworten erwartet.

Dann stürzte Honecker, die Bürger von Leipzig beschworen das Vaterland, die Grenze öffnete sich, die Mauer wurde aufgebrochen. Das Volk, ein seltener Faktor der deutschen Geschichte, machte dort Politik, wo man vorher nur die Realitäten des Staatssozialismus und der Spaltung gesehen hatte. Daß diese Realitäten anzuerkennen seien, galt als indiskutabel, daß sie sich einmal ändern könnten, als unvorstellbar. Die Bundestagsparteien wurden von einem Prozeß, den sie weder ausgelöst noch erwartet hatten, komplett überrascht.

»Wer zu spät kommt, den bestraft das Leben«, hatte Gorbatschow noch im Herbst den Altstalinisten Honecker ermahnt. Plötzlich begannen auch die Repräsentanten des freien Deutschland zu ahnen, sie könnten zumindest von ihren Wählern bestraft werden, wenn sie zu spät kämen. Das Thema Wiedervereinigung, von dem sie bis dahin entweder gar nicht oder nur in garantiert unverbindlichen Floskeln gesprochen hatten, sorgte für eine schnelle Scheidung der Geister. Die einen begriffen, daß ein großes deutsches Tabu zerbrochen war. Die anderen versuchten, das Tabu mit hastigen semantischen Tricks in die neue Situation hinüberzuretten.

Willy Brandt, der kurz vorher noch in seinen Memoiren die Wiedervereinigung zur »spezifischen Lebenslüge der zweiten deutschen Republik« erklärt hatte, verkündete nun, daß zusammenwachsen werde, was zusammengehöre. Der junge Greis hatte sich ein feines Gespür für den Wandel des Zeitgeistes bewahrt. Im Nu avancierte er zur nationalen Figur einer Partei, deren Patriotismus einmal beispielhaft gewesen war.

Helmut Kohl, ein seit jeher westeuropäisch orientierter und am Osten Europas desinteressierter Mann, lehnte es noch Mitte Oktober 1989 ab, die Diskussion »der Menschen drüben« vorwegzunehmen. Er versuchte sich sogar an einer Mißinterpretation des Grundgesetzes. Er verlangte »Selbstbestimmung für unsere Landsleute in der DDR« und behauptete, dies sei ein Gebot der Präambel des Grundgesetzes – diese bezieht sich jedoch auf das gesamte deutsche Volk. Am 9. November korrigierte er sich vor dem Bundestag und formulierte nun: »Voraussetzung für die Wiedervereinigung in Freiheit ist die freie Ausübung des Selbstbestimmungsrechtes durch alle Deutsche.« Im schriftlichen Text der Rede wurde »alle« durch Kursivschrift hervorgehoben.

Die Bonner Szene, soweit sie nicht der Einheit gegenüber ausgesprochen feindselig blieb, kreierte in jenem denkwürdigen vierten Quartal 1989 die wunderlichsten Formeln, um Distanz zum Gedanken der Einheit auszudrücken. An der Wahl und Stellung der Worte erkannte man immer sofort, worauf einer hinauswollte.

Da gab es die dilatorische Variante, die für ein paar Jahre Aufschub plädierte und die Mitteldeutschen um Geduld bat. Die deutsche Frage, so der FDP-Vorsitzende Graf Lambsdorff im Oktober 1989, sei noch auf »viele Jahre« nicht entscheidungsreif.

Eine andere Art der verschämten Tabuisierung bestand darin, die Zuständigkeit für die nationale Frage auf die Deutschen zwischen Elbe und Oder abzuschieben. Das enthob der Notwendigkeit, selbst Farbe zu bekennen. Nicht die 60, sondern die 16 Millionen sollten Ja oder Nein zur Wiedervereinigung sagen. Denn, so Richard von Weizsäcker Ende Oktober 1989 in Berlin: »Es kommt uns nicht zu, von hier aus Ratschläge zu erteilen und Ziele vorzugeben.« Wer keine Ziele vorgibt, wird wohl auch keine haben.

Eben dies ließ sich auch immer wieder ganz vorzüglich mit dem Hinweis auf Europa kaschieren. Man postulierte die Priorität der westeuropäischen Integration vor der Wiedervereinigung – warum eigentlich, wurde nie näher erläutert. Oder man warnte, wie der SPD-Theoretiker Glotz, vor der Tendenz, Deutschland wichtiger zu nehmen als Europa. Oder man orakelte über eine »europäische Friedensordnung« – ein Begriff heilloser Konfusion, unter dem sich jeder etwas anderes vorstellen konnte. Die europäische Idee wurde systematisch als Vorwand mißbraucht, dem deutschen Thema auszuweichen.

Der Vorwand war durchsichtig, weil die wirtschaftliche Integration Westeuropas gar nicht zur Debatte stand und weil eine europäische Friedensordnung auf dem Rücken des nach den Russen größten europäischen Volkes wohl kaum gerecht und dauerhaft sein kann. Aber es sollte suggeriert werden, die deutsche Einheit könnte Europa und dem Frieden abträglich sein.

Die Wortklauberei ging gelegentlich so weit, daß das »Recht« der Deutschen auf Selbstbestimmung mit dem Zusatz proklamiert wurde, sie möchten es bitte nicht ausüben. Genau darauf lief der Entwurf eines neuen Grundsatzprogramms der SPD hinaus, der im März 1989 vorgelegt wurde. Unter Nummer 102 hieß es da ganz großzügig: »Die Deutschen haben wie alle Völker ein Recht auf Selbstbestimmung.« Damit war dem nationalen Pathos bereits Genüge getan, denn im übernächsten Satz war schon zu lesen: »Es muß offen bleiben, ob und wie die Deutschen in beiden Staaten in einer europäischen Friedensordnung zu institutioneller Gemeinschaft finden.« Komplizierter konnte man es kaum ausdrücken. Das Recht wurde zwar postuliert, seine Realisierung aber nicht etwa verlangt, sondern expressis verbis offengelassen. Und es folgte der Zusatz, daß sich ein deutscher »Sonderweg« verbiete. Die Selbstbestimmung aller anderen Völker hielt die SPD nie für einen »Sonderweg«.

Die Sozialdemokraten waren sich weder 1989 noch vorher oder nachher in der nationalen Frage wirklich einig. Der Riß ging mitten durch die Partei. Da gab es auf der einen Seite jemanden wie Eppler, der sich im Juli 1989 zu der genialen Worthülse verstieg: »Einheit ist auch als Zweistaatlichkeit denkbar.« Und da gab es auf der anderen Seite den SPD-Bundestagsabgeordneten Dieter Haack, der im September 1989 den politisch labilen Zustand der Geschichtslosigkeit beklagte. Er habe den Eindruck, so Haack, daß die Fluchtbewegung aus der DDR die Politiker aller Parteien unvorbereitet getroffen habe, weil sie sich ihr Bild über die DDR zu sehr in Gesprächen mit führenden SED-Politikern gemacht hätten. Die Wiedervereinigung sei von führenden Politikern der Bundesrepublik als Thema vermieden oder sogar als geschichtlich überholt und reaktionär diffamiert worden. Haack war damals auch einer der ersten, der die von SPD und CDU geforderte »Stabilisierung der DDR« kritisch kommentierte. Er sprach für einen sehr kleinen Flügel der Partei – und für das Kuratorium Unteilbares Deutschland, als dessen Vorsitzender er sich äußerte.

Dem vorherrschenden moralischen Zustand der SPD entsprach es allerdings, daß auf dem Berliner Parteitag im Dezember 1989 über nichts leidenschaftlicher diskutiert wurde als über die Abtreibung und über den Paragraphen 218. Der Parteitag einigte sich auf die Formel, daß das Strafrecht kein geeignetes Mittel für die Lösung von »Schwangerschaftskonflikten« sei. Damit war gemeint, daß Abtreibungen nicht verboten sein dürften. Immerhin folgte gleich anschließend ein unmißverständliches Bekenntnis zum Selbstbestimmungsrecht: »Deshalb erkennen wir die Verantwortung und das Selbstbestimmungsrecht der Frau an.«

Das Groteske an der Diskussion des Jahres 1989 war, daß Wiedervereinigung und deutsche Selbstbestimmung, während das politische Bonn noch darüber räsonierte, anderswo längst akzeptiert waren – vom amerikanischen Botschafter in Bonn, von polnischen und tschechischen Politikern, in repräsentativen Meinungsumfragen in der westlichen Welt, selbst in ersten Kommentaren aus Moskau. Die vagen Andeutungen einer deutschen Gefahr wurden eher von der Linken in der Bundesrepublik als vom Ausland gemacht. Die Linken müssen erleichtert gewesen sein, als das Stichwort vom Ausland aufgegriffen wurde.

Professor Wolfgang Schuller brachte die psychischen Verklemmungen am 16. Dezember 1989 in der »FAZ« auf den Punkt: »Nun bricht der Kommunismus zusammen, und da der Kommunismus die Teilung Deutschlands verursacht hat, stellt sich sofort die Frage nach deren Beseitigung. Dagegen gibt es jetzt Widerstand. Bisher, als die Wiedervereinigung außerhalb jeder Möglichkeit stand, konnte man getrost Lippenbekenntnisse zu ihr ablegen. Jetzt entfällt diese Tarnung.« Schuller zitierte eine Fernsehbefragung auf Moskauer Straßen, die ergeben hatte, daß alle befragten Russen die deutsche Einheit als eine Selbstverständlichkeit betrachteten – und er meinte, daß es oft ganz gewöhnliche Deutschfeindlichkeit sei, die Bedenken anmelde oder vor einem deutschen Übergewicht warne.

Nichts anderes als ganz gewöhnliche Deutschfeindlichkeit verbirgt sich auch hinter den Auslassungen jener heimlichen rotgrünen Koalition, die Oskar Lafontaine gerade in die Wege geleitet hatte, als ihm das Walten der Weltgeschichte in die Quere kam.

Als einer der Protagonisten des modernen Antigermanismus darf der Italiener Andreotti gelten, der seine bekannte Vorliebe für zwei deutsche Staaten Ende 1989 noch einmal bekräftigte. Es klang so, als wolle er sein Land nachträglich in den Club der Sieger aufnehmen.

Aber er fügte auch hinzu, man solle in der deutschen Frage nicht weiter gehen als die Deutschen selbst.

Damit könnte zum Beispiel ein Beitrag im Deutschen Bundestag vom September 1989 gemeint gewesen sein. Damals hatte sich eine Abgeordnete der Grünen, Frau Sieglinde Frieß, Jahrgang 1959, zur deutschen Frage geäußert. Ihre Qualifikation kann man daran ermessen, daß sie ihren Beruf zwar mit Diplom-Sozialpädagogin angibt, ihre konkrete Tätigkeit aber bisher, laut Bundestagshandbuch, auf so bedeutsame Positionen wie den »Arbeitskreis Frauen Nürnberg« oder die Bundesarbeitsgemeinschaft »Grüne und Gewerkschafterinnen« beschränkt war. Sie war sogar Mitbegründerin und bis zum Eintritt in das Hohe Haus Sprecherin dieser bedeutenden Bundesarbeitsgemeinschaft.

Es ist unwahr, daß Frau Frieß im Bundestag gesagt haben soll, sie wünsche sich die sowjetische Westgrenze an der Oder-Neiße oder die deutsche Ostgrenze am Bug. Sie hat vielmehr, laut »FAZ« vom 6. September 1989, im Bundestag gesagt: »Ich wollte, daß Frankreich bis zur Elbe reicht und Polen direkt an Frankreich grenzt.«

Die Attitüde ist typisch, wenn auch in diesem Fall zum Exzeß getrieben. Man erinnert sich an die Bemerkung Bismarcks am 26. Februar 1863 vor dem Abgeordnetenhaus: »Die Neigung, sich für fremde Nationalitäten und Nationalbestrebungen zu begeistern, auch dann, wenn dieselben nur auf Kosten des eigenen Vaterlandes verwirklicht werden können, ist eine politische Krankheitsform, deren geographische Verbreitung sich leider auf Deutschland beschränkt.«

War es nicht auch versteckte Deutschfeindlichkeit,

als der Berliner Bürgermeister Momper im Oktober 1989 verkündete: »Wir brauchen keinen neuen Nationalstaat der Deutschen im Herzen Europas«? Aber Momper gerierte sich nicht einfach antideutsch, es ging ihm auch darum, die Reste des in der DDR gescheiterten Sozialismus ins nächste Jahrzehnt zu retten. Er sprach von den »positiven Leistungen« der DDR, die die Opposition beibehalten wolle, und von dem »dritten Weg«, den die DDR zu gehen wünsche.

Ähnliches beschwor auch der SPD-Vorsitzende Vogel, als er am 8. November vor dem Bundestag eine »Wiedergeburt des demokratischen Sozialismus« in Osteuropa zu entdecken glaubte und in seiner umständlichen Art formulierte: »Es gibt keinen Anlaß zu vordergründigem Triumph in dem Sinne, daß wir unser Gesellschaftssystem heilig sprechen.« Er wollte es nicht nur nicht heilig sprechen, er wollte seine Abneigung andeuten. Die Angst ging um, eine baldige Wiedervereinigung könne ein neuerliches sozialistisches Experiment in der DDR überflüssig machen.

Die moralische Autorität der SPD beruhte einmal darauf, daß sie sich für die soziale und nationale Frage gleichermaßen engagierte. Oskar Lafontaine, der Plastikkandidat aus dem bankrotten Saarland, hat mit dieser Tradition radikal gebrochen. Die Deutschen sind kein Bezugspunkt seiner eigenartigen Gedankengänge. Er gönnt ihnen keine Gleichberechtigung in Europa. Man braucht ihn nicht in die Nähe der Kommunisten zu rücken, er hat ihre Nähe selbst gesucht. Daß sich Lafontaine wie ein »besserer Honecker« benehme, stand nicht im Bayernkurier. Es stand einmal in der DDR-Dissidentenzeitschrift »Grenzfall«.

Im Sommer 1989, als er das Fiasko des DDR-Sozialismus noch nicht ahnte, beschränkte er seine Abneigung auf die Deutschen aus Osteuropa. Er wetterte gegen »Deutschtümelei« und empfahl, man solle keinen Unterschied machen, ob jemand aus einer deutschstämmigen Familie in Osteuropa komme oder ob er Asylant ohne deutschen Familienhintergrund sei.

Ende 1989 entschied der Ministerpräsident des Saarlandes, daß es keine Wiedervereinigung geben dürfe. In einem Interview mit dem »Spiegel« erklärte er kategorisch: »Es gibt nur das Übertragen von Zuständigkeiten des Nationalstaates Bundesrepublik und – in einem wann auch immer zu bestimmenden Zeitrahmen – der DDR auf die Europäische Gemeinschaft.« Auf den Einwand des Magazins, die deutsche Einheit sei ein Grundgesetzauftrag, replizierte der Saarländer, »daß die soziale Frage viel wichtiger ist als abstrakte Diskussion über rechtliche Kategorien«.

Lafontaine hebt auf die »Vereinigten Staaten von Europa« ab. Innerhalb dieser Konstruktion, die er nicht genauer definieren mag, könne dann eine ganze Reihe »deutsch-deutscher Fragen« ebenso geregelt werden wie die Querelen zwischen Flamen und Wallonen in Belgien – eine komplette Absage an jegliche deutsche Identität und ein klares Bekenntnis zu einem, wie Lafontaine sagt, »Internationalismus«. Die deutsche Einheit steht nicht mehr nur unter europäischem Vorbehalt, das vereinte Europa wird vielmehr zum Instrument ihrer Blockierung: Germaniam esse delendam.

Ein solches Europa – zentralistisch und kollektivistisch – entspricht am allerwenigsten den Vorstellungen der Mitteleuropäer, die lange genug unter einem kollektivistischen und internationalistischen System leben mußten. Die Polen, Tschechen und Ungarn würden sich für Lafontaines Rezept bedanken, es gebe nur die Übertragung nationaler Zuständigkeiten auf die Europäische Gemeinschaft, womit nichts anderes als die demokratisch nicht legitimierte Kommission in Brüssel gemeint ist. Die mitteleuropäischen Länder haben ihre nationale Zuständigkeit, nach einem halben Jahrhundert, gerade erst zurückgewonnen. Sie werden wohl kaum daran denken, sie umgehend wieder abzugeben. Als Václav Havel zum tschechoslowakischen Präsidenten vereidigt wurde, versprach er seinem Volk, es werde nie mehr einer anderen Macht untertänig sein müssen.

1989 wurden alle Bonner Parteien mit der geschichtlichen Realität konfrontiert. Mit Ausnahme der bayerischen CSU hatten sie alle vergessen, daß keine Okkupationsmacht, auch nicht die sowjetische, für immer auf Bajonetten sitzen kann. Der CDU als zutiefst pragmatischer Partei fiel die Umstellung auf die neuen Verhältnisse relativ leicht. Sie hatte sich lediglich mit der Teilung abgefunden, sie hatte sie nicht zementieren helfen. Sie brauchte nur auf ihre frühere, in den achtziger Jahren vergessene Politik zurückzugreifen. Und vor allem hatte sie mit den kommunistischen Machthabern nie fraternisiert. Sie hatte sich zwar außenpolitisch angepaßt, aber nie ideologisch. Man konnte ihr Unterlassungen vorwerfen, aber nicht, daß ihr das Schicksal der Deutschen und der benachbarten Mitteleuropäer gleichgültig gewesen sei. Die Bonner Milliarden, die das Honecker-Regime in den achtziger Jahren über

Wasser gehalten hatten, waren eher aus Bequemlichkeit und Gedankenlosigkeit gegeben worden. Und die bayerische CSU konnte sich sogar das Verdienst zurechnen, mit dem Appell an das Bundesverfassungsgericht die deutsche Frage rechtlich und damit auch politisch offengehalten zu haben. Helmut Kohl konnte so tun, als müsse er nicht umdenken – und es gelang ihm nicht schlecht.

Das Elend der SPD ist es, spätestens seit dem Abgang Helmut Schmidts, daß ihrem Kollektivismus die nationale Überhöhung fehlt und daß sie dem Arbeiter nichts mehr zu sagen hat, was auf dasselbe hinausläuft. Es war nicht einmal polemisch gemeint, sondern eine Feststellung von Tatsachen, als Professor Hermann von Berg, vor seiner Flucht in den Westen ein enger Vertrauter des DDR-Ministerpräsidenten Willy Stoph, am 10. September 1989 in der »Welt am Sonntag« schrieb: »Es gab und gibt in der SPD immer Sozialdemokraten, Sozialisten und Kommunisten.« Und ebenso richtig ist, daß die Übergänge zwischen den Flügeln oft fließend sind.

So wichtig ein nationaler Konsensus zwischen den deutschen Parteien wäre, so notwendig ist es auch, über die moralische Fäulnis der Jahre vor 1989 nicht einfach den Mantel des Schweigens zu breiten. Eine Bewältigung der eigenen Vergangenheit läge auch im Interesse der SPD selbst. Man stelle sich die Geschmacklosigkeit vor, zu der die Veranstalter eines Wohltätigkeitsfestes der SPD in Kiel-Süd fähig waren, als sie im Sommer 1989 Erich Honeckers Strohhut versteigerten – zu einer Zeit, da die Fluchtwelle aus der DDR schon das Ende des Regimes ankündigte. Man erinnere sich daran, daß

Lafontaine ohne jegliche Skrupel mit dem für die verhaßte DDR-Staatssicherheit verantwortlichen Egon Krenz konferierte und tafelte, als dieser gerade das Massaker an den Studenten in Peking begrüßt hatte. Oder man lese den schlimmen Satz des SPD-Politikers Jansen nach: »Das kann... ein historischer Moment sein, daß Sozialdemokraten und die Bundesrepublik insgesamt und die Arbeiter- und Bauernklasse, vertreten durch die SED in der DDR, wirklich den Impuls gegeben haben, daß Europa in Frieden leben kann.« Oder man denke an Karsten Voigt, der mit dem Stasi-Kontrolleur Krenz gerne gemeinsam Urlaub machte und am 2. April 1984 sagte: »Der Kern der deutschen Frage ist für eine lange große Weile eben nicht die Freiheit. Es ist die Bewahrung des Friedenszustandes, also des Status quo. Alles andere sind Ornamente oder Schlimmeres.« Übermäßig freiheitlich scheinen diese Sozialdemokraten ihren Sozialismus nicht verstanden zu haben.

Die Liste solcher Anbiederungen, Beschönigungen und grausamer Irrtümer ließe sich lange fortsetzen. Und sie demonstrieren nicht etwa nur Realitätsblindheit gegenüber der wahren Natur des SED-Regimes, sondern auch einen fast unglaublichen Verrat an den besseren Traditionen der SPD. Wie die einst mit der SED zwangsvereinigte Partei sich freiwillig auf eine Stufe mit den Stalinisten stellen konnte, ist schwer nachvollziehbar.

Mit den Defiziten der bundesdeutschen Linken befaßte sich Brigitte Seebacher-Brandt, die Frau des SPD-Ehrenvorsitzenden, in einem lesenswerten Aufsatz vom 21. November 1989 in der »FAZ«. Zitat: »Das

Selbstverständnis der Linken schließt Stolz auf die deutsche Nachkriegsdemokratie nicht ein, und die Bundesrepublik als die Antwort zu verstehen, die aus dem Abgrund der deutschen Geschichte herausgeführt hat, käme ihr nicht in den Sinn. Anders gewendet: Die Zweistaatlichkeit gilt heute als Strafe für alles, was Deutschland der Welt angetan hat.« Und sie zitierte Churchill mit dem Satz, man habe die Deutschen entweder an der Gurgel oder zu Füßen.

Zur Debatte stand wieder einmal, wie 1959 in Bad Godesberg, eine fundamentale Kurskorrektur der Sozialdemokraten. Klaus von Dohnanyi war es, der seine Partei vor der Wiederholung eines schweren Fehlers warnte: Das Nein zur Sozialen Marktwirtschaft habe sie auf lange Zeit die Mehrheit gekostet, das Nein zur deutschen Nation werde sie aufs Neue von der Macht verbannen.

Die einen sprachen ihr Nein ganz offen aus, die anderen versteckten ihre Deutschfeindlichkeit hinter Hinweisen auf die Wünsche des Auslandes oder den Vorrang der europäischen Integration. Was an der Oberfläche nur antinational aussieht, ist letzten Endes Geschichtslosigkeit. Wo die Antenne fehlt, kann sich kein Empfang einstellen. Die Idee, daß ein Volk so etwas wie eine Schicksalsgemeinschaft darstellen könne, ist synthetischen Opportunisten wie Lafontaine völlig fremd.

Um noch einmal Frau Seebacher-Brandt zu zitieren: »Die Linke und die Historiker, die sich ihr verpflichtet fühlen, haben sich immer schwer getan, die großen Wechselfälle der Geschichte zu begreifen, die sozialen und seelischen Bruchstellen im Leben der Völker und der Menschen auszuloten und sich vorzustellen, daß im Gang der Ereignisse auch in Zukunft Sprünge gemacht werden und Neues hervorbricht... Von der Linken wird etwas verlangt, was sie 1948 nicht leisten konnte und 40 Jahre später nicht leisten kann – Einsicht zu nehmen in die Unwägbarkeiten der Volksseele.«

Daß das Volk auf die Straße geht und seine Stimme erhebt, ereignet sich in der deutschen Geschichte höchst selten – nicht öfter als zwei- oder dreimal im Jahrhundert. Dazwischen haben sich die Deutschen meist mit der Rolle des Untertanen begnügt. Bis 1989 wurde unterstellt, daß sich die Bürger der DDR mit dem SED-Regime abgefunden und daß alle Deutschen mehr oder weniger ihre Identität verloren hätten. In den Medien wurde Deutschland immer nur als Territorium ohne Selbstverständnis und ohne Selbstbewußtsein dargestellt.

Das unerhörte Schauspiel direkter Demokratie – fremdartig auch für die nur an parlamentarische Repräsentation gewöhnten Deutschen im westlichen Teil – vollzog sich außerhalb des Radius der Sinnvermittler und Vordenker. Es war eine elementare Erfahrung, daß das Volk eine selbstgefaßte Meinung haben konnte. Und da sich diese Meinung in bewegten und dramatischen Bildern – der Flucht über Ungarn, der Massendemonstrationen in Leipzig – manifestierte, war dies die Stunde des Fernsehens. Nicht die Stunde des mißmutig belehrenden Klaus Bednarz, sondern die Stunde der Nachrichtenredakteure. Wo das Fernsehen bis dahin fade Mitteilungen und irrelevante Kommentare ausgestrahlt hatte, konnte nun Geschichte gefilmt werden.

Die Szenen waren wie gemacht für dieses Medium.

Die Ereignisse des deutschen Herbstes 1989 hätten sich ohne das Fernsehen nicht so rasant beschleunigt. Gegen die Abstimmung mit den Füßen, gegen die freien Forderungen hunderttausender von DDR-Bürgern konnten die linken Meinungsmacher, obwohl sie es kurzzeitig versuchten, schlechterdings nicht argumentieren. Die Stunde der Wahrheit in Deutschland wurde zur großen Niederlage der Vermittler jener zweiten, elektronischen Wirklichkeit, an die sich das bundesdeutsche Publikum schon gewöhnt hatte. Und mit einemmal wurde manches Scheinproblem belanglos, mit dem sich die verwöhnte Bundesrepublik jahrelang abgegeben hatte.

»Der Mythos vom deutschen Identitätsverlust«, schrieb Armin Mohler in der Zeitschrift »Criticón«, »ist widerlegt«. Die Ereignisse haben bestätigt, was viele ahnten. Trotz der langen Teilung ist für die überwältigende Mehrheit der Deutschen, wo auch immer sie wohnen, die Einheit der Nation eine tief im Gefühl verankerte Selbstverständlichkeit geblieben. Die deutschen Identitätsprobleme sind von einer kleinen Minderheit von Politikern und Meinungsmachern, die um jeden Preis den Status quo bewahren möchten, künstlich am Leben erhalten worden.«

Konsensus und Kompatibilität, das waren immer die zwei Voraussetzungen zur Lösung der sogenannten deutschen »Frage«. Der Konsensus, nämlich die ausdrückliche Zustimmung der großen Mehrheit des Volkes, wurde 1989 sichtbar. Es war kein linker, kein sozialistischer, kein linksliberaler Konsensus. Er war wohl auch früher vorhanden gewesen, er wurde nur nicht abgefragt.

Kompatibel, also vereinbar mit der weltpolitischen Lage, war die deutsche Einheit bis in die achtziger Jahre wohl kaum. Insofern fehlten 40 Jahre lang die Bedingungen für eine nicht nur aktive, sondern auch erfolgreiche Deutschlandpolitik der Bundesregierung. Das Kunststück, das von Bonn verlangt wurde, bestand lediglich darin, auf die Einheit nicht zu verzichten und die deutsche Frage offenzuhalten. Beinahe wäre das Thema, mit den Ostverträgen Anfang der siebziger Jahre, ohne Not und vorzeitig ad acta gelegt worden.

Die Einheit wurde 1989 zum Objekt der Wünsche und nationalen Emotionen, zum Ziel eines demokratischen Aufbruchs – zu akzeptablen Bedingungen erreichen ließ sie sich allein damit nicht unbedingt. Den Weltmächten sind die Gefühle der Deutschen gleichgültig. Außenpolitik besteht für sie in der Verfolgung eigener Interessen. Das werden die Deutschen ebenso zugestehen müssen, wie sie es selbst erst noch zu lernen haben. Das Konzert der Mächte folgt keinem demokratischen Taktstock. Hier regiert gefühlskalte Kabinetts- und Realpolitik, mit der sich die Deutschen schon immer schwer getan haben. Die Einheit Deutschlands in Gleichberechtigung kann deswegen nur das Produkt hoher diplomatischer Kunst sein.

Insofern ist das Land, was die Lafontain'sche Stimme aus dem Souterrain nicht begreifen kann, zum Primat der Außenpolitik verurteilt. Eine Nation im Herzen Europas kann sich nicht auf Sozialpolitik beschränken – auch nicht darauf, daß sich ihre Diplomaten in multilateralen, vorzugsweise mit drei Buchstaben abgekürzten Organisationen den Hosenboden blanksitzen. Die Deutschen werden ihren Nachbarn erst dann nicht mehr unheimlich vorkommen, wenn sie frank und frei ihre Wünsche vorbringen, anstatt immer nur auf die Emissionen irgendeines internationalen Gremius zu rekurrieren. Der Daseinszweck des Auswärtigen Amtes kann sich nicht im Multilateralismus erschöpfen. Nach der Ära Adenauer ist nicht nur die Kunstfertigkeit, sondern auch die Virilität der deutschen Außenpolitik verlorengegangen.

Deutsche Außenpolitik, ob von Bonn oder einer gesamtdeutschen Hauptstadt aus konzipiert, wird immer unter dem Diktat der geographischen Mittellage stehen und deswegen intellektuell anspruchsvoller sein müssen als die anderer Mächte. In den achtziger Jahren kam Bonns Außenpolitik fast zum Stillstand, wenn man einmal davon absieht, daß der Brüsseler Überregierung freie Hand gegeben wurde. Grundlegende Entscheidungen waren nicht gefragt, wurden auch nicht angestrebt. Das Bonner Außenministerium betrieb ein wenig PR für die Swapo und Nujoma, zeigte ein bißchen Sympathie für Nicaragua, belehrte die Südafrikaner und ermunterte den sowjetischen Führer Gorbatschow, was gewiß nicht schadete, aber den von innen ausgelösten Reformprozeß in der Sowjetunion weder veranlaßte noch beschleunigte. An dem, was in den achtziger Jahren im Ostblock geschah, war Bonn nun wirklich unschuldig. Wenn überhaupt jemand im Westen ein Verdienst am Sinneswandel des Kreml hatte, war es Ronald Reagan, der das teuerste Rüstungsprogramm in der amerikanischen Geschichte in Gang setzte. Er gab für den Militärhaushalt jährlich real mehr aus, als der Vietnamkrieg auf seinem Höhepunkt gekostet hatte. Er führte dem Kreml schlicht und einfach vor Augen, daß Amerika mehr Geld hatte – oder pumpen konnte.

Die neunziger Jahre aber werden fundamentale Entscheidungen erfordern, die mit denen der fünfziger Jahre vergleichbar sind. Die alten Motive, die alten Optionen kehren wieder. Nicht, daß sich die Geschichte selbst kopierte – auch die Politiker sollten das nicht versuchen. Aber es ist doch so, daß die deutsche Nachkriegspolitik immer zwischen westlichen und östlichen Chancen zu wählen oder sie zu gewichten hatte, um eigene Vorstellungen verwirklichen zu können. Eine besonders vielschichtige Rolle spielt dabei der Prozeß der europäischen Einigung, auf den wir zurückkommen werden.

Unser zeitgeschichtlicher Rückblick muß sich auf Adenauer konzentrieren, weil er die Entscheidungen durchsetzte, die das Schicksal der Bundesrepublik auf Jahrzehnte hinaus prägten. Sicherheit, Souveränität und deutsche Einheit waren die primären politischen Ziele. Die Ausgangslage, die Adenauer vorfand, waren unbeschränkte Siegerrechte über Deutschland. Das Besatzungsregime in den westlichen Zonen konnte er überraschend schnell beenden, weil die weltpolitische Situation es zuließ. Es war ein Glücksfall, daß die Kriegskoalition der Sieger so schnell zerbrach. Dennoch wurden die Siegerrechte über ganz Deutschland nie vollständig beseitigt. Sobald sie gestrichen sind, löst sich die deutsche Frage von selbst. Eben dies ist die Aufgabe, die in den neunziger Jahren gestellt ist. Die Nachkriegszeit mag, wie der Bayerische Ministerpräsident Streibl meinte, schon 1989 geendet haben – unwiderruflich Geschichte wird sie erst sein, wenn alle juristischen Anachronismen aus der Besatzungszeit beseitigt sind und ein Friedensvertrag abgeschlossen wurde. Das Ende des Krieges muß erst noch besiegelt werden. Endgültig Abschied von den Privilegien des Sieges zu nehmen, fällt den früheren Alliierten nicht leicht.

Nur, wenn es in den neunziger Jahren gelingt, volle Souveränität, Gleichberechtigung und wirkliche Sicherheit für Deutschland wiederzugewinnen, wird die deutsche »Frage« wirklich gelöst sein. Es ist intellektuell oft fruchtbarer, statt von der Wiedervereinigung von der Souveränität her zu argumentieren. Denn die Spaltung war ja nichts anderes als ein Ausfluß der fortdauernden Siegerrechte über Deutschland, die sich mit den Regeln eines zivilisierten Völkerrechtes schon lange nicht mehr vereinbaren lassen. Nicht etwa Deutschland ist eine Gefahr für andere, das Land wird oder wurde vielmehr von anderen beeinträchtigt und bedroht.

Anfang der fünfziger Jahre, als die Bundesrepublik nichts als eine besetzte Zone war, mußte Adenauer der Wiedererlangung von Souveränität und Sicherheit Vorrang einräumen. Was damals nicht für alle Deutschen zu verwirklichen war, mußte wenigstens für Dreiviertel von ihnen sichergestellt werden. Es ging darum, zunächst den deutschen Kernstaat wieder handlungsfähig zu machen. Gegen die Kosaken half keine Sozialpolitik.

Unter Sicherheit verstehen wir die territoriale und wirtschaftliche Integrität eines Staates sowie das physische Überleben seiner Bevölkerung. Der Begriff »Sicherheitspolitik« bürgerte sich in der Bundesrepublik erst 1966 ein, zuvor sprach man von »Verteidigungspolitik«. Sicherheit geht über den militärischen Bereich hinaus, auch die marktwirtschaftliche Ordnung ist Teil davon. Deswegen sind Verteidigungspolitik und Friedenspolitik zu enge Begriffe.

Souveränität wollen wir nach Professor Freiherr von der Heydte so definieren: »Nur ein Staat, der nach innen selbst sich seine Ordnung setzt und seine Kompetenz selbst bestimmt und der nach außen unmittelbar dem Völkerrecht unterworfen ist, ist Völkerrechtssubjekt. Wir nennen einen solchen Staat souverän: Souveränität bedeutet Völkerrechtsunmittelbarkeit in den zwischenstaatlichen Beziehungen und Kompetenz-Kompetenz – d.h. die Möglichkeit, seine eigene Zuständigkeit im Rahmen des Völkerrechts selbst zu bestimmen – im Innenverhältnis; Souveränität bezeichnet damit die Stellung eines Staates in der Völkerrechtsordnung.«

Sicherheit und weitgehende Souveränität fand Konrad Adenauer im Bündnis mit den USA. Die Machtverhältnisse und die weltpolitische Konstellation ließen damals jede Alternative als illusionär und gefährlich erscheinen. Zwar hatte in der Beratenden Versammlung des Europarates das Konzept eines Europas als »dritter Kraft« 1949 eine große Rolle gespielt, und auch Adenauer selbst äußerte sich am 9. Mai 1950 in diesem Sinne. Er meinte, wenn der kalte Krieg einmal nachlasse, könne einem vereinten Europa als dritter Kraft eine Vermittlerrolle zukommen. Aber nachdem die »Europäische Verteidigungsgemeinschaft« und damit die militärische Integration Westeuropas am Nein der französischen Nationalversammlung gescheitert war, blieb im Prinzip nur die amerikanische Option. Erst mit dem deutsch-französischen Vertrag von 1963, dessen volle Verwirklichung von der pro-atlantischen Mehrheit des Bundestages torpediert wurde, kam Adenauer auf das Konzept der »dritten Kraft« zurück. Die militärisch impotente Wirtschaftsgemeinschaft, zu der sich die spätere EG entwickelte, war damit gewiß nicht gemeint. Adenauer und de Gaulle haben sich Europa anders vorgestellt.

Die Bundesrepublik Deutschland war von Anfang an Sicherheitsverbraucher. Konfrontiert mit der russischen Gefahr, borgte sie sich ihre Sicherheit von den militärisch mächtigen Vereinigten Staaten. Der Preis dafür war eine in Friedenszeiten beispiellose Truppenkonzentration auf deutschem Boden und dessen Degradierung zum potentiellen Atomkriegsgelände. In dieser Hinsicht waren deutsche und amerikanische Interessen nicht wirklich identisch. Hier resultierte aus dem Souveränitätsdefizit ein latentes Sicherheitsdefizit. Den Vorzug, von der NATO geschützt zu werden, mußte das Land mit dem ungemütlichen Gefühl bezahlen, auf einem atomaren Pulverfaß zu sitzen. Zwei oder drei Jahrzehnte lang hatten die Bundesdeutschen die Nervenkraft, mit den Bomben zu leben, die in unglaublicher Massierung auf ihrem Gebiet lagerten. Als sich die Großmächte dann im INF-Vertrag auf Atomraketen beschränkten, deren Reichweite im wesentlichen der Größe des deutschen Territoriums entsprach, machte sich in der Bundesrepublik tiefes Mißtrauen breit. Seit den Abrüstungsvereinbarungen der achtziger Jahre ist das Land militärisch eher weniger sicher als in den fünfziger Jahren. Die Gefahr existiert, daß ein konventioneller Krieg zwischen den Großmächten wieder führbar wird. Es wäre beruhigend, wenn das sowjetische Militär Deutschland verließe, bevor ein nationalistischer Großrusse auf Gorbatschow folgt.

Als Sicherheitsverbraucher war die Bundesrepublik von Anfang an in einer prekären, aber nicht änderbaren Situation. Es mutet wie ein Vorspiel auf die Diskussion der achtziger Jahre an, daß schon die NATO-Übung »Carte Blanche« vom 20. bis 28. Juni 1955 einen Schock in der Bundesrepublik Deutschland verursachte. Während der Übung wurden innerhalb von 28 Stunden 335 Atombomben auf das kleine Gebiet zwischen Rhein und Elbe »abgeworfen«. Mithin ging die Übung von der völligen Zerstörung der Bundesrepublik aus. Adenauer litt nicht gerade unter einer ängstlichen Konstitution, aber er erlaubte sich 1956 doch die Bemerkung, daß er eine Verlagerung des Schwergewichtes auf Atomwaffen vorerst für verfehlt halte. Nur: die Entscheidung über die Ausrüstung von NATO-Truppen, selbst über ihre Stationierung in der Bundesrepublik, lag und liegt im Zweifelsfall nicht in den Händen Bonns.

Die Westdeutschen blieben, es konnte gar nicht anders sein, ein Objekt der periodischen Wandlungen der amerikanischen Atomstrategie. Sie hat ihren Zweck, einen Krieg zwischen den Supermächten zu verhindern, erreicht. Aber dies war eine Art von Abhängigkeit, die nicht als Dauerzustand gedacht sein konnte. Und die Abrüstungsmaßnahmen der achtziger Jahre waren auch nur ein Herumkurieren an Symptomen. Beiden Weltkriegen gingen Abrüstungskonferenzen oder Rüstungsbeschränkungen voraus. Abrüstung ist oft nur eine Tarnung für Rationalisierung, Modernisierung oder Sparmaßnahmen. Sie muß keineswegs mehr Sicherheit mit sich bringen, und Hochrüstung ist nicht unbedingt gleichbedeutend mit Unsicherheit. Im Prinzip ist nichts unsicherer als die Präsenz fremder, unkontrollierbarer Waffen und Truppen auf dem eigenen Territorium. Selbstverständlich wird Bonn sehr bald mit allen Mitteln auf den Abzug der sowjetischen Truppen aus Mitteldeutschland hinarbeiten müssen – dann erledigt sich alles andere von selbst. Wahrscheinlich wird der Bonner Austritt aus der militärischen Organisation der NATO eine dafür notwendige Gegenleistung sein. Auch in dieser Beziehung ist die deutsche »Frage« nur das negative Resultat einer auf dem Stand von 1945 eingefrorenen militärischen Konstellation.

Adenauer erkannte sehr früh, daß der Konflikt zwischen den Supermächten, die sich an der Elbe gegenüberstanden, wenig Hoffnung auf eine schnelle Rückkehr zur deutschen Einheit ließ. Er bestritt schon im April 1952, daß die Eingliederung der Bundesrepublik in den Westen »ohne weiteres« zur Einheit führen werde. »Vielleicht gibt es keine deutsche Einheit ohne einen Weltfrieden«, meinte er damals. Und Mitte der fünfziger Jahre war er bereits darauf eingestellt, daß die Wiedervereinigung nicht binnen weniger Jahre, sondern nur binnen eines oder mehrerer Jahrzehnte kommen werde. Daß er in so langen Zeiträumen dachte, konnten seine Kritiker nicht nachvollziehen. Auch mit der Überlegung, daß die Befreiung Europas ein Ergebnis westlicher Stärke sein werde, lag er nicht falsch.

1952 machte Stalin seine legendenumrankte Wiedervereinigungsofferte. Bis heute wird darüber gestritten, ob das Angebot ernst gemeint gewesen sei und ob Adenauer damals nicht eine historische Chance zur Wiedervereinigung vertan habe. Die Fragestellung trifft nicht den Kern der Sache: das Angebot war möglicherweise ernst gemeint, aber es war für die Westmächte nicht annehmbar. Die berühmte Note vom 10. März 1952 war nicht an Bonn, sondern an die USA, Großbritannien und Frankreich gerichtet. Die Bundesrepublik hätte gar nicht die Möglichkeit gehabt, Stalins Vorschlag anzunehmen oder abzulehnen. Sie war nicht souverän, sondern unterstand noch westlichem Besatzungsrecht.

Der Zeitpunkt der sowjetischen Vorschläge war kein Zufall: im Frühjahr 1952 rückte die Unterzeichnung des General-Vertrages, der der Bundesrepublik eine teilweise Souveränität zusicherte, und des EVG-Vertrages, der eine westeuropäische Armee vorsah, immer näher. Moskau wollte diese Verträge vereiteln – und hätte dafür vielleicht den Preis der Wiedervereinigung gezahlt. In Aussicht gestellt wurde ein Friedensvertrag, der mit einer gesamtdeutschen Regierung ausgehandelt werden sollte. Verlangt wurde der Verzicht auf Militärbündnisse, eine Einschränkung der inneren Souveränität Gesamtdeutschlands und eine empfindliche quantitative und qualitative Beschränkung der deutschen Rüstung. Die Westmächte reagierten negativ, sie waren nicht einmal zu Verhandlungen bereit.

Adenauer dachte nicht daran, sich zwischen alle Stühle zu setzen. Er schloß sich der amerikanischen und französischen Haltung an. Mehr zum Gebrauch des Publikums als aus innerer Überzeugung entschied sich Bonn für die Version, Stalins Note sei nichts als ein Täuschungsmanöver.

Ein wiedervereinigtes und neutralisiertes Deutschland war Ende der vierziger und Anfang der fünfziger Jahre für die Sowjets durchaus eine erwägenswerte Option. Das ist sie jetzt wieder, allerdings unter Geschäftsbedingungen, die sich zugunsten Deutschlands und zuungunsten des Kreml geändert haben.

Verschiedene kommunistische Quellen deuten darauf hin, daß sich die Gruppe um Berija und Malenkow zweimal, im Frühjahr 1952 und im Frühjahr 1953, mit der Absicht trug, die DDR notfalls aufzugeben. Nach dem Tode Stalins am 5. März 1953 waren sie für kurze Zeit im gemeinsamen Besitz der Macht. Sie planten übrigens auch – eine Parallele zu 1989 – eine Umbesetzung der SED-Spitze, um die Partei für eine Politik auf gesamtdeutscher Ebene konkurrenzfähig zu machen. Das sowjetische Hauptmotiv war es ohne Zweifel gewesen, die Einbindung der Bundesrepublik in den Westen zu blockieren. Aber vielleicht spielte eben auch die Absicht mit, die sowjetischen Eroberungen in Osteuropa durch die Etablierung eines militärisch ohnmächtigen deutschen Pufferstaates abzusichern. Und den Ausbau der NATO zu verhindern, mußte Moskau einen hohen Preis wert sein.

Die Deutschen wären dann vielleicht vereint gewesen, hätten sich aber mit einer unsicheren Existenz im Schatten eines übermächtigen Rußland abfinden müssen. Das Wirtschaftswunder, der Aufstieg zur größten Handelsmacht der Welt hätte sich so nicht, jedenfalls nicht so schnell verwirklichen lassen – auch nicht die unwiderrufliche Gewöhnung der Deutschen an die freiheitliche politische Ordnung des Westens. Denn Neutralisierung war damals nicht nur eine politisch-militärische, sondern auch eine ideologische Losung.

Konrad Adenauer wollte kein zwangsweise neutralisiertes, moralisch ambivalentes, in seiner Souveränität von allen Seiten beschnittenes Gesamtdeutschland. Ein kompromißloser Gegner freier Neutralität, die damals allerdings nicht zur Debatte stand, war er keineswegs. Souveräne Neutralität kann, wie das Beispiel der Schweiz zeigt, ein durchaus erstrebenswerter Zustand sein. In seinen Memoiren zitiert Adenauer in indirekter Rede eine höchst interessante Bemerkung, die er im Gespräch mit dem Hohen Kommissar der USA, McCloy, machte: »Neutralisierung auf vertraglicher Basis sei nicht durchführbar. Deutschland müsse im Falle, daß der Gedanke der Neutralität sich durchsetzen sollte, so viel Verteidigungskraft zugestanden werden, daß es seine Neutralität auch verteidigen könne.« Diese Überlegung könnte in den neunziger Jahren sehr aktuell werden, und Bonn kann jetzt keinen größeren Fehler machen als den, die Bundeswehr vorzeitig abzurüsten.

Um Adenauer zum Thema Zwangsneutralisierung noch einmal zu zitieren: »Im günstigsten Falle würden wir das Vergnügen haben, zwischen sämtlichen Stühlen auf dem nackten Boden zu sitzen, und die anderen würden ihre Schuhe an uns abputzen.« Nationalistische Zirkel in der Bundesrepublik, die in Adenauer noch immer den Kanzler der Alliierten sehen, mißverstehen seine Motive gründlich. Auch auf dieser Seite des politischen Spektrums ist historischer Nachhilfeunterricht vonnöten. Adenauer mag der deutschen Tragödie mehr mit dem Verstand als dem Herzen begegnet sein, aber das war eben seine Art.

Von seiner Flexibilität kann sogar die Regierung Kohl noch lernen. Sie hat zu lange, paralysiert durch das freidemokratisch okkupierte Auswärtige Amt, geglaubt, Außenpolitik könne sich in der Suche nach »menschlichen Erleichterungen« und im Gehen »kleiner Schritte« erschöpfen. 1989 stellte sich heraus, daß sich die Bewohner der DDR in der Epoche der »Entspannung« keineswegs menschlich erleichtert gefühlt hatten.

Die menschlichen Erleichterungen waren eben nicht Politik, sondern nur Politikersatz. Honecker und Ceaucescu empfanden es nicht als Konzession, sondern als gutes Geschäft, ihre Bürger an Bonn verkaufen zu können. Die DDR kassierte allein aus dem Bundeshaushalt von 1972 bis 1989 über 12 Milliarden Mark. Kleine Schritte führen nicht von selbst zum großen Schritt, sie können ihn sogar verhindern. Der Gradualismus, der in den achtziger Jahren alle politischen Bereiche beherrschte, kann sich in den neunziger Jahren als gravierender Fehler erweisen. Das Fenster zur deutschen Einheit wird nicht auf Dauer offenstehen. In der auswärtigen Politik gibt es Momente, wie Bismarck 1866 sagte, die nicht wiederkommen.

Deutschland wächst nicht zusammen, es wird zusammengefügt werden müssen. Dabei kommt es auf die Modalitäten an. Die Bonner Politik scheint sich zu sehr in Reden und Majoritätsbeschlüssen zu erschöpfen. Erfolgreiche Diplomatie muß auch geheim bleiben können, unkonventionelle Optionen erkunden und darf bilaterale Sondierungen nicht ausschließen.

1957 ließ Adenauer einen Geheimplan zur Wiedervereinigung Deutschlands ausarbeiten, der in die Form eines, wohl nicht abgeschickten, Briefes an den US-Präsidenten Eisenhower gekleidet war. Vorgeschlagen wurde zunächst die Einrichtung eines gesamtdeutschen Nationalrates, Wahlen zu einer Nationalversammlung bis Ende 1960, Rüstungsbegrenzungen zwischen dem Rhein und der Linie Weichsel-Narew und schließlich ein Rückzug der sowjetischen Truppen in ihr Heimatland sowie der angloamerikanischen Truppen an die Peripherie Westeuropas. Damit wäre Deutschland von fremdem Militär freigeworden. Die Mitgliedschaft in der NATO hätte sich entweder erübrigt, oder sie hätte eine ganz andere, politische Qualität erhalten.

Auch Franz Josef Strauß lehnte 1958 den Gedanken einer atomwaffenfreien Zone, wie ihn der polnische Außenminister Rapacki propagiert hatte, nicht grundsätzlich ab. Er wollte diese Zone allerdings erheblich weiter nach Osten ausdehnen, etwa auf den »Gesamtbereich der sowjetischen Satelliten«. Und er unterstrich die deutsche Bereitschaft, für Gesamtdeutschland auf Atomwaffen zu verzichten. Gleichzeitig lehnte er eine Abrüstung ab, die von der Spaltung Deutschlands ausging – auch dies mißachtete Bonn in späteren Jahren. Adenauer selbst bot am 15. Mai 1957 der Sowjetunion an, im Falle der Wiedervereinigung weder Truppen in Mitteldeutschland zu stationieren, noch dort die Wehrpflicht einzuführen. Die Freigabe der Zone sollte nicht zu einer Stärkung des westlichen Potentials führen – auch dies eine noch heute vernünftige Konzession an die Sowjetunion.

Am 19. Mai 1959 bot Adenauer dem sowjetischen Botschafter Smirnow den vorläufigen Verzicht auf die Wiedervereinigung an, wenn Moskau bereit sei, der DDR nach dem Vorbild Österreichs einen neutralen und freien Status zu gewähren. Die Russen hätten das SED-Regime opfern müssen, wozu sie damals nicht bereit waren. Im Juni 1962 schlug Adenauer der Sowjetunion, ohne die Westmächte davon zu unterrichten, eine Art von Burgfrieden vor. Das Thema Wiedervereinigung sollte für zehn Jahre aus der Diskussion genommen werden, die Bevölkerung der Sowjetzone sollte dafür größere Freiheiten erhalten, und nach Ablauf der zehn Jahre würden in ganz Deutschland freie Wahlen abgehalten werden. Moskau lehnte wieder ab. Hintergrund dieses Vorstoßes war ein wachsendes Mißtrauen des Kanzlers gegenüber der amerikanischen Politik. Zu seinem Botschafter in Moskau, Hans Kroll, sagte Adenauer am 8. Februar 1962, die Bundesrepublik brauche »eine Bremse gegenüber den Plänen des Westens«.

Dies waren – bis zur sogenannten neuen Ostpolitik Willy Brandts – die letzten ernsthaften Versuche Bonns, einen provisorischen Ausgleich mit Moskau zu finden. Schon in den sechziger Jahren stand die deutsche Frage in der Tat nicht mehr auf der Tagesordnung der Weltpolitik, was aber kein Grund für die Deutschen sein mußte, sie von ihrer eigenen Tagesordnung zu entfernen. Genau darauf liefen die Ostverträge hinaus, die der Mini-Metternich Egon Bahr entworfen hatte und die von der Regierung Brandt unter mysteriösen Umständen, bei denen auch Geld im Spiel war, durch den Bundestag gepeitscht wurden.

Der unglückliche Rainer Barzel sagte zu den Verträgen erst Nein, dann So nicht und schließlich Jein. Sein undurchsichtiges Taktieren stürzte die CDU in die schwerste moralische Krise ihrer Geschichte. Bis 1989 gelang es ihr nicht, die frühere außenpolitische Kompetenz und Autorität zurückzugewinnen. Es war kein Zufall, daß sie das Außenministerium – früher eine typische CDU-Domäne – in Permanenz ihrem kleinen Partner und Trittbrettfahrer überlassen mußte.

Die Ostverträge mit Moskau und Warschau und der Grundlagenvertrag mit der DDR waren so bar grundlegender Neuerungen und so voll von inneren Widersprüchen, daß man sich heute noch mehr als damals fragen muß, wozu sie eigentlich nötig waren. Sie schrieben den Status quo fest, aber dieser war Anfang der siebziger Jahre ohnehin eingefroren. Die Bundesrepublik verzichtete auf Gewaltanwendung, aber darauf hatte sie schon lange vorher verzichtet – und außerdem hatte die nur konventionell gerüstete Bundesrepublik nie die geringste Möglichkeit, Gewalt anzuwenden. Schon der Verdacht war absurd. Und die polnische Westgrenze wurde von Bonn akzeptiert, obwohl die Bundesrepublik und Polen keine gemeinsame Grenze hatten und obwohl die Anerkennung der Oder-Neiße-Linie wegen der Siegerrechte über Gesamtdeutschland ohne völkerrechtliche Bedeutung bleiben mußte. Man fühlte sich ein wenig an den Nichtangriffspakt zwischen Liberia und Haiti erinnert, den der famose Konsul Weyer einmal ausgehandelt hat.

Alle anderen Bestimmungen der Ostverträge, die auf

einen Verzicht auf die deutsche Einheit hinauszulaufen schienen, wurden in zahlreichen Vorbehalten, zusätzlichen Notenwechseln und einseitigen Erklärungen gleich wieder relativiert. Abgesehen davon, daß sich Bonn de facto mit der Existenz des SED-Regimes und mit der Spaltung abfand, hatten die Russen nichts erreicht – und schon gar keine dauerhafte Absicherung der Eroberungen Stalins, worauf es ihnen in Wirklichkeit angekommen war.

Andererseits hatten aber auch die Russen weder ihre Siegerrechte über Gesamtdeutschland noch die Interventionsmöglichkeit nach den UNO-Feindstaatenklauseln fallengelassen. Die Ostverträge waren nicht einmal annähernd ein Ersatz für einen Friedensvertrag. Was waren sie dann? Sie waren der Versuch eines Modus vivendi, der freilich dieser halbgaren vertraglichen Form gar nicht bedurft hätte.

In ihren Kernpassagen enthielten die Ostverträge entweder schwerwiegende Widersprüche oder waren ganz einfach inhaltsarm. Erfahrene Völkerrechtler schüttelten den Kopf, als sie dort haufenweise Leerformeln wie »Normalisierung« oder »bestehende wirkliche Lage« entdeckten. Und das Verbot, Grenzen »anzutasten«, warf die unbeantwortbare Frage auf, wie man eine Grenze eigentlich konkret »antastet«. Dies war ein typisches Wort der Tabu-Sprache.

Das Vertragswerk konnte so oder so interpretiert werden. Letzten Endes war seine Auslegung interessanter als sein Inhalt. Entscheidend aber blieb, daß die Ostverträge weder am völkerrechtlichen Status Deutschlands etwas änderten noch die Eroberungen Stalins in Mitteleuropa absicherten. Aber immerhin hatte die Bundesrepublik, was wohl unumgänglich war, den Anschluß an die sich zwischen Moskau und Washington abzeichnende »Entspannung« nicht verpaßt. Deutschland konnte und kann sich keine Feindseligkeit gegenüber den Russen leisten.

Die Opposition ließ die Verträge im Bundestag und im Bundesrat passieren, indem sie sich überwiegend der Stimme enthielt. Dafür mußte die Regierung Brandt eine »gemeinsame Entschließung« aller Fraktionen zugestehen, in der die für Moskau interessanten Konzessionen Egon Bahrs wieder kassiert wurden.

In dieser gemeinsamen Entschließung vom 17. Mai 1972 wurde in Punkt 1 der Gewaltverzicht wiederholt, der ohnehin nie strittig gewesen war, und dann ganz allgemein von einem »Modus vivendi« gesprochen, den die Bundesrepublik mit ihren östlichen Nachbarn herstellen wollte. Auch dagegen war nichts einzuwenden. In Punkt 2 hieß es, die Bundesrepublik habe die Verpflichtungen der Verträge »im eigenen Namen« (etwas anderes war schließlich nicht möglich) auf sich genommen. Die Verträge gingen von den »heute tatsächlich bestehenden Grenzen aus, deren einseitige Änderung sie ausschließen«. Einseitig hätte die Bundesrepublik ohnehin keine Grenzen ändern können. Und dann die zwei Schlüsselsätze: »Die Verträge nehmen eine friedensvertragliche Regelung für Deutschland nicht vorweg und schaffen keine Rechtsgrundlage für die heute bestehenden Grenzen. Das unveräußerliche Recht auf Selbstbestimmung wird durch die Verträge nicht berührt.«

Damit war die Bundesrepublik, wie der Würzburger Rechtsanwalt Kaschkat in einer Studie feststellte, »vor einer einseitigen Interpretation des Vertragstextes durch die andere Seite« geschützt.

Die Sowjetunion legt, wie man aus ihrer Geschichte weiß, in ihrer Außenpolitik stets großen Wert auf völkerrechtliche Titel oder Vorwände – dies in stärkerem Maße als die USA. Die Ostverträge bargen durchaus die Gefahr in sich, daß die deutsche Spaltung für immer besiegelt wurde. Daß die nationale Frage dann doch offen blieb, ist auch ein Verdienst der CSU. Im Mai 1973 setzte Franz Josef Strauß, unterstützt von Max Streibl und Fritz Pirkl, einen Beschluß der Bayerischen Staatsregierung durch, Verfassungsbeschwerde gegen den Grundlagenvertrag mit der DDR in Karlsruhe einzulegen. Die Schwesterpartei CDU hatte nicht den Mut aufgebracht, den riskanten Gang nach Karlsruhe anzutreten. Selbst Strauß hatte lange gezögert.

In seinen Memoiren schrieb er dazu: »Damit hatte Bayern einen entscheidenden Schlag gegen die von Brandt und Bahr entwickelte Politik des doppelten Bodens geführt, die bis dahin mit großer Unverfrorenheit betrieben worden war, nämlich dem Vertragspartner DDR gegenüber die eigene Interpretation gar nicht ernsthaft zu verteidigen und damit dessen Interpretation gelten zu lassen, zu Hause aber mit Entrüstung das Gegenteil für sich in Anspruch zu nehmen ... Wieder einmal hatte der deutsche Süden Entscheidendes geleistet, indem er der Bundesregierung in den Arm gefallen war. Die positiven Folgen dieses Schrittes waren 1973 noch gar nicht abzuschätzen. Bedauerlich bleibt, daß dies nur die Stunde Bayerns war, nicht aber die der gesamten Opposition und aller von der CDU regierten Bundesländer.«

Am 31. Juli 1973 erging das Karlsruher Urteil. Die Interpretation des Grundlagenvertrages und die Festlegung der Rechtslage Deutschlands durch das Bundesverfassungsgericht waren und sind verfassungsrechtlich bindend – nicht nur für die Staatsorgane, sondern ausdrücklich auch für alle Verfassungsorgane, wozu das Gericht auch die Parteien zählt. Danach ist die Deutschlandpolitik Lafontaines, wie er sie 1989 formulierte, verfassungswidrig. Die Realitäten überholten den geschichtslosen Saarländer schnell, und die SPD lief dann doch nicht in die Falle der Verfassungsfeindlichkeit.

Bereits im ersten Satz seiner Ausführungen zum Rechtsstatus Deutschlands stellte das Bundesverfassungsgericht unmißverständlich fest: »Das Grundgesetz – nicht nur eine These der Völkerrechtslehre und der Staatsrechtslehre! – geht davon aus, daß das Deutsche Reich den Zusammenbruch 1945 überdauert hat und weder mit der Kapitulation noch durch Ausübung fremder Staatsgewalt in Deutschland durch die alliierten Okkupationsmächte noch später untergegangen ist; das ergibt sich aus der Präambel, aus Art. 16, Art. 23, Art. 116 und Art. 146 GG... Das Deutsche Reich existiert fort..., besitzt nach wie vor Rechtsfähigkeit, ist allerdings als Gesamtstaat mangels Organisation, insbesondere mangels institutionalisierter Organe selbst nicht handlungsfähig.«

Nach dem Urteil bleibt es auch bei der gesamtdeutschen Staatsangehörigkeit nach der Gesetzgebung von 1913. Die Bürger der DDR sind deutsche Staatsangehörige. »Die Deutsche Demokratische Republik gehört zu Deutschland und kann im Verhältnis zur Bundesrepublik Deutschland nicht als Ausland angesehen werden.« Besonders diese Passagen des Urteils sollten sich im Sommer 1989, als ein Exodus aus der DDR via Ungarn einsetzte, als äußerst bedeutsam erweisen. Und schließlich unterstrich das Bundesverfassungsgericht, was bereits aus dem Grundgesetz hervorgeht: »Die Wiedervereinigung ist ein verfassungsrechtliches Gebot.«

Am 7. Juli 1975 urteilte das Bundesverfassungsgericht über den Moskauer und Warschauer Vertrag. Die Richter gingen dabei vom völkerrechtlichen Fortbestand Deutschlands in den Grenzen vom 31. Dezember 1937 aus. Wörtlich hieß es: »Die Gebiete östlich von Oder und Neiße sind ebenso wie das übrige Reichsgebiet in den Grenzen vom 31. Dezember 1937 von den Siegermächten bei Kriegsende nicht annektiert worden.«

Tatsächlich verzichteten die Sieger 1945, nachdem die Wehrmacht (nicht etwa das Reich) kapituliert hatte, auf völkerrechtswidrige Annektion. In der Berliner Erklärung der Siegermächte vom 5. Juni 1945 wurde festgelegt: »Deutschland wird innerhalb seiner Grenzen, wie sie am 31. Dezember 1937 bestanden, für Besatzungszwecke in vier Zonen aufgeteilt.« Die östliche Zone fiel der Sowjetunion zu, und dazu gehörten auch die Gebiete jenseits von Oder und Neiße. Noch heute stehen dort, in Pommern und Schlesien, die sowjetischen Truppen. Am 2. August 1945 beschloß die Potsdamer Konferenz, die deutschen Ostgebiete unter die »Verwaltung« des polnischen Staates zu stellen – was die Sowjets bereits einseitig getan hatten – und

»in dieser Hinsicht« nicht als Teil der sowjetischen Besatzungszone zu betrachten. Es hieß aber auch: »Die Häupter der drei Regierungen bekräftigen ihre Auffassung, daß die endgültige Festlegung der Westgrenze Polens bis zur Friedenskonferenz zurückgestellt werden soll.«

Nichts anderes postulierte der Deutschlandvertrag vom 23. Oktober 1954, in dem die Westmächte der Bundesrepublik die – wenn auch umgrenzte – Souveränität zugestanden. Die Formulierung lautete, daß die endgültige Festlegung der Grenzen Deutschlands bis zur friedensvertraglichen Regelung aufgeschoben werden müsse. Davon sind auch die Westmächte nie offen abgerückt.

Im Deutschlandvertrag legten sich außerdem Westmächte und Bundesrepublik auf ein gemeinsames Ziel fest: eine »friedensvertragliche Regelung für ganz Deutschland« und »ein wiedervereinigtes Deutschland, das eine freiheitlich-demokratische Verfassung, ähnlich wie die Bundesrepublik, besitzt und das in die europäische Gemeinschaft integriert ist«. (Mit der »europäischen Gemeinschaft« war keine spezifische Organisation gemeint, die EWG existierte damals noch nicht. Sie wurde erst 1957 gegründet).

Friedensvertrag, Wiedervereinigung und Gleichberechtigung Deutschlands stehen, fast ein halbes Jahrhundert nach Kriegsende, immer noch aus. Die Souveränität des Kernstaates, der Bundesrepublik Deutschland, ist immer noch eingeschränkt. Die »Siegerrechte« über ganz Deutschland sind nicht beseitigt. Die Großmächte halten sich grundsätzlich die Möglichkeit offen, in der Mitte Europas zu intervenieren. Deutschland bleibt ein Raum minderen Rechtes. Aber das zu sagen, ist tabu in der Bundesrepublik. In dem Stück, das seit 40 Jahren aufgeführt wird, hat die Bundesrepublik die Rolle des Musterknaben und Zahlmeisters zu spielen.

Die Details dieses Status grenzen manchmal ans Demütigende. Bis Rudolf Heß starb, wurde dem deutschen Steuerzahler zugemutet, die Kosten für den Unterhalt des Zuchthauses in Spandau zu tragen, in dem er allein saß. Auch 1990 noch benötigt die Lufthansa die alliierte Genehmigung, um von München nach Leipzig fliegen zu können. Offiziere der sowjetischen Militärmission können sich außerhalb bestimmter Sperrzonen frei auf dem Gebiet der Bundesrepublik bewegen. Die oberste Gewalt in Westberlin liegt nicht bei deutschen Stellen, sondern bei den Alliierten. Selbst die verbündeten NATO-Truppen stehen, obwohl es dazu Verträge aus den fünfziger Jahren gibt, auch kraft »Siegerrecht« auf deutschem Boden. Sie sind auch auf der Grundlage des Vier-Mächte-Status anwesend, dem Deutschland nach wie vor unterworfen ist, obwohl dies eindeutig den allgemeinen Regeln des Völkerrechtes widerspricht. Selbst nach dem NATO-Truppenstatut und dem Zusatzabkommen vom 1. Juli 1963 besitzen die Stationierungsstreitkräfte in der Bundesrepublik Rechte, die sie etwa in Italien oder England nicht haben.

Diese Anachronismen zu beseitigen, müßte vorrangiges Ziel deutscher Politiker sein. Stattdessen wird über sekundäre Themen wie die polnische Westgrenze disputiert. Dabei liegt es nicht an den Deutschen, sondern ausschließlich an den Alliierten, wie schnell ein Friedensvertrag zustande kommt, in dem sich auch die polnische Grenze völkerrechtlich festlegen läßt.

Und wann wird in der Bundesrepublik endlich offen und ohne Vorurteile über das Tabu-Thema Europa diskutiert? Bei den Wahlen zum Europäischen Parlament 1989 langweilten die Parteien ihre Wähler mit inhaltslosen Parolen. Über das Für und Wider der Brüsseler Pläne, die den seit 1954 radikalsten Einschnitt in der Geschichte der Bundesrepublik bedeuten, verloren sie kein Wort.

Die Idee der europäischen Gemeinschaft ist nicht identisch mit ihrer bürokratischen Realisierung, beziehungsweise Pervertierung, durch die EG-Kommission. Nicht das europäische Ziel kann strittig sein, sondern die bisher nicht diskutierte Frage, wie viele Freiheitsrechte, wieviel nationale Vielfalt und wieviel Souveränität auf dem Altar der Kommission in Brüssel geopfert werden sollen.

Die EG, so wie sie sich unter dem Sozialisten Jacques Delors entwickelt hat, befaßt sich mit dem für europäische Gurken statthaften Krümmungsradius; zahlt 40 Milliarden Mark im Jahr an Exporterstattungen, bei denen Mafia, IRA und alle möglichen Betrüger mitkassieren; beschert dem europäischen Verbraucher Preise, die weit über Weltmarktniveau liegen; subventioniert selbst das Abfallprodukt Molkepulver mit fast zwei Mark je Kilo; klassifiziert die Milchprodukte nach 400 verschiedenen Posten; zerlegt das europäische Rind in 80 Einzelteile, wofür es 80 verschiedene Erstattungssätze gibt; zahlt ihren 12 000 Beamten in Brüssel Gehälter, die weit über den nationalen Sätzen liegen; und sie sieht nicht einmal einen Mechanismus vor, der eine

Verteidigung der Rechte der Einzelstaaten zuläßt. Ob dies das Europa ist, in dem sich die Bürger wohlfühlen werden, darf in der Bundesrepublik offenbar nicht diskutiert werden.

Smogverordnung, das deutsche Verbot der Bestrahlung von Lebensmitteln, der englische Steuersatz auf Kinderkleidung, das Berufsbeamtentum in der Bundesrepublik – fast nichts ist mehr vor der Einmischung der Eurokraten sicher. Wer der schleichenden Sozialisierung widerspricht, setzt sich dem Odium aus, kein guter Europäer zu sein. Daß viele Milliarden Mark an EG-Geldern Jahr für Jahr verschwendet werden, wird selbst vom Zahlmeister der Gemeinschaft, der Bonner Regierung, widerspruchslos hingenommen. Der demokratisch nicht legitimierte Zar von Brüssel – politischer Moralist, überzeugter Linkskatholik und Gewerkschafter – regiert unangefochten.

Es ist – zwar nicht in England, aber in der Bundesrepublik – vollständig tabu, darauf hinzuweisen, daß dieses Europa sehr deutlich auf französische Bedürfnisse zugeschnitten ist. Die EG ist eine Fortführung des französischen Nationalismus mit anderen Mitteln. Nur so löst sich das Paradoxon auf, daß die Franzosen einerseits das am meisten nationalistische Mitglied der EG, andererseits aber auch mehr als die anderen an dieser EG interessiert sind. Die Strategie von Paris ist bewundernswert.

»Die Kultur der Europäischen Gemeinschaft«, so schrieb der »Sunday Telegraph« am 19. September 1989, »ist französisch. Ihre Institutionen, ihr Recht, selbst ihre Rhetorik leiten sich weitgehend von französischen Traditionen ab. Die Struktur der Brüsseler

Kommission wurde von Emile Noel, ihrem ersten und größten Generalsekretär, geformt. Und er schuf eine Atmosphäre, in der sich jeder französische Bürokrat sofort wie zu Hause fühlt. Es ist also selbst für einen französischen Chauvinisten vollkommen vernünftig, das Gefühl zu haben, daß die Gemeinschaft – weit entfernt davon, den französischen Nationalismus zu bedrohen – ihn in Wirklichkeit erhöht und bereichert. Trotz der Zweifel de Gaulles glauben viele seiner Landsleute, daß Jean Monnet erfolgreich war, wo Ludwig XIV. und Napoleon scheiterten, nämlich Frankreich über Europa dominieren zu lassen. In all dem ist ein Element der Heuchelei. Die Franzosen haben sich den Gemeinschaftsaspekten des freien Handels und des freien Marktes nie wirklich verpflichtet gefühlt. Aber sie sind immer davon ausgegangen, einfach ignorieren zu können, was ihnen mißfiel.«

Selbst die Tatsache, daß die Deutschen zunehmend zum Finanzier der europäischen Umverteilung wurden und Jahr für Jahr größere Netto-Einzahlungen leisten mußten, war akzeptabel, so lange es ein quid pro quo gab. Das stillschweigende Arrangement, das dem Ausbau der EG bisher zugrunde lag, beruhte darauf, daß die Franzosen politisch und die Deutschen monetär führen durften. Die Deutsche Bundesbank, unstrittig die erfolgreichste Zentralbank der Welt, durfte im Europäischen Währungssystem (EWS) eine Art von Währungshegemonie ausüben. Sie verordnete dem westeuropäischen Wirtschaftsraum stabiles Geld, und tatsächlich sanken die europäischen Inflationsraten in den achtziger Jahren in Richtung auf deutsches Niveau. Die Inflationsdifferenz schrumpfte, weil die Bundesbank indirekt die Möglichkeiten der anderen einengte, zu inflationieren. Daß dies in Frankreich nicht immer auf Begeisterung stieß, läßt sich nachfühlen.

Genau diese währungspolitische Ordnung und Hegemonie wird aufgelöst, wenn – wie es der Delors-Plan vom April 1989 vorsieht – die nationale Autonomie in der Geldpolitik verschwindet und schrittweise einem Europäischen Zentralbankensystem übertragen wird. Die Europäische Zentralbank wird, selbst wenn sie sich nicht an lateineuropäischen Vorbildern orientiert, zu einer laxeren Geldpolitik neigen. Die Bundesbank verliert ihre Autonomie, die deutschen Währungsreserven werden vereinnahmt, die harte Mark würde europäisiert und am Ende verschwinden, um einer europäischen Währung Platz zu machen. Deren Vorteile wären zumindest fraglich. Aber der Bundestag ist nicht einmal in der Lage, über eine so grundlegende Weichenstellung ausführlich, vorurteilsfrei und informiert zu debattieren.

Die EG war am Ende der achtziger Jahre an einem Punkt angekommen, wo alle Vorteile der wirtschaftlichen Integration erreicht oder für die Zukunft abgesichert waren und sich die Nachteile einer unkontrollierten Egalisierung zum ersten Mal abzuzeichnen begann. Wenn Delors seinen Willen bekommt, tritt die Gemeinschaft nun in eine Phase ein, in der die Nachteile nicht nur für Deutschland die Vorteile überwiegen könnten. Die Bundesregierung wäre gut beraten, sich endlich ernsthaft mit den Gegenvorschlägen Londons zu befassen, anstatt die Briten mit Herablassung zu behandeln und in den europäischen Gremien zu isolieren.

Wenn es um Europa geht, kommt London das Verdienst zu, die eigenen Interessen zu vertreten und zugleich die Wahrheit zu sagen. In aller Öffentlichkeit stellte Margaret Thatcher im Dezember 1989 fest, die Partnerstaaten Deutschlands im EWS seien gar nicht in der Lage, aus eigener Kraft eine Politik der Preisstabilität zu verfolgen. Sie würden dazu vielmehr durch die Deutsche Bundesbank gezwungen. Die Bundesbank sei der einzige Garant stabilen Geldes in Europa. In einer Europäischen Währungsunion, wie sie Delors anstrebt, falle dieser Zwang weg. Damit gehe die Stabilität verloren. »Sie zerstören in einer Währungsunion genau das«, so die messerscharfe Schlußfolgerung der Engländerin, »was sie im Europäischen Währungssystem geschaffen haben«.

Die Empfehlung Londons, als Alternative zu der von Delors gewünschten totalen Währungsunion das hervorragend funktionierende EWS beizubehalten, läge auch im deutschen Interesse. Zumindest gilt das auf absehbare Zeit. Bonn wird ebenso wenig wie London davon profitieren, wenn immer mehr Kompetenzen an Brüssel abgegeben werden. Es hätte Verdacht erregen müssen, daß sich Jacques Delors schon 1988 damit brüstete, innerhalb von zehn Jahren würden 80% aller wirtschaftlichen Gesetze in Brüssel gemacht. Warum folgt Bonn auf diesem Weg der Zentralisierung? Wir haben den Sozialismus im eigenen Land nicht zurückgerollt, sagte Margaret Thatcher einmal, um ihn über die Brüsseler Hintertür wieder hereinzuholen.

Zur EG als solcher, zur freundschaftlichen Zusammenarbeit mit Frankreich, zu einem einheitlichen europäischen Wirtschaftsraum und zur Beseitigung aller

Hemmnisse des Handels und Kapitalverkehrs, gibt es für die Bundesrepublik Deutschland keine vernünftige Alternative. Auch Gesamtdeutschland bleibt auf die wirtschaftliche Integration Europas angewiesen. Aber darum geht es gar nicht. Nicht die Gemeinschaft steht zur Debatte, sondern ihre schier unaufhaltsame Bürokratisierung, Egalisierung und Zentralisierung.

Die Nation Europa anstelle der Nationen Europas könnte ein faszinierendes Konzept sein. Eine Neuauflage der Europäischen Verteidigungsgemeinschaft ist diskussionswürdig. Europa als Bürokratie hingegen wird die Europäer nur frustrieren.

Dagegen regt sich jetzt auch in Frankreich Widerstand. Im Oktober 1989 tagten liberale Wirtschaftswissenschaftler aus mehreren europäischen Ländern in Paris und machten Front gegen den »Euro-Jakobiner« Delors. Es drohe, so der französische Philosoph Jean-Marie Benoist, ein Rückfall in Bürokratie und Zentralismus. Das Gegenmodell, das in Paris zum deloristischen Interventionsstaat verkündet wurde, lautet: »Zwölf freie Nationen, ein freier Markt.« Ein ganz vorzüglicher Slogan!

Nur dies kann eine Perspektive auch für Mitteleuropa jenseits des ehemaligen Eisernen Vorhanges sein. In eine EG, wie sie sich in den neunziger Jahren zu entwickeln droht, lassen sich die Volkswirtschaften der Tschechen, Polen und Ungarn nicht integrieren. Die Mitteleuropäer werden nicht geneigt sein, ihre gerade erst von Moskau zurückgewonnene Souveränität umgehend in Brüssel wieder abzuliefern. Auch die politische Konstruktion Europas ist schon wegen der kulturellen Vielfalt des Kontinents nicht als Einheitsstaat, sondern nur als Staatenbund – warum nicht mit Prag als Hauptstadt – denkbar. Lohnenswert kann nur das Ziel sein, für immer von der Nachkriegszeit Abschied zu nehmen und ein Maximum an persönlichen und nationalen Freiheiten in den europäischen Zusammenschluß einzubringen. Wenn die Deutschen sich auf die Seite der Völker und Nationen, nicht auf die der Bürokratie stellen, haben sie die große Chance, ihre moralische Autorität zurückzugewinnen.

Die Sowjetunion verlor den kalten Krieg, weil ihr das Geld ausging. Sie hatte nicht mehr die Kraft, Stalins Eroberungen zu halten. Ihre Zukunft ist unkalkulierbar. Sie hinterläßt von Polen bis Rumänien, von der Elbe bis zum Bug einen menschlich verwüsteten und wirtschaftlich ruinierten Erdteil, der mehr als ein halbes Jahrhundert lang unter furchtbaren Massakern, politischer Degradierung, ökonomischer Ausbeutung und ideologischer Vergewaltigung litt. Und innerhalb weniger Monate durften die Europäer am Ende des Jahrzehnts wieder entdecken, auf welch großartigem Kontinent sie leben.

»Jetzt, da die katastrophale Wirtschaftslage des östlichen Europa ins Bewußtsein rückt«, schrieb Karl Schlögel in der »FAZ«, »entdecken die Europäer zugleich, wie reich sie sind. Über Nacht sind sie um Völker, Sprachen, Kulturen und Geschichten, von denen man nicht allzuviel wissen wollte, reicher geworden. Eine neue Komplexität, ein neuer Reichtum an Differenzen, Nuancen, Verflechtungen, Spannungen. Europa wächst über die Vereinfachungen, die eine Zeitlang genügten, und die Bündnisse, die ein Notbehelf waren, hinaus. Die Reeuropäisierung des gesamten

Lebenshorizonts ist ein Einschnitt von unerhörter Radikalität. Es ist der Beginn der Zeit, die auf die Nachkriegszeit folgt.«

In diesem Europa werden die Deutschen schneller, als viele ahnen, zu einer Rolle finden, die ihrer Vitalität, wirtschaftlichen Kraft und geschichtlichen Tradition entspricht. Sie kehren zur Normalität zurück. Ein deutscher Raum minderen Rechts, ob geteilt oder vereint, wäre ein Anachronismus im neuen Europa. Die Sozialisten, nicht die modernen Konservativen, sind die ewig Gestrigen. Ihre wirtschaftlichen Theorien sind hoffnungslos diskreditiert. Ihre politische Ideologie wurde vom Leben widerlegt. In Osteuropa ereignete sich 1989 keine sozialistische, sondern eine antikommunistische, freiheitliche, konservative Revolution. Die Umwälzung dort hat auch die Atmosphäre in der Bundesrepublik wundersam gereinigt. Die Frageverbote fallen, die alten Reden klingen hohl, die Profiteure der Nachkriegszeit werden unsicher. Wo bisher geschichtliche Schuld zugewiesen wurde, ist nun Verantwortung gefragt. Die Deutschen beginnen, Abschied von den Tabus zu nehmen. Sie finden wieder zu sich selbst.

Nachwort

Dem einen oder anderen Leser mag dies als ein aus deutscher Sicht geschriebenes Buch vorkommen, aber das ist es eigentlich nicht. Die Idee dazu entstand aus einem Gefühl der Irritation, das sich immer dann einstellte, wenn ich aus dem Ausland in die Bundesrepublik Deutschland einreiste. Irritierend war der Mangel an Selbstbwußtsein, Unbefangenheit und politischer Offenheit, der die Deutschen immer noch von ihren Nachbarn unterschied. Seit 1989 ist die Chance für eine Rückkehr zur Normalität so groß wie nie zuvor. Genau 200 Jahre nach der Französischen Revolution befreite sich Europa von der letzten und unheilvollsten Konsequenz des Jakobinismus, der nicht nur dem nationalen, sondern eben auch dem marxistischen Sozialismus Pate gestanden hatte. Die Ereignisse verliefen so schwindelerregend schnell, daß sich das Bedürfnis einstellt, sie in Ruhe nachzulesen und zu reflektieren. Die beigefügte Chronik des Jahres 1989 soll dabei helfen, in der Rückschau Distanz zu gewinnen. Für diese Chronik danke ich dem Journalistischen Seminar Mainz, für das Kapitel über die Medien dem Chefredakteur von Trans Media, Michael A. Schwilk. Ich habe seinen Beitrag, den Sie unter dem Titel »Wir reden und Ihr zahlt« finden, nur unwesentlich erweitert. In der Bundesrepublik Deutschland, die so sehr von den politischen Parteien dominiert wird, ist die Arbeit unabhängiger Organisationen wie des Vereins »Bürger fragen Journalisten«, der »Arbeitsgemeinschaft Selbständiger Unternehmer« und besonders des Bundes der Steuerzahler von unschätzbarem Wert. Das vierte Kapitel, das sich mit der Parteienherrschaft befaßt, stützt sich in großen Teilen auf die stets zuverlässigen Recherchen des Bundes der Steuerzahler. Auch seinen Mitarbeitern bin ich zu Dank verpflichtet.

B. B.

Jahres-Chronik 1989*

Libysches Giftgas

1. Januar. Die »New York Times« berichtet unter Berufung auf hohe amerikanische Regierungsbeamte, deutsche Firmen seien führend am Bau der libyschen Chemiefabrik in Rabta beteiligt. Die Firma Imhausen-Chemie in Lahr wird genannt. Die Bundesregierung läßt die Öffentlichkeit zunächst im unklaren darüber, ob sie den Verdacht für begründet hält. Am 13. Januar leitet die Staatsanwaltschaft Offenburg ein Ermittlungsverfahren gegen den Unternehmer Jürgen Hippenstiel-Imhausen ein.

Mehr Parteien in Ungarn

11. Januar. Das ungarische Parlament beschließt ein Gesetz über die Gründung politischer Parteien. Kommunisten und Opposition beginnen am 13. Juni »Gespräche am Runden Tisch«.

Nationalitätenkämpfe

12. Januar. Der Oberste Sowjet beschließt, die zwischen Aserbeidschan und Armenien umkämpfte Region Nagornyi Karabach der Moskauer Zentralregierung direkt zu unterstellen. Ende November nimmt er den Beschluß zurück, da sich die Lage »normalisiert« habe. Die blutigen Ausschreitungen zwischen Angehörigen beider Volksgruppen treiben im Laufe des Jahres Zehntausende von Armeniern und Aserbeidschanern zu Flucht.
In Georgien weiten sich Konflikte mit der Minderheit der Abchasen zu Forderungen der Georgier nach Unabhängigkeit aus. Am 9. April geht die Rote Armee brutal gegen die Demonstranten vor, offenbar auch mit Giftgas. 20 Menschen sterben.
Im Juni brechen schwere Unruhen zwischen Usbeken und Mescheten aus, in deren Verlauf mehr als 100 Personen umkommen.
Am 23. August verbinden sich über eine Million Balten zu einer Menschenkette durch die drei Republiken Estland, Litauen und

---

*) FAZ vom 30. 12. 1989, zusammengestellt vom Journalistischen Seminar Mainz

Lettland und fordern in »Volksfront«-Bündnissen unter Einschluß der örtlichen kommunistischen Parteien die Wiederherstellung ihrer staatlichen Selbständigkeit. Im Juli erklären sich die Obersten Sowjets der drei Republiken mit Zustimmung Moskaus für wirtschaftlich autonom.
Am 28. November beschließt der Oberste Sowjet in Moskau, den Rußlanddeutschen und den Krimtataren staatliche Autonomie zu gewähren. Eine Autonome Republik der Wolgadeutschen soll wahrscheinlich Anfang 1991 auf dem Gebiet der ehemaligen deutschen Sowjetrepublik gegründet werden, die Stalin 1941 aufgelöst hatte. Mit Zwang waren damals die meisten Wolgadeutschen nach Zentralasien und Sibirien umgesiedelt worden.

Die Wiener KSZE-Konferenz

15. Januar. Nach über zwei Jahren Dauer wird in Wien das dritte KSZE-Folgetreffen beendet. Wichtigster Ertrag ist ein Mandat für die im März in Wien beginnenden Verhandlungen über den Abbau konventioneller Streitkräfte von Nato und Warschauer Pakt.

Václav Havel verhaftet

15. Januar. Auf dem Prager Wenzelsplatz demonstrieren Bürgerrechtler an der Stelle, an der sich vor zwanzig Jahren der Student Jan Palach aus Protest gegen die Niederschlagung des »Prager Frühlings« verbrannt hatte. Wegen ihrer Teilname werden der Bürgerrechtler und Schriftsteller Václav Havel und weitere 55 Demonstranten verhaftet und zu Gefängnisstrafen verurteilt. Havel wird am 17. Mai vorzeitig entlassen.

Bush im Amt

20. Januar. George Bush wird als 41. Präsident der Vereinigten Staaten in sein Amt eingeführt. In seiner Antrittsrede verspricht er, den Kurs der »neuen Nähe« gegenüber der Sowjetunion fortzusetzen.

Denkzettel-Wahlen

29. Januar. Bei den Wahlen zum Berliner Abgeordnetenhaus erleidet die CDU starke Verluste. SPD und Grüne gewinnen

Stimmen und bilden unter Walter Momper die neue Regierung. Die FDP muß ausscheiden, und die Republikaner erringen überraschende Erfolge. Der Berliner FDP-Vorsitzende Rasch spricht von einer »Denkzettelwahl«. Die Extreme links und rechts seien verstärkt worden. Das gilt der Tendenz nach auch für die nachfolgenden fünf Kommunalwahlen in Hessen, im Saarland, in Rheinland-Pfalz, in Nordrhein-Westfalen und in Baden-Württemberg. Im »Römer« in Frankfurt regiert jetzt wieder ein sozialdemokratischer Oberbürgermeister. In vielen Städten erlangen die Republikaner, hauptsächlich auf Kosten der Union, in geringerem Maß auch der SPD, zwischen sieben und acht Prozent der Stimmen.

Stroessner gestürzt

3. Februar. In Paraguay stürzt die Armee den seit über 34 Jahren herrschenden Diktator Alfredo Stroessner. Er geht nach Brasilien ins Exil. Der Anführer des Putsches, General Andres Rodriguez, siegt bei Wahlen am 1. Mai mit 74 Prozent der Stimmen.

Runder Tisch in Warschau

6. Februar. In Polen beginnen am »Runden Tisch« Gespräche zwischen der kommunistischen Regierung und der um die Gewerkschaft »Solidarität« gruppierten Opposition. Am 5. April beenden die Delegationen beider Seiten erfolgreich die Verhandlungen am Runden Tisch. Vereinbart ist: Wiederzulassung der »Solidarität«, Einrichtung des Amts eines Staatspräsidenten und einer zweiten Kammer im Parlament, Reservierung von 35 Prozent der Sitze im Sejm für Opposition und Parteilose, Parlamentswahlen im Juni.

»Satanische Verse«

14. Februar. Ajatollah Chomeini ruft alle Muslime dazu auf, Salman Rushdie, den Autor des Buches »Satanische Verse«, zu ermorden, weil das Werk eine Beleidigung des Islam darstelle. Daraufhin rufen die EG-Staaten ihre Botschafter aus Teheran zur Konsultation zurück. Am 7. März bricht Iran die dipolmatischen Beziehungen zu Großbritannien ab. Ein deutsch-iranisches Kulturabkommen tritt vorerst nicht in Kraft.

Abzug aus Afghanistan

17. Februar. Mehr als neun Jahre nach ihrem Einmarsch zieht die Sowjetunion ihre letzten Soldaten aus Afghanistan zurück. 1,2 Millionen Afghanen und 15 000 Rotarmisten haben in dem Krieg ihr Leben verloren. Entgegen westlichen Erwartungen gelingt es der Regierung Najibullah, sich militärisch und politisch zu halten. Die Rebellen beginnen blutige Kämpfe untereinander.

Unruhen in Tibet

8. März. Der chinesische Staatsrat verhängt das Kriegsrecht über Tibet. In der Hauptstadt Lhasa hatten in den Tagen zuvor mehrere tausend Tibeter für die Unabhängigkeit ihres Landes demonstriert. Dabei kommt es zu schweren Auseinandersetzungen mit der chinesischen Polizei. Im Dezember wird der im indischen Exil lebende Dalai Lama für seine jahrelangen Bemühungen um eine friedliche Wiederherstellung der Unabhängigkeit Tibets mit dem Friedensnobelpreis geehrt. Die Regierung in Bonn glaubt sich nicht leisten zu können, ihn zu empfangen.

Scharf rechts in El Salvador

19. März. Bei der von heftigen Kämpfen begleiteten Präsidentenwahl in El Salvador erlangt Alfredo Cristiani, Kandidat der rechtsextremen Arena-Partei, die Mehrheit. Bei seinem Amtsantritt am 1. Juni erklärt Cristiani seine Bereitschaft mit der FMLN zu verhandeln, ruft zugleich aber zum Kampf gegen alle »totalitären marxistischen Kräfte« auf. Am 17. November erschießen etwa dreißig uniformierte Männer sechs Jesuiten und zwei Frauen der Jesuiten-Universität San Salvador. Die Täter werden den rechtsextremistischen »Todesschwadronen« zugerechnet, die in enger Verbindung zu Cristiani und d'Aubuisson, dem Gründer der Arena-Partei, stehen.

Blutige Unruhen im Kosovo

23. März. In der hauptsächlich von Albanern bewohnten jugoslawischen Region Kosovo (Amselfeld) brechen schwere Unruhen aus, nachdem das Regionalparlament eine Änderung der serbi-

schen Verfassung gebilligt hat, die die Autonomie des Kosovo nahezu beseitigt. Bei den Ausschreitungen kommen mindestens 24 Personen um. Die Änderung der serbischen Verfassung wird auch von den Parlamenten Sloweniens und Kroatiens kritisiert, die darin einen Ausdruck des serbischen Vormachtstrebens im jugoslawischen Bundesstaat sehen. Dem in Belgrad bestimmenden Einfluß des Großserbentums tritt das slowenische Parlament in Laibach Ende September mit Zusätzen zur Landesverfassung entgegen, mit denen sich Slowenien »das Recht zur Loslösung vom Bundesstaat« vorbehält.

Ölkatastrophe vor Alaska

24. März. Der Supertanker »Exxon Valdez« läuft im Prinz-William-Sund vor der Küste Alaskas auf ein Riff und schlägt leck. Die Rettungsmaßnahmen kommen nur mit Verspätung in Gang. Unterdessen laufen etwa 40 Millionen Liter Rohöl aus. 400 000 Vögel und Säugetiere gehen an der Verschmutzung von See, Klippen und Stränden ein. Die erste Untersuchung ergibt, daß der Kapitän betrunken war.

Sacharow im Kongreß

26. März. Bei den Wahlen zum neu geschaffenen Kongreß der Volksdeputierten in der Sowjetunion fallen rund 20 Prozent der von der KPdSU aufgestellten Kandidaten durch, darunter prominente Funktionäre. In den Kongreß werden auch nichtkommunistische Abgeordnete gewählt, vor allem in den baltischen Republiken. Bekannte Reformer wie der ehemalige Moskauer Parteichef Jelzin und der lange Jahre verbannte Bürgerrechtler und Atomphysiker Sacharow ziehen mit hohen Stimmenanteilen in den Kongreß. Die 2250 Deputierten sollen den Staatspräsidenten und den Obersten Sowjet wählen.

Namibia vor freien Wahlen

1. April. In Namibia tritt mit Hilfe der Vereinten Nationen ein Waffenstillstand in Kraft. Das südafrikanische Heer beginnt mit dem Abzug. Trotz des Waffenstillstandes überschreiten Swapo-Kämpfer sogleich die angolanisch-namibische Grenze. Bei den bis

zum 10. April dauernden Kämpfen werden mehr als 300 Menschen getötet. Der Wahlkampf des Sommers und Herbstes wird von Kräften der Vereinten Nationen, darunter auch einer Einheit des Bundesgrenzschutzes, überwacht. Bei den ersten freien Wahlen im November gewinnt die Swapo zwar die absolute Mehrheit, aber nicht die verfassunggebende Zweidrittelmehrheit.

Zuspitzung in Peking

15. April. Der Tod des 1986 nach Studentenunruhen gestürzten chinesischen Parteiführers Hu Yaobang führt aufs neue zu Demonstrationen in Peking. Die Studenten verlangen seine Rehabilitierung. Am 24. April beginnen sie einen Vorlesungsboykott und fordern den Rücktritt von Ministerpräsident Li Peng. Drei Tage später versammeln sich 100 000 Studenten auf dem Platz des Himmlischen Friedens; Tausende von Pekingern schließen sich an und halten fortan den Platz besetzt.
Am 17. Mai fordern gar über eine Million Menschen den Rücktritt des eigentlichen Machthabers, Deng Xiaoping. Parteichef Zhao Ziyang und Ministerpräsident Li Peng appellieren vergeblich an die Studenten, die Demonstrationen abzubrechen. Daraufhin verhängt Li am 20. Mai das Kriegsrecht über Peking. Die Demonstranten geben nicht nach.

Das erste Schlupfloch

2. Mai. Ungarische Grenzsoldaten beginnen mit dem Abbau des Stacheldrahtverhaus an der österreichischen Grenze.

Wahlfälschung

7. Mai. Bürgerrechtsgruppen und Kirchenkreise werfen der SED massive Fälschung der Kommunalwahlergebnisse vor. Sie bezweifeln das offizielle Wahlergebnis von fast 99 Prozent Zustimmung für die Blockparteien. Politbüromitglied Egon Krenz nennt die Wahl eine »demokratische Volksaussprache« und ein »klares Votum des Volkes für starken Sozialismus«.

Wahlfälschung in Panama

9. Mai. Sowohl die Regierungsparteien als auch die Opposition behaupten, die panamaischen Präsidentenwahlen vom Tag zuvor

gewonnen zu haben. Internationale Beobachter berichten von Einschüchterungen und Fälschungen. Die Außenministerkonferenz der OAS-Staaten verlangt am 18. Mai demokratische Wahlen.

Ausnahmerecht in Argentinien

14. Mai. Der Peronist Carlos Menem gewinnt die Präsidentschaftswahlen in Argentinien. Wegen der schlechten Wirtschaftslage und der hohen Inflationsrate kommt es zu gewaltsamen Demonstrationen. Läden und Supermärkte werden geplündert. Zur Herstellung der öffentlichen Ordnung ruft der noch amtierende Staatspräsident Alfonsín am 30. Mai für einen Monat den Ausnahmezustand aus. Carlos Menem übernimmt am 9. Juli vorzeitig das Amt des Präsidenten.

Wiederwahl Weizsäckers

23. Mai. Bundespräsident Richard von Weizsäcker wird von der Bundesversammlung mit 881 von 1002 abgegebenen Stimmen für eine zweite Amtszeit wiedergewählt.

Debatten im Volkskongreß

25. Mai. In Moskau wählt der Kongreß der Volksdeputierten Gorbatschow zum Staatspräsidenten. Die Wahl der Mitglieder des Obersten Sowjets wird von heftigen Debatten begleitet. Viele Abgeordnete prangern in ungewöhnlich offener Form Widerstände gegen die Perestrojka und Fehler bei ihrer Umsetzung an.

Bush rettet Nato-Konferenz

30. Mai. Auf der Brüsseler Nato-Konferenz gelingt es dem amerikanischen Präsidenten Bush, einen schweren Konflikt unter den Verbündeten über die nuklearen Kurzstreckenwaffen zu beenden. Unter dem Druck der FDP hatte die Bundesregierung beschlossen, eine Entscheidung über die Aufstellung bis 1992 zu verschieben. Italien, Dänemark und Holland unterstützen diesen Standpunkt. Premierministerin Thatcher beharrt mit Einverständnis Mitterrands darauf, die Stationierung jetzt zu beschlie-

ßen. Präsident Bush ändert das Thema: das westliche Bündnis solle bei den Verhandlungen über konventionelle Rüstung eine Verringerung der Zahl der Kampfflugzeuge um 15 Prozent und der Landstreitkräfte um 20 Prozent vorschlagen. Würde darüber in Wien bis in einem Jahr eine Übereinkunft erzielt werden, ist die Nato zu einer Verringerung der Zahl der Kurzstreckenraketen bereit. So beschließt es der Nato-Rat.

Das Nachtfahrverbot

1. Juni. Der österreichische Verkehrsminister Streicher kündigt ein Nachtfahrverbot für alle Lastkraftwagen über 7,5 Tonnen an. Das Gesetz soll vom 1. Dezember an für Lastwagen gelten, deren Fahrgeräusch 80 Dezibel überschreitet. Die Regierung in Bonn antwortet mit einem gleichartigen Fahrverbot für österreichische Lastwagen.

Massaker in Peking

4. Juni. In dieser Nacht schießt sich die chinesische »Volksbefreiungsarmee« zum Platz des Himmlischen Friedens durch. Panzer überrollen Menschen, die sich entgegenstellen. Die aufgebrachte Menge reagiert mit Lynchmorden und Brandstiftung. Zählungen in den Krankenhäusern lassen vermuten, daß über 1400 Menschen getötet und mehr als 10 000 verletzt wurden. Offizielle Angaben über die Zahl der Opfer gibt es nicht. Mit einem Generalstreik protestieren Arbeiter in Shanghai. Auch in anderen chinesischen Städten demonstriert die Bevölkerung. Am 21. Juni werden in Shanghai die ersten Todesurteile öffentlich vollstreckt. Weitere Schauprozesse und Hinrichtungen folgen.

Tod Chomeinis

4. Juni. Im Alter von 86 Jahren stirbt der iranische Revolutionsführer Chomeini. Zu seinem Nachfolger ernennt der schiitische »Expertenrat« den Staatspräsidenten Ali Chamenei. Neuer Staatspräsident wird Haschemi Rafsandschani. Beide Politiker finden sowohl die Unterstützung der schiitischen Radikalen als auch der mittelständischen Unternehmer. Die Außenpolitik Teherans mäßigt sich.

Polen bürgerlich regiert

5. Juni. Bei den Parlamentswahlen in Polen erringen die von der Gewerkschaft Solidarität unterstützten Kandidaten hohe Mehrheiten in ihren Wahlkreisen. Da jedoch 65 Prozent der Sitze den Kommunisten vorbehalten sind, verfügt die Opposition weder im Sejm noch im Senat über eine Mehrheit. Ministerpräsident Rakowski tritt nach der faktischen Niederlage der polnischen Kommunisten zurück. General Jaruzelski wird am 19. Juli mit knapper Mehrheit zum Staatspräsidenten gewählt. Die Bauernpartei und die Demokratische Partei bilden am 17. August eine »Kleine Koalition« mit der Solidarität. Am 24. August wählt der Sejm mit Stimmen der Kommunisten Tadeusz Mazowiecki, einen langjährigen Berater Lech Walesas, zum ersten bürgerlichen Ministerpräsidenten seit mehr als vierzig Jahren. Er versichert, Polen werde zur Marktwirtschaft und zur Rechtsstaatlichkeit zurückkehren, ohne seine Verpflichtungen gegenüber dem Warschauer Pakt zu vernachlässigen. Obwohl die Kommunisten dem Regierungsbündnis nicht angehören, beruft Mazowiecki den Verteidigungs- und den Innenminister aus ihren Reihen.

Wackersdorf eingestellt

6. Juni. Die »Gesellschaft für Wiederaufarbeitung von Kernbrennstäben« stellt den Bau der Wiederaufarbeitungsanlage in Wackersdorf ein. Zuvor hatte die Elektrizitätswirtschaft überraschend beschlossen, billigere Angebote für die Aufarbeitung von Kernbrennstäben in Großbritannien und Frankreich anzunehmen.

Gorbatschow in Bonn

12. Juni. Der sowjetische Generalsekretär Gorbatschow wird bei seinem Staatsbesuch in der Bundesrepublik von der Bevölkerung begeistert empfangen. Gorbatschow und Bundeskanzler Kohl bekräftigen in einer gemeinsamen Erklärung die Grundsätze der Menschenwürde, des Völkerrechts und des Selbstbestimmungsrechts der Völker. Die Außenminister Genscher und Schewardnadse unterzeichnen elf Abkommen über wirtschaftliche Zusammenarbeit.

Imre Nagy rehabiliert

16. Juni. Unter großer Anteilnahme der Bevölkerung werden in Budapest der Führer des Aufstands von 1956, Imre Nagy, und vier seiner Gefährten ehrenvoll neu bestattet. Nagy war 1958 als »Hochverräter« hingerichtet worden.

Reformer führen Ungarns KP

24. Juni. Das ungarische kommunistische Zentralkomitee bestimmt ein vierköpfiges Präsidium, das die Partei bis zum Parteitag führen soll. Dessen Präsident wird Reszö Nyers; die drei anderen Mitglieder sind Pozsgay, Neméth und Grósz, der weiterhin den Titel des Generalsekretärs führt.

Der EG-Gipfel in Madrid

26. Juni. Auf der Gipfelkonferenz der Staats- und Regierungschefs der EG in Madrid wird gegen Widerstände Großbritanniens von allen Teilnehmern ein Programm zur schrittweisen Verschmelzung der Währungen gebilligt. Am 1. Juni 1990 soll die engere Kooperation in der Wirtschafts- und Währungspolitik beginnen.

Die Breschnew-Doktrin fällt

7. Juli. Der Warschauer Pakt widerruft im Schlußkommuniqué von Bukarest die Breschnew-Doktrin, mit der die Sowjetunion bei einer »Gefährdung der Errungenschaften des Sozialismus« ein Interventionsrecht beansprucht und wahrgenommen hatte. Die sieben Mitgliedsstaaten erklären: »Jede Einmischung in die inneren Angelegenheiten, jeder Versuch, die Souveränität der Staaten zu begrenzen, handele es sich um Freunde und Verbündete oder andere Staaten, ist unannehmbar.« Es gebe kein »universelles Sozialismus-Modell«.

Grubenstreiks in Sibirien

10. Juli. In den Kohlegruben Westsibiriens, der Ukraine und der Autonomen Republik Komi legen rund 500 000 Bergleute die Arbeit nieder. Sie fordern mehr Lebensmittel, Seife, Handtücher

und höhere Löhne, einen arbeitsfreien Sonntag und die wirtschaftliche Selbständigkeit der Gruben. Erst als Staatspräsident Gorbatschow und Ministerpräsident Ryschkow die Erfüllung der Forderungen garantieren, ebbt die bisher größte Streikbewegung in der Sowjetunion nach 10 Tagen langsam ab.

Revolutionsfeiern in Paris

14. Juli. Am zweihundertsten Jahrestag des Sturms auf die Bastille erreichen die französischen Revolutionsfeiern ihren Höhepunkt. Zusammen mit dem französischen Staatspräsidenten Mitterrand nehmen dreißig Regierungschefs aus aller Welt am Festakt zwischen Arc de Triomphe und Place de la Concorde teil.

Neue Ära in Südafrika

14. August. Pieter Willem Botha tritt zwei Wochen vor dem Ende seiner Amtszeit als Präsident der Republik Südafrika zurück. Er hat sich mit seinem designierten Nachfolger Frederik de Klerk, dem Vorsitzenden der regierenden National-Partei, überworfen. Am 6. September bestellt das neugewählte Drei-Kammer-Parlament mit Mehrheit der Weißen, Mischlinge und Inder de Klerk zum Nachfolger Bothas. Er kündigt einen »Fünfjahres-Aktions-Plan« an, der zur politischen Beteiligung der schwarzen Bevölkerung führen soll. Der frühere ANC-Generalsekretär Walter Sisulu und andere Inhaftierte des ANC werden freigelassen. Damit erfüllt de Klerk eine Bedingung des ANC für künftige Verhandlungen.

Wunde Punkte der sowjetischen Geschichte

16. August. Hochrangige Vertreter der sowjetischen Kommunistischen Partei geben die bislang geleugnete Existenz der geheimen Zusatzprotokolle zum Hitler-Stalin-Pakt zu. Der Vorsitzende einer Kommission der Volksdeputierten, Jakowlew, und der Leiter der internationalen Abteilung der KP, Falin, bestätigen, daß Hitler und Stalin die Teilung Polens sowie die Annexion der baltischen Staaten und Bessarabiens durch die Sowjetunion vereinbart hatten. Das von den Polen geforderte sowjetische Eingeständnis des Massakers von Katyn bleibt aus.

Massenflucht nach Österreich

19. August. Ein Fest der »Paneuropa-Union« bei Sopron in Ungarn wegen des Abbaus der Grenzanlagen nutzen etwa 660 DDR-Urlauber zur Flucht nach Österreich. Tausende, die meisten von ihnen jung, fliehen seit Wochen über die grüne Grenze nach Österreich. Andere besetzen zu Hunderten die Bonner Botschaft in Budapest, um ihre Ausreise zu erzwingen. Die ungarische katholische Kirche und der Malteser-Hilfsdienst richten Auffanglager für sie ein.

Kohl trennt sich von Geißler

21. August. Der CDU-Bundesvorsitzende Helmut Kohl teilt dem Generalsekretär der Partei, Heiner Geißler, mit, er werde ihn dem CDU-Parteitag nicht zur Wiederwahl für das Amt des Generalsekretärs vorschlagen, das Geißler zwölf Jahre lang bekleidet hatte. Er war in der CDU zur umstrittenen Symbolfigur für einen Kurs der »Öffnung für neue Wählerschichten« geworden. Mit Volker Rühe, bisher stellvertretender Vorsitzender der CDU-Bundestagsfraktion, designiert Kohl einen Mann, der keinem der Partei-Flügel klar zuzuordnen ist.

Flucht in die Botschaft

22. August. Die Prager Botschaft der Bundesrepublik wird geschlossen, weil mehr als hundert DDR-Bewohner darin Zuflucht gesucht haben und ihre Ausreise in die Bundesrepublik erzwingen wollen. In den folgenden Tagen kommen weitere Tausende, die nun über den Zaun in den Garten der Botschaft klettern und dort kampieren.

Drogenkrieg in Kolumbien

24. August. Im Kampf der kolumbianischen Regierung gegen den Rauschgifthandel erklären die Drogenkartelle von Medellín und Cali der Regierung den »totalen Krieg«. Mit Sprengstoff-Anschlägen und Morden will die Drogenmafia eine Suspendierung des Auslieferungsabkommens mit den Vereinigten Staaten erzwingen. Nach einer Serie von Anschlägen auf Luxushotels sprengt das

Kartell am 27. November ein Verkehrsflugzeug in die Luft, wobei 107 Menschen umkommen, und verübt am 6. Dezember einen Anschlag auf das Hauptquartier der Sicherheitspolizei in Bogotá.

Daimler-Benz und MBB

8. September. Bundeswirtschaftsminister Haussmann genehmigt den Zusammenschluß von Daimler-Benz und Messerschmitt-Bölkow-Blohm, allerdings mit einigen Auflagen. Damit wird die Entscheidung des Bundeskartellamtes vom 24. April aufgehoben. Haussmann begründet seinen Entschluß mit den erheblichen gesamtwirtschaftlichen Vorteilen.

50 000 fliehen über Ungarn

11. September. Um Mitternacht öffnet die ungarische Regierung entgegen bestehenden Verträgen mit Ost-Berlin die Grenze nach Österreich für alle DDR-Bürger. Innerhalb von drei Tagen reisen 15 000 DDR-Bewohner aus, Tausende davon in »Trabant-« und »Wartburg-«Autos. Bis Ende Oktober fliehen auf diesem Wege weitere 50 000 über Ungarn in die Bundesrepublik. In Bayern finden sie in Zeltstädten, Turnhallen und Kasernen erste Unterkunft.

Hurrikan »Hugo«

24. September. Der Hurrikan »Hugo« fällt über die Küste von South Carolina her und verwüstet die historische Altstadt von Charleston. 28 Menschen sterben, der Sachschaden beträgt etwa vier Milliarden Dollar. Drei Tage zuvor hatte der Wirbelsturm auf Guadeloupe, Antigua, St. Kitts, Montserrat, den Jungferninseln und Puerto Rico über 100 000 Menschen obdachlos gemacht; 33 Einwohner kamen ums Leben.

Eine Tür geht auf

30. September. Bundesaußenminister Genscher verkündet in Prag den 3500 Flüchtlingen in der Botschaft, daß sie noch in dieser Nacht in Sonderzügen auf dem Umweg über die DDR ausreisen dürfen. Andere Sonderzüge bringen Flüchtlinge aus der War-

schauer Botschaft in die Bundesrepublik. Übereinstimmend erklären sie ihr Motiv: »In der DDR gibt es keine Perspektive.« Der gelungene Exodus veranlaßt sofort weitere Tausende zur Flucht in die Prager Botschaft – in der Annahme, dies sei, kurz vor den Vierzigjahrfeiern der DDR, die »letzte Gelegenheit«. Abermals geht die Rechnung auf. Der immer bedrohlicher werdende Strom der »Republikflüchtigen« durch die offenstehende Hintertür der DDR ermutigt die Oppositionsgruppen in den sächsischen Städten und Berlin.

Dienstleistungsabend

5. Oktober. Zum ersten Mal können donnerstags die Einzelhandelsgeschäfte bis 20.30 Uhr geöffnet bleiben – nach jahrelangem Tauziehen. Dafür müssen sie aber künftig an den »langen« Samstagen im Sommer um 16 Uhr schließen. Vor allem Geschäftsinhaber in den Großstadtzentren nutzen den »Dienstleistungsabend«.

»Gorbi, hilf uns!«

7. Oktober. Mit Aufmärschen, einer Militärparade und einem Fackelzug von hunderttausend Jugendlichen der »Freien Deutschen Jugend« (FDJ) begeht die DDR den vierzigsten Jahrestag ihrer Gründung – scheinbar unbeeindruckt von der Massenflucht der vergangenen Wochen. Am Abend kommt es in Ost-Berlin zu spontanen Demonstrationen gegen das SED-Regime. »Wir bleiben hier«, rufen die Demonstranten der Führung drohend zu, aber auch »Gorbi, hilf uns!« Gorbatschow, der sich zum Staatsjubiläum in Ost-Berlin aufhält, mahnt vor der internationalen Presse in kaum verhüllter Form Reformen an. Sein Satz »Wer zu spät kommt, den bestraft das Leben« wird zum Aufbruchsignal für die Opposition in der DDR.

»Wir sind das Volk«

9. Oktober. Auf dem Karl-Marx-Platz in Leipzig sammeln sich 50 000 Menschen zu einer Demonstration. Seit Wochen schon gehen die Leipziger montags für Reformen und Demokratie auf die Straße. In der Vorwoche war es zu schweren Übergriffen von Volkspolizei und Staatssicherheit gegenüber Demonstranten ge-

kommen. An diesem Tag ist der Protestzug größer als je zuvor. Der Ruf »Wir sind das Volk – keine Gewalt« und eine unter dramatischen Umständen von dem Kapellmeister des Gewandhausorchesters, Kurt Masur, im letzten Augenblick mit Sekretären der SED-Bezirksleitung getroffene Verabredung verhindern einen blutigen Zusammenstoß. Die aufmarschierte Staatsmacht hält sich zurück. In der Parteiführung spitzt sich der Konflikt über die »Konterrevolution« zu.

Friedenspreis für Havel

15. Oktober. Der tschechische Schriftsteller und Bürgerrechtler Václav Havel erhält den Friedenspreis des Deutschen Buchhandels. Die Ausreise zur Preisverleihung in der Frankfurter Paulskirche wird dem Schriftsteller nicht genehmigt.

Honecker stürzt

18. Oktober. Das Zentralkomitee der SED entbindet Honecker »aus gesundheitlichen Gründen« von allen Funktionen in Partei und Staat. Honecker schlägt Egon Krenz, seinen Stellvertreter im Vorsitz des DDR-Staatsrates, als Nachfolger vor. Mit Honecker verlieren auch Günter Mittag und Joachim Hermann, ZK-Sekretäre für Wirtschaft, Agitation und Propaganda, ihre Ämter. Unter dem Druck der Fluchtbewegung und der Demonstrationen kündigt die Führung Reiseerleichterungen an und beschließt am 27. Oktober eine Amnestie für Flüchtlinge und Demonstranten. Am 4. November demonstrieren mehr als eine halbe Million Menschen in Ost-Berlin für freie Wahlen, Pressefreiheit, Versammlungsfreiheit und die Zulassung oppositioneller Gruppen. »Taten statt Worte« und »Wir wollen keine Wendehälse« steht auf ihren Plakaten.

Erdbeben in Kalifornien

18. Oktober. Um 17.04 Uhr (Ortszeit) erschüttert ein Erdbeben Nordkalifornien und die Bucht von San Francisco. Es richtet in San Francisco, Oakland, Santa Cruz und dem Silicon Valley schwere Schäden an. Bei dem stärksten Erdbeben in der Region

seit achtzig Jahren kommen dreiundsechzig Menschen ums Leben, viele davon beim Einsturz einer doppelstöckigen Autobahnbrücke über die Bucht.

Nicht mehr »Volksrepublik«

23. Oktober. Am 33. Jahrestag der Niederschlagung des ungarischen Volksaufstandes durch sowjetische Truppen verkündet der amtierende Staatspräsident Szürös vom Balkon des Parlaments die Änderung des Staatsnamens. Die »Sozialistische Volksrepublik« wird in »Republik Ungarn« umbenannt. Die in der vergangenen Woche vom Parlament beschlossene Änderung der Verfassung tritt in Kraft. Darin sind die führende Rolle der Arbeiterklasse, die Privilegien der kommunistischen Partei und der Vorrang des Staatseigentums abgeschafft. Seit einiger Zeit liegt in Straßburg ein Antrag Ungarns auf Aufnahme in den Europarat vor.

Wenig Hoffnung im Libanon

27. Oktober. Der gerade erst gewählte libanesische Präsident René Muawwad wird mit einer Autobombe ermordet. Der Tat wird der Chef der christlichen Gegenregierung, Michel Aun, verdächtigt, der von März bis September einen besondes blutigen »antisyrischen Befreiungskampf« geführt hatte. Der neue Präsident Elias Hrawi beruft wie sein Vorgänger Vertreter der großen politischen Strömungen des Landes in die Regierung. Die Weigerung Auns, mitzuarbeiten, macht es fraglich, ob es dem Präsidenten gelingen wird, die Autorität der libanesischen Zentralregierung wiederherzustellen.

Prag geht auf die Straße

28. Oktober. Zum 71. Gründungstag der Republik demonstrieren über 10 000 Tschechen in Prag und fordern eine neue Regierung. Die Erfolge der Opposition in der DDR ermutigen die Demonstranten in Prag. Am 17. November fordern 20 000 Personen auf dem Wenzelsplatz den Rücktritt der Regierung. Die Polizei geht mit Schlagstöcken gegen die Demonstranten vor. Ein Student sei totgeknüppelt worden, behaupten Zeugen.

González ohne Mehrheit

30. Oktober. Bei den spanischen Parlamentswahlen verlieren Felipe González und seine Sozialistische Arbeiterpartei (PSOE) die absolute Mehrheit; sie verfügen jetzt über exakt die Hälfte der Parlamentssitze. Die konservative Volkspartei (PP) konnte sich mit ihrem neuen Spitzenkandidaten José María Aznar als zweitstärkste Partei behaupten.

Patt in Griechenland

5. November. Die Griechen wählen zum zweiten Mal in viereinhalb Monaten ein neues Parlament. Am 19. Juni war die konservative Oppositionspartei »Neue Demokratie« stärkste Partei geworden, ohne die Mehrheit zu erlangen. Um die Korruptions- und Abhörskandale der Regierung Papandreou vor Gericht zu bringen, hatten die Konservativen eine Übergangsregierung mit den Kommunisten gebildet. Am 5. November verfehlen die Konservativen trotz erheblicher Stimmengewinne knapp die absolute Mehrheit. Im April 1990 soll zum dritten Mal in zehn Monaten gewählt werden.

Das verfehlte Reisegesetz

6. November. DDR-Innenminister Dickel stellt den Entwurf für ein neues Reisegesetz vor, das einen grundsätzlichen Rechtsanspruch auf Auslandsreisen für alle DDR-Bewohner vorsieht, aber durch eine Visumspflicht und zeitliche Begrenzung einschränkt. Am nächsten Tag lehnt der Verfassungs- und Rechtsausschuß der DDR-Volkskammer die Gesetzesvorlage als ungenügend ab. Daraufhin treten die 44 Minister des Ministerrates geschlossen zurück.

Hinauswurf der alten Garde

8. November. Das Politbüro der SED tritt zurück. Generalsekretür Egon Krenz sagt vor dem Zentralkomitee, damit solle gezeigt werden, wer für die derzeitige Situation im Land verantwortlich sei. Dem neuen Politbüro gehört auch der Exponent des Reformflügels, der Dresdner Parteisekretär Hans Modrow, an. Das Zentralkomitee »empfiehlt« der Volkskammer, Modrow zum neuen Ministerpräsidenten zu wählen.

Bundeskanzler Kohl in Polen

9. November. Bundeskanzler Kohl trifft zu einem Staatsbesuch in Warschau ein. In einer gemeinsamen Erklärung vom 14. November vereinbaren er und Ministerpräsident Mazowiecki enge Zusammenarbeit und bekräftigen den Warschauer Vertrag von 1970. Die »Unverletzlichkeit der Grenzen und die Achtung der territorialen Integrität und Souveränität aller Staaten in Europa in ihren gegenwärtigen Grenzen« werden als »grundlegende Bedingung für den Frieden« bezeichnet. Die Bundesregierung sagt Polen Hermes-Kreditbürgschaften in Höhe von drei Milliarden Mark zu und erläßt 520 Millionen Mark Schulden. Die polnische Seite macht Zusagen zum Schutz der deutschen Minderheit. Am Vorabend der Reise Kohls hatte der Bundestag die »Unverletzlichkeit der bestehenden Grenzen jetzt und in Zukunft« bekräftigt.

Ein Gefängnis öffnet sich

9. November. Um 18.57 Uhr tritt Günter Schabowski, Informationssekretär des SED-Zentralkomitees, in Ost-Berlin vor Journalisten und erklärt, von sofort an könnten alle DDR-Bewohner über sämtliche Grenzübergänge nach West-Berlin und in die Bundesrepublik reisen. Genehmigungen für Westreisen würden unverzüglich erteilt. Noch in dieser Nacht eilen Tausende nach West-Berlin und werden dort begeistert empfangen. Berlin feiert ein rauschendes Fest des Wiedersehens. Am Wochenende brechen mehrere Millionen DDR-Bewohner zu Reisen in die Bundesrepublik auf. Bis zu sechzig Kilometer lang stauen sich »Trabi«-Kolonnen, obwohl die DDR eilig neue Grenzübergänge öffnet. Fast alle Besucher kehren von dem Ausflug in den Westen zurück.

Schiwkow tritt ab

10. November. Das Zentralkomitee der bulgarischen KP setzt Staats- und Parteichef Schiwkow ab und den bisherigen Außenminister Petar Mladenow an seine Stelle. Bürgerrechtsgruppen demonstrieren für freie Wahlen, Rechtsstaatlichkeit und eine neue Verfassung, in der das Machtmonopol der Kommunistischen Partei getilgt werden soll. Am 11. Dezember kündigt Mladenow freie Wahlen für den Mai 1990 an.

Modrow Ministerpräsident

13. November. Hans Modrow wird Ministerpräsident und löst Willi Stoph ab. Er verspricht eine »demokratische Erneuerung des gesamten öffentlichen Lebens« und Zusammenarbeit mit allen gesellschaftlichen Gruppen in der DDR. Der Bundesregierung schlägt er eine »Vertragsgemeinschaft« vor, »die weit über den Grundlagenvertrag und die bislang geschlossenen Verträge und Abkommen zwischen beiden deutschen Staaten hinausgeht«. Modrow weist Spekulationen über eine Wiedervereinigung zurück und plädiert für eine »kooperative Koexistenz«.

Rücktritt der Prager Führung

24. November. Gegen die Brutalitäten der Polizei am 17. November protestieren Hunderttausende auf dem Prager Wenzelsplatz. Zu den Protesten haben Studenten und ein neues »Bürgerforum« aufgerufen. Sein Sprecher ist Václav Havel. Aus seiner Verbannung taucht Alexander Dubček auf dem Balkon über dem Wenzelsplatz auf und erinnert an den »Sozialismus mit einem menschlichen Gesicht«. Auf einer Sondersitzung des Zentralkomitees der Kommunistischen Partei treten das Parteipräsidium und die ZK-Sekretäre zurück. Karel Urbanek wird zum neuen Generalsekretär gewählt.

Das Ende der Dynastie Nehru

26. November. Premierminister Rajiv Gandhi erleidet bei den Parlamentswahlen eine Niederlage. Die seit dem Unabhängigkeitstag 1947 fast ununterbrochen regierende Kongreßpartei verliert 200 Sitze. Gandhi und sein Kabinett treten am 29. November zurück. Drei Generationen lang prägte eine einzige Familie, Pandit Nehru als erster Ministerpräsident Indiens, seine Tochter Indira Gandhi und ihr Sohn Rajiv, wie eine Dynastie das politische Gesicht Indiens.

Zehn Punkte für Deutschland

28. November. Bundeskanzler Kohl legt dem Bundestag ein zehn Punkte umfassendes Programm zur Deutschlandpolitik vor. Ziel

bleibe die »Wiedergewinnung der staatlichen Einheit Deutschlands«. Die Bundesregierung sei bereit, über die von DDR-Ministerpräsident Modrow angeregte »Vertragsgemeinschaft« hinauszugehen und »konföderative Strukturen zwischen beiden Staaten in Deutschland zu entwickeln mit dem Ziel, danach eine Föderation, das heißt eine bundesstaatliche Ordnung in Deutschland zu schaffen«. Kohl vermeidet zeitliche Festlegungen. Er betont, daß die Entwicklung der innerdeutschen Beziehungen »in den gesamteuropäischen Prozeß und die West-Ost-Beziehungen« eingebettet bleiben müsse. Er stellt der DDR rasche und umfassende Hilfe in Aussicht, sofern der Wandel in der DDR »unumkehrbar in Gang gesetzt« werde. Für die Bundesregierung bedeute dies, »daß sich die DDR-Staatsführung mit den Oppositionsgruppen auf eine Verfassungsänderung und auf ein neues Wahlgesetz verständigt«. Die Sowjetunion verurteilt Kohls Plan. Er widerspreche den KSZE-Prinzipien. In den westlichen Hauptstädten findet die Erklärung Kohls zurückhaltende Aufnahme. Das Selbstbestimmungsrecht der Deutschen wird zwar anerkannt, die Wiedervereinigung aber für nicht aktuell erklärt.

Die tschechische KP gibt nach

29. November. Das tschechoslowakische Parlament beschließt, die Führungsrolle der Kommunistischen Partei aus der Verfassung zu streichen. Ministerpräsident Adamec sagt dem »Bürgerforum« die Bildung einer Koalitionsregierung zu.

Mord an Alfred Herrhausen

30. November. Alfred Herrhausen, Vorstandsvorsitzender der Deutschen Bank, wird von Terroristen der »Roten Armee Fraktion« in Bad Homburg ermordet. Sein Fahrer wird verletzt. Das gepanzerte Fahrzeug wurde beim Durchfahren einer Lichtschranke zerstört. Am Tatort wird ein Zettel gefunden mit der Aufschrift »Kommando Wolfgang Beer« und dem RAF-Stern.

SED ohne Führungsanspruch

1. Dezember. Die Volkskammer der DDR streicht fast ohne Debatte und ohne Gegenstimmen den Führungsanspruch der

SED aus der Verfassung. Der erste Absatz des Artikels 1 der DDR-Verfassung lautet jetzt: »Die Deutsche Demokratische Republik ist ein sozialistischer Staat der Arbeiter und Bauern. Sie ist die politische Organisation der Werktätigen in Stadt und Land.«

Putschversuch in Manila

1. Dezember. Auf den Philippinen bringen rebellierende Truppen unter dem früheren Oberstleutnant Honasan Teile der Hauptstadt in ihre Gewalt und die Regierung Aquino in Bedrängnis. Frau Aquino bittet Washington um militärischen Beistand. Amerikanische Kampfflugzeuge überfliegen die Hauptstadt. Die Regierung sieht sich gezwungen, mit den Rebellen zu verhandeln. Sie räumen ihre Stellungen am 7. Dezember. Zurück bleibt eine geschwächte Regierung.

»Salzwassergipfel« von Malta

2./3. Dezember. George Bush und Michail Gorbatschow vereinbaren auf der »Maxim Gorki« im Hafen von La Valetta, die Genfer Verhandlungen über strategische Raketen so zu beschleunigen, daß sie bei ihrem nächsten Treffen im Juni einen Vertrag über die Halbierung der Arsenale unterzeichnen könnten. Auch die Wiener Verhandlungen über konventionelle Abrüstung sollen noch 1990 zu einem Vertrag führen. Bush versichert Gorbatschow, daß der Westen die gegenwärtigen Schwierigkeiten im östlichen Lager nicht zu einseitigen Vorteilen ausbeuten werde.

Die »deutsche Frage«

3. Dezember. Zur deutschen Frage erklärt Gorbatschow nach dem Treffen von Malta ein Abrücken von der Existenz zweier deutscher Staaten enthalte die Gefahr einer Destabilisierung Europas. Präsident Bush hingegen erwartet eine Einigung Deutschlands als Ergebnis eines schrittweisen Prozesses, den er nicht beschleunigen, sondern dem Lauf der Geschichte überlassen wolle. Aus den westeuropäischen Hauptstädten, vor allem Paris, London und Rom, gibt es widersprüchliche Äußerungen darüber, ob die Wiederherstellung der deutschen Einheit der Stabilität des Friedens in Europa schade oder zu seiner Vollendung gehöre. Für

den 11. Dezember ruft die Sowjetunion zum ersten Mal seit achtzehn Jahren die Botschafter der drei westlichen Siegermächte des Zweiten Weltkriegs im Alliierten Kontrollratsgebäude in Berlin zu Beratungen darüber zusammen.

Regierungswechsel in Prag

3. Dezember. Der tschechische Ministerpräsident Adamec stellt sein neues Kabinett vor. Von den 21 Mitgliedern sind nur ein Vizepräsident und drei Minister Nichtkommunisten. Die Opposition verlangt mehr. Tags darauf fordern 200 000 Tschechen den Rücktritt auch dieser Regierung und kündigen einen zweiten Generalstreik an. Adamec mißlingt eine abermalige Umbildung. Sein Nachfolger wird Marian Čalfa, bisher stellvertretender Ministerpräsident.

Egon Krenz am Ende

4. Dezember. Das Zentralkomitee der SED stößt Honecker, Stoph, Tisch, Mielke und andere Mitglieder des Politbüros aus der Partei aus und beschließt die Einberufung eines außerordentlichen Parteitags. Danach treten das Zentralkomitee und das Politbüro samt Egon Krenz zurück, »um einer weiteren Gefährdung der Existenz der Partei entgegenzuwirken«. Am 6. Dezember tritt Egon Krenz auch von seinen Staatsämtern zurück. Der Nationale Verteidigungsrat wird aufgelöst.

Runder Tisch in Ost-Berlin

7. Dezember. Dreizehn Stunden lang debattieren Vertreter der SED und der ehemaligen Blockparteien mit führenden Mitgliedern der Oppositionsgruppen. Unter der Gesprächsleitung der Kirchen einigt sich dieser »Runde Tisch« auf freie Wahlen am 6. Mai 1990. Die Regierung wird aufgefordert, das Amt für nationale Sicherheit – den ehemaligen Staatssicherheitsdienst – »unter ziviler Kontrolle aufzulösen«.

Untersuchung gegen Honecker

8. Dezember. Der Generalstaatsanwalt in Ost-Berlin leitet gegen den ehemaligen Staats- und Parteichef Honecker ein Ermittlungs-

verfahren wegen Amtsmißbrauchs und Korruption ein. Der frühere Ministerpräsident Stoph, der ehemalige Gewerkschaftsvorsitzende Tisch und andere Mitglieder der früheren SED-Spitze werden wegen des gleichen Verdachts festgenommen. Am 1. Dezember war in einer Volkskammersitzung der alten SED-Führung vorgeworfen worden, sie habe heimlich Waffen exportiert und Milliarden Mark veruntreut.

Straßburger Gipfeltreffen

8. Dezember. Beim Treffen des Europäischen Rats in Straßburg beschließen die Staats- und Regierungschefs der EG die Einberufung einer Regierungskonferenz zur Vorbereitung einer europäischen Währungsunion. Der Beschluß wird gegen die Stimme Großbritanniens gefaßt. Vorausgegangen war eine monatelange, kontroverse Erörterung eines Stufenplans zur Währungsunion.

Der Sonderparteitag der SED

10. Dezember. Der außerordentliche SED-Parteitag in Ost-Berlin ist von der schweren Krise der Partei geprägt. Nach einer erregten Diskussion über den Niedergang der SED entschuldigen sich die Delegierten bei den DDR-Bürgern dafür, daß die alte Parteiführung das Land in eine »existenzgefährdende Krise« geführt habe. Sie wählen den Rechtsanwalt Gregor Gysi zu ihrem Vorsitzenden und erklären, daß sie einen demokratischen und ökologischen Sozialismus anstreben. Das Politbüro und das Zentralkomitee werden abgeschafft.

Bei der Fortsetzung des Parteitags am 16. und 17. Dezember spricht sich die SED entschieden gegen eine Vereinigung der beiden deutschen Staaten, aber für eine »Vertragsgemeinschaft« mit der Bundesrepublik aus. Die Auseinandersetzung der Delegierten mit der Vergangenheit der Partei beschränkt sich auf scharfe Kritik an Mitgliedern der alten Parteiführung. Als Symptome des »stalinistischen« Machtmißbrauches werden die Steuerung der Wirschaft aus einer einzigen Kommandozentrale, die Reglementierung des öffentlichen Lebens, die Entmündigung der Bürger und die Konzentration der Macht in der Hand eines »arroganten Alleinherrschers« hervorgehoben. Die Delegierten beschließen ein provisorisches neues Statut und eine vorläufige Änderung des Namens in »SED – Partei des demokratischen Sozialismus«. Die Debatten offenbaren allgemeine Ratlosigkeit über den »dritten Weg«, den die Partei zwischen Planwirtschaft und »kapitalistischer Ausbeutung« finden will.

Havel statt Husák

10. Dezember. Im neuen Prager Kabinett sind zwölf der zwanzig Minister Nichtkommunisten. Ministerpräsident Čalfa kündigt für Mitte 1990 freie Wahlen an. Unmittelbar nach der Vereidigung der neuen Regierung tritt Staatspräsident Husák zurück, wie die Opposition gefordert hatte. Für das Amt des Staatspräsidenten nominiert die Opposition den Bürgerrechter Václav Havel, die KP den früheren Ministerpräsidenten Adamec.

Tod Andrej Sacharows

14. Dezember. Andrej Sacharow, der bedeutendste Kopf der Bürgerrechtsbewegung in der Sowjetunion, Träger des Friedensnobelpreises 1975, stirbt an seinem Schreibtisch in Moskau über der Arbeit an seiner Kongreßrede. In einer Kontroverse mit Gorbatschow hat er die Streichung des Führungsrechts der KPdSU in der sowjetischen Verfassung gefordert. Der in der ganzen Welt bewunderte Mann wird jetzt auf ehrenvolle Weise als Patriot und Vorkämpfer der Perestrojka beigesetzt.

Wahlsieg gegen Pinochet

15. Dezember. In Chile gewinnt der Christdemokrat Patricio Aylwin, der Einheitskandidat der bürgerlichen und linken Oppositionsparteien, die Präsidentenwahlen mit Abstand zu seinen konservativen Konkurrenten. Das Ende der Diktatur Pinochet zeichnet sich nach sechzehn Jahren ab.

Intervention in Panama

15. Dezember. Das Parlament Panamas erklärt sich im Krieg mit den Vereinigten Staaten und ernennt General Noriega zum »Obersten Führer für nationale Befreiung«. Am folgenden Tag wird ein unbewaffneter amerikanischer Offizier an einer Straßen-

sperre in der Hauptstadt von panamaischen Soldaten erschossen. Die Amerikaner schließen den Panamakanal und greifen am 20. Dezember mit militärischer Gewalt ein, »um das Leben von Amerikanern zu schützen, den demokratischen Prozeß wiederherzustellen, die Integrität der Panamakanal-Verträge zu bewahren und Manuel Noriega festzunehmen«. Noriega ist in den Vereinigten Staaten wegen Rauschgiftschmuggels angeklagt. Noch während der Kämpfe wird auf einem amerikanischen Stützpunkt eine demokratische Regierung unter Präsident Endara, dem »Wahlsieger« vom Mai dieses Jahres, vereidigt. Noriega taucht unter.

Ost-CDU für deutsche Einheit

16. Dezember. Mit dem Bekenntnis zur deutschen Einheit in einem geeinten Europa geht der Sonderparteitag der CDU der DDR zu Ende. Die »Volkspartei mit christlichem Profil« spricht sich gegen »sozialistische Experimente« und für eine Marktwirtschaft mit sozialer und ökologischer Prägung aus. Die CDU bricht mit ihrer Vergangenheit und deckt die bisherige Parteifinanzierung durch das SED-Zentralkomitee auf. Der stellvertretende Ministerpräsident Lothar de Maizière wird zum neuen Vorsitzenden der Ost-CDU gewählt.

»Demokratischer Aufbruch«

17. Dezember. Die bisherige Oppositionsbewegung »Demokratischer Aufbruch« konstituiert sich als Partei. Mit großer Mehrheit erklärt sie sich für das Recht der Deutschen auf Einheit in einer europäischen Friedensordnung unter Anerkennung der deutschen Grenzen von 1989, für Blockfreiheit und die Entmilitarisierung Deutschlands. In der Frage der künftigen Wirtschaftsordnung zeigen sich fast unüberwindbare Meinungsverschiedenheiten. Die ökosozialistische Gruppe unterliegt den Anhängern einer ökologischen Grundsätzen verpflichteten Marktwirtschaft. Zum Vorsitzenden wird Rechtsanwalt Wolfgang Schnur gewählt.

Aufruhr in Rumänien

17. Dezember. An diesem Wochenende kommt es in der rumänischen Stadt Temeschburg zu blutigen Auseinandersetzungen zwi-

schen Demonstranten und Militär. Es wird von mehreren hundert oder gar tausend Toten, zahllosen Verletzten und Verhaftungen gesprochen. Der Aufruhr entstand, als am Samstagabend die Polizei den regimekritischen Pastor Tökes deportieren und etwa zehntausend Demonstranten sie daran hindern wollten. Bei den Auseinandersetzungen riefen sie »Brot und Freiheit« und »nieder mit Ceausescu«. Die Sicherheitskräfte seien daraufhin brutal gegen die Demonstranten vorgegangen. Die Unruhen, bei denen große Teile der Innenstadt verwüstet wurden, greifen auf Arad und dann auch auf andere rumänische Städte, darunter Konstanza, über. In Bukarest erklären sich Studenten mit den Demonstranten von Temeschburg solidarisch. Die Sicherheitskräfte im ganzen Land sind in Alarmbereitschaft, das Land ist völlig von der Außenwelt abgeriegelt.
Am 21. Dezember rücken in Bukarest Panzer gegen die immer zahlreicher werdenden Demonstranten vor. Ceausescu muß eine öffentliche Ansprache für einige Minuten unterbrechen, als Demonstranten rufen: »Nieder mit Ceausescu«, »Nieder mit den Mördern«. Berichten ausländischer Korrespondenten zufolge schießen Uniformierte in die Menge, rollen gepanzerte Fahrzeuge über Menschen, werden Soldaten und Polizisten, die sich weigern, auf ihr eigenes Volk zu schießen, hingerichtet. Von mehreren tausend Toten ist die Rede. Teile der Militärs schlagen sich auf die Seite der Demonstranten.

SPD mit neuem Programm

18. Dezember. Die SPD eröffnet den Parteitag in Berlin mit einer »Berliner Erklärung« zur Deutschlandpolitik; Ehrenvorsitzender Willy Brandt und Vorsitzender Jochen Vogel sprechen sich für eine »baldige Konföderation« beider deutscher Staaten aus und schlagen zur Unterstützung von Reformen in der DDR ein »Sofortprogramm« in Milliardenhöhe vor. Am 20. Dezember nimmt der Parteitag das neue Grundsatzprogramm mit großer Mehrheit an. Es löst das »Godesberger Programm« vom 1959 ab.

Der Bundeskanzler in Dresden

19. Dezember. Bundeskanzler Kohl trifft in Dresden DDR-Ministerpräsident Modrow. Sie vereinbaren enge Zusammenar-

beit auf den Gebieten der Wirtschaft, des Umweltschutzes, des Verkehrs-, Post- und Fernmeldewesens. Von Weihnachten an können nun auch Besucher aus der Bundesrepublik ohne Visum und Zwangsumtausch in die DDR reisen. Das Brandenburger Tor wird geöffnet. Ein Abkommen über eine Vertragsgemeinschaft der beiden deutschen Staaten soll spätestens im April 1990 unterzeichnet werden.

Ceausescu gestürzt

22. Dezember. Der rumänische Staats- und Parteichef Ceausescu wird gestürzt. Der ehemalige Außenminister Manescu übernimmt an der Spitze einer »Front für das Heil des Vaterlandes« die Regierungsgewalt. Zuvor hatte Ceausescu nochmals versucht, mit einer Ansprache die aufgebrachten Menschenmassen zu beruhigen. Die auf mehrere hunderttausend geschätzten Demonstranten schrien ihn jedoch nieder und riefen: »Tod, Tod«. In den Weihnachtstagen gewinnt das Militär den Kampf gegen die Geheimpolizei und richtet Ceausescu und seine Frau nach kurzem Prozeß hin.

Totentafel 1989

7. 1. Hirohito (87), Kaiser von Japan
23. 1. Salvador Dalí (84), spanischer Maler
12. 2. Thomas Bernhard (58), österreichischer Dramatiker und Schriftsteller
27. 2. Konrad Lorenz (85), österreichischer Verhaltensforscher und Nobelpreisträger
11. 3. John McCloy (93), amerikanischer Politiker und ehemaliger amerikanischer Hochkommissar in Deutschland
14. 3. Zita (96), letzte österreichische Kaiserin
21. 4. Daphne du Maurier (81), englische Schriftstellerin
8. 5. Andreas Hillgruber (64), Historiker
18. 5. Hermann Höcherl (77), CSU-Politiker und früherer Bundesinnenminister
3. 7. Andrej Gromyko (79), ehemaliger sowjetischer Außenminister
6. 7. János Kádár (77), ehemaliger ungarischer Staats- und Parteichef

11. 7.	Laurence Olivier (82), britischer Bühnen- und Filmschauspieler
16. 7.	Herbert von Karajan (81), österreichischer Dirigent
27. 7.	Dolf Sternberger (81), Politologe und Publizist
15. 8.	Heinrich Krone (93), CDU-Politiker und füherer Bundesminister
4. 8.	Georges Simenon (86), belgischer Schriftsteller
9. 9.	Bette Davis (81), amerikanische Filmschauspielerin
6.11.	Vladimir Horowitz (86), russischer Pianist
9.11.	Hermann Bengtson (80), Althistoriker
7.12.	Max Grundig (80), Unternehmer
8.12.	Hans Hartung (85), Maler

Anmerkungen

Kapitel 1: Politik und Tabu

Studie des Arnold-Bergstraesser-Instituts nach: FAZ vom 23. März 1989.
Die Schweigespirale nach: Elisabeth Noelle-Neumann, Öffentliche Meinung.

Kapitel 2: Die demographische Zeitbombe

Frankfurter Allgemeine Zeitung (13. 9. 1989 über CDU-Parteitag, 6. 5. 1989 Aufsatz über Familienpolitik von Konrad Adam, Klaus Natrop am 30. 11. 1987).
Die Zeit (29. 5. 1987)
Der Bundesminister des Innern: Bericht über die Bevölkerungsentwicklung in der Bundesrepublik Deutschland, 1. Teil 1980, 2. Teil 1984.
Der Bundesminister des Innern: Modellrechnungen zur Bevölkerungsentwicklung in der Bundesrepublik Deutschland – Aktualisierte Fassung, 10. Februar 1987.
Bundeszentrale für politische Bildung: Bevölkerungsentwicklung, 3. Quartal 1988.
Robert Hepp: Die Endlösung der Deutschen Frage, 1988.
Norbert Walter: Demographie und Wirtschaftsdynamik – Vor einer Gründerwelle in der Bundesrepublik Deutschland, Deutsche Bank Bulletin, September 1988.
Bruno Heck, Herausgeber: Sterben wir aus? 1988. (Darin besonders der Aufsatz von Theodor Schmidt-Kaler: Bevölkerungsfragen auf der Tagesordnung der Zukunft).
Deutsches Institut für Wirtschaftsforschung: Zur langfristigen Entwicklung der Bevölkerung in der Bundesrepublik Deutschland, Wochenbericht 32/88, 11. August 1988.

Kapitel 3: Übersiedler, Aussiedler, Ausländer

Süddeutsche Zeitung, Frankfurter Allgemeine, Der Spiegel (Nr. 43, 1989), Financial Times, Wall Street Journal
Der Bundesminister des Innern: Aufzeichnung zur Ausländerpolitik und zum Ausländerrecht in der Bundesrepublik Deutschland, Juli 1989.
Der Bundesminister für Arbeit und Sozialordnung: Ausländer-Daten, 19. April 1989.
Bundeszentrale für politische Bildung: Aussiedler, Neudruck 1989.
Deutsches Ausländerrecht, Beck-Texte im dtv, Oktober 1987.
Bundeszentrale für politische Bildung: Türkei, 2. Quartal 1989.
Der Bundesminister für Arbeit und Sozialordnung: Integration der jungen Ausländer – Vorschläge des Koordinierungskreises Ausländischer Arbeitnehmer, Juli 1986.
Bundeszentrale für politische Bildung: Ausländer, 1984.
Der Bundesminister des Innern: Verfassungsschutzbericht 1988.

Kapitel 4: Der Staat als Beute der Parteien

Kommunalwahlen im SW: SZ, 28. 10. 1989
Parteienfinanzierung nach: Arnim, die neue Parteienfinanzierung, Heft 67 des Karl-Bräuer-Instituts des Bundes der Steuerzahler.
Bayerische Beteiligungen: Der Spiegel, Nr. 38/1989
HEW: Der Steuerzahler, Nr. 3/1989
Betriebsgruppen, Kölner Klüngelwirtschaft: Erstes Deutsches Fernsehen am 20. Juli 1989
Wallmann, 12. Juli 1989: FAZ, 13. Juli 1989

Kapitel 5: Die Rückseite des Wunders

Berliner Lehrerin: Der Steuerzahler, April 1989
Dr. Wünsche: Neue Zürcher Zeitung, 8. 8. 1989
Spediteur in NRW: WamS, 1. 10. 1989

Fall Löffler: SZ, 5. 11. 1989
Jürgen Eick: FAZ, 6. 1. 1973
Belastung der Bruttolöhne 1960 und 1989: Bund der Steuerzahler.
Verschuldungszahlen: Deutsche Bundesbank
Sozialhilfe: Monatsbericht der Deutschen Bundesbank, April 1989.
Rigider Arbeitsmarkt: Aufbruch zu mehr Marktwirtschaft, Studie der Arbeitsgemeinschaft Selbständiger Unternehmer, Mainzer Straße 238, 5300 Bonn 2.

Kapitel 6: Wir reden und Ihr zahlt

Dem Kapitel liegt ein Manuskript zugrunde, das Michael A. Schwilk, Chefredakteur von »Trans Media«, dem Verfasser zur Verfügung gestellt hat. »Trans Media« ist das Magazin des Vereins »Bürger fragen Journalisten« (Sonnenstraße 4, 8520 Erlangen).

Kapitel 7: Zwölf Jahre Vergangenheit

Zitate Herrmann, Wolffsohn, Frankl, nach: Armin Mohler: Der Nasenring.
Johannes Haller: Die Epochen der deutschen Geschichte.
Goebbels-Zitat aus: Werner Maser, Adolf Hitler, Seite 373.
Widerstand gegen Hitler: Spiegel Nr. 38/1989 und Arthur P. Young: Die X-Dokumente, Piper Verlag, München 1989.
William S. Schlamm nach: Schlamm, Die Grenzen des Wunders, 1959.
Deutsche Rüstungsproduktion nach: Willi A. Boelcke, Die deutsche Wirtschaft 1930–1945, 1983.
Polnischer Chauvinismus bis 1939 nach: Johannes Kantel, FAZ vom 16. 10. 1989
Stalins Kriegspläne nach: Viktor Suworow, Der Eisbrecher, 1989.
Wiedergutmachung nach: Kurt R. Grossmann, Die Ehrenschuld, Ullstein 1967.
Eisenhowers Kriegsverbrechen: James Bacque, Der geplante Tod, Ullstein, Frankfurt, 1989.
G. M. Tamas: The Spectator, 6. Mai 1989.

Kapitel 8: Deutschland zwischen Ost und West

Adenauers Außenpolitik nach: Bruno Bandulet, Adenauer zwischen West und Ost.

Völkerrechtliche Situation Deutschlands nach: Hannes Kaschkat, Deutschland heute – Im Spiegel der Ostverträge und des Grundlagenvertrages, herausgegeben vom Bund der Vertriebenen, Bonn 1988. Außerdem, im selben Verlag und von demselben Autor: Deutschland heute – historische, staatsrechtliche und völkerrechtliche Aspekte.

Zur EG: Der Spiegel, Nummer 23/1989 und Wirtschaftswoche, Nummer 41/1989.

Literaturverzeichnis

Arnim, Hans Herbert von: Die neue Parteienfinanzierung, Heft 67 des Karl-Bräuer-Instituts des Bundes der Steuerzahler, Wiesbaden 1989.

Bandulet, Bruno: Adenauer zwischen West und Ost – Alternativen der deutschen Außenpolitik, Weltforum Verlag, München 1970.

Boelcke, Willy A.: Die deutsche Wirtschaft 1930 – 1945 – Interna des Reichswirtschaftsministeriums, Droste Verlag, Düsseldorf 1983.

Freud, Sigmund: Totem und Tabu, Fischer Taschenbuch-Verlag, Frankfurt 1976.

Forsthoff, Ernst: Der Staat der Industriegesellschaft – Dargestellt am Beispiel der Bundesrepublik Deutschland, C. H. Beck, München 1971.

Gehlen, Arnold: Moral und Hypermoral – Eine pluralistische Ethik, Athenäum Verlag, Frankfurt 1969.

Gross, Johannes: Phönix in Asche – Kapitel zum westdeutschen Stil, Deutsche Verlags-Anstalt, Stuttgart 1989.

Harenberg, Bodo (Hrsg.): Aktuell '90 – Das Lexikon der Gegenwart, Harenberg Lexikon-Verlag, Dortmund 1989.

Haller, Johannes: Die Epochen der deutschen Geschichte, Paul List Verlag, München 1962.

Hayek, Friedrich August: Der Weg zur Knechtschaft, Deutscher Taschenbuch-Verlag, München 1976.

Heck, Bruno (Hrsg.): Sterben wir aus? Die Bevölkerungsentwicklung in der Bundesrepublik Deutschland, Verlag Herder, Freiburg 1988.

Hepp, Robert: Die Endlösung der deutschen Frage – Grundlinien einer politischen Demographie der Bundesrepublik Deutschland, Hohenrain-Verlag, Tübingen 1988.

Hübner, Emil und Rohlfs, Horst H.: Jahrbuch der Bundesrepublik Deutschland 1988/89, Deutscher Taschenbuch-Verlag, München 1988.

Kaschkat, Hannes: Deutschland heute – Historische, staatsrechtliche und völkerrechtliche Aspekte, Bund der Vertriebenen, Bonn.

Kürschners Volkshandbuch Deutscher Bundestag, Neue Darmstädter Verlagsanstalt, Rheinbreitbach 1989.

Lehmann, Hans Georg: Chronik der Bundesrepublik Deutschland 1945/49 bis heute, C. H. Beck, München 1989.

Marsh, David: The Germans – Rich, Bothered and Divided, Century, London 1989.

Maser, Werner: Adolf Hitler, Bechtle, München 1971.

Model/Creifelds/Lichtenberger: Staatsbürger-Taschenbuch, C. H. Beck, München 1989.

Mohler, Armin: Der Nasenring – Im Dickicht der Vergangenheitsbewältigung, Heitz & Höffkes, Essen 1989.

Noelle-Neumann, Elisabeth: Öffentliche Meinung – Die Entdekkung der Schweigespirale, Ullstein, Frankfurt 1989.

Nolte, Ernst: Der europäische Bürgerkrieg 1917–1945, Propyläen, Frankfurt 1987.

Rumpf, Helmut: Land ohne Souveränität – Beiträge zur Deutschlandfrage, C. F. Müller, Karlsruhe 1969.

Röpke, Wilhelm: Jenseits von Angebot und Nachfrage, Eugen Rentsch Verlag, Erlenbach-Zürich 1958.

Schelsky, Helmut: Die Arbeit tun die anderen – Klassenkampf und Priesterherrschaft der Intellektuellen, Westdeutscher Verlag, Opladen 1975.

Schlamm, William S.: Die Grenzen des Wunders – Ein Bericht über Deutschland, Europa Verlag, Zürich 1959.

Schrenck-Notzing, Caspar von: Honoratiorendämmerung – Das Versagen der Mitte, Seewald, Stuttgart-Degerloch 1973.

Schrenck-Notzing, Caspar von: Abschied vom Parteienstaat – Tendenzen eines Umbruchs, MUT-Verlag, Asendorf 1988.

Statistisches Jahrbuch 1989 für die Bundesrepublik Deutschland, Metzler-Poeschel, Stuttgart 1989.

Strauß, Franz Josef: Die Erinnerungen, Siedler Verlag, Berlin 1989.

Suworow, Viktor: Der Eisbrecher – Hitler in Stalins Kalkül, Klett-Cotta, Stuttgart 1989.

Taylor, A. J. P.: The Origins of the Second World War, Penguin Books, Harmondsworth 1985.

Weber, Max: Soziologie, Weltgeschichtliche Analysen, Politik, Alfred Kröner Verlag, Stuttgart 1964.

Werner, Georg: EG-Finanzen – Grundsätzliche Reformen sind unerläßlich, Heft 63 des Karl-Bräuer-Instituts des Bundes der Steuerzahler, Wiesbaden 1988.

Wiedemann, Erich: Die deutschen Ängste – Ein Volk in Moll, Ullstein, Frankfurt 1988.

Register